이어도,
그것이 알고 싶다

대 한 민 국 해 양 영 토

이어도, 그것이 알고 싶다

이어도 100문 100답

이어도연구회

인간사랑

차례

2. 이어도 역사·설화와 문화

3. 제주인의 이어도

4. 이어도 해양과학

5. 이어도 해양환경

6. 이어도종합해양과학기지

7. 유엔해양법

8. 유엔해양법과 이어도

9. 이어도 분쟁

10. 이어도와 해양주권

머리말

세계적 '냉전'이 끝난 지 어언 30년 이상이 되었다. 그러나 동아시아에서는 여전히 냉전의 잔재가 남아 있다. 간헐적이지만 종종 '열전'으로 치닫기도 한다. 멀리 동남아시아의 남중국해에서는 여러 섬들을 놓고 중국을 비롯한 베트남, 필리핀 등 동남아 이웃국가들이 치열한 힘겨루기를 하고 있다. 최근 중국의 인공섬 건설과 군사적 용도의 활주로 및 항만 건설로 주변국의 항의가 빗발쳤나. '항행의 자유'를 외치는 미국과도 '맞짱'을 뜰 기세였다.

한국과 중국, 일본이 마주하고 있는 동북아시아의 앞바다 동중국해에서도 사정은 크게 다르지 않다. 중국과 일본 간 센카쿠열도/댜오위다오를 둘러싼 충돌로 일순간 동중국해는 긴장에 빠져들었다. 명백한 우리의 실효적 지배에도 불구하고 한국과 일본 간 독도 영유권 갈등은 끝이 보이지 않는다. 한국과 중국 간에도 이어도 주변 해역의 경계획정 문제가 미해결 과제로 남아 있다. 동아시아, 특히 동북아시아를 대표하는 한·중·일 3국은 해양 갈등으로 얽히고설켜 있는 형국이다.

이러한 작금의 현실을 보면, 해양영토분쟁이 동아시아를 상징하는 새로운 대표 분쟁으로 자리매김 하고 있는 것은 아닌지 우려가 적지 않다. 해양영토분쟁이 갈등과 협력이 교차하는 아시아의 특성이 되고 있다고 해도 과언이 아니다.

이 책은 '대한민국 해양영토 이어도'를 우리 국민들에게 널리 알리기 위한 교양서다. 우리 일반인들 입장에서는 신문과 방송을 통해 '이어도'에 대한 보도가 나오더라도 이어도해양과학기지만 보일 뿐 이어도의 실체를 알기란 좀처럼 쉽지 않다. 왜 이어도는 보이지 않고 해양구조물만 보이는 것일까 의문이 적지 않을 것이다. 또 종종 이어도에 관한 분쟁이 '영유권' 분쟁으로 회자되는 경우도 보인다. 그러나 이어도를 둘러싼 분쟁은 영유권 문제가 아니라 해양 관할권 문제다. 이러한 인식들은 이어도에 대한 이해가 부족하기 때문인 것으로 보인다.

그도 그럴 것이, 이어도에 대한 정보는 '양'과 '질'에서 턱 없이 부족하다. 이어도 문제가 불거진 것은 최근이다. 2003년 이어도해양과학기지의 건설 이후 중국이 이에 항의하는 과정에서 이어도 문제가 알려지기 시작했다. 그러다 보니 이어도를 '섬'으로 인식하게 되고, 따라서 이어도 분쟁은, 독도 분쟁처럼, 영유권 분쟁으로 인식하게 되는 것이다. 분명한 것은 이어도가 섬이 아니다보니 협상을 통해 해양경계를 획정해야 하고, 이에 대해 한국과 중국 모두 동의한다. 그리고 한·중은 오랫동안 해양경계획정 협상을 벌여오고 있으나 매듭짓지 못하고 있다.

외교적 협상에서 우리의 의도를 관찰하기 위해서는, 다시 말해 중국으로 하여금 이어도를 우리의 바다로 인정하도록 하기 위해서는 협상력을 키워야 한다. 사실(fact)을 직시하지 않는 주장은 강변(强辯)에 다름 아니다. 올바른 인식과 이해의 토대 위에서 자기주장을 할 때, 협상도 타협도 바른 길, 원하는 길로 갈 수 있다.

그렇다면, '대한민국 해양영토 이어도'가 뭔지 궁금하지 않을 수 없다.

다시 말하면, 이어도의 실체가 무엇인지, 그것이 가지고 있는 해양영토분쟁의 함의는 무엇인지, 그곳에 건설된 이어도해양과학기지는 무슨 역할을 하는지, 해양법상 이어도와 이어도해양과학기지는 어떤 근거를 갖는지, 중국은 이어도를 뭐라 부르며 왜 그것에 손을 놓지 않는지, 혹여 중국과의 충돌 가능성은 없는지 등등.

이 책은 이어도에 대한 일반 국민들의 궁금증을 해소하는 데 도움이 될 수 있도록 하기 위해 집필된 책이다. 이 책은 이어도와 관련된 다양한 학문분과의 핵심 논점들을 대중의 눈으로 파악하고 이해할 수 있도록 집필되었다.

문제적 이슈인 이어도는 인문학, 사회과학, 자연과학, 공학 등 다양한 학문분과와 연접되어 있다. 이 책은 이어도와 관련된 문제를 이해할 수 있도록 10개의 분야별 주제, 즉 인문지리, 역사·설화와 문화, 제주인의 이어도, 해양과학, 해양환경, 이어도종합해양과학기지, 유엔해양법, 유엔해양법과 이어도, 이어도 분쟁, 그리고 이어도와 해양주권 등을 선정했다. 그리고 10개의 주제별로 다시 10개의 질의응답으로 구성했다. 따라서 100개의 질문에 대한 100개의 답, 즉 '100문100답'인 것이다.

이 책을 이렇게 구성한 이유는 우리 국민 모두가 이어도 그 자체는 물론이고 그와 관련된 해양영토 및 해양분쟁 이슈를 보다 쉽게 이해하고 그 중요성에 공감할 수 있기를 바라는 소망 때문이다. 이어도에 대한 전제적인 이해를 위해서 뿐만 아니라, 분야별로 다양한 궁금증을 해소하고, 또 경우에 따라서는 단편적인 관심과 궁금증을 해결하는 데도 도움이 될 수 있도록 하기 위한 의도이다.

이 책은 이어도와 직간접적으로 연관된 전문가들이 주제 선정과 집필에 참여하여 산출한 결과물을 다시 모아 재정리하고 재편성한 것이다. 집필의 기초적 역할을 수행했던 제주대의 송성대 명예교수와 이병걸 교수, 인하대의 김현수 교수, 서울시립대의 최윤수 교수와 김효정 연구원, 부경대의 김대철 교수, 그리고 한림화, 허영선, 김선희, 권영옥 작가에 사의를 표한다. 또한 전문 분야에 대한 중요한 조언을 해 주신 한국해양수산개발원의 박영길 박사, 국립해양조사원의 임관창 사무관, 이어도연구회의 강병철 연구이사께도 감사드린다.

사단법인 이어도연구회는 이 기회를 빌려 이어도 학술연구와 대중화 사업에 적극적으로 참여하고 물심양면에서 지원해 주신 관련 전문가들과 해양수산부 및 국립해양조사원 등 관계 기관에 깊은 감사를 드린다.

2016년 12월
사단법인 이어도연구회
이사장 고충석

1. 이어도 인문지리

이어도 1-1. 이어도라는 지명은 어디서 유래했는가?

'이어도'라는 지명은 제주의 민요, 전설, 신화 등으로 전해지기 때문에 언제, 누구에 의해, 왜 그렇게 지어졌는지 분명하지 않다. 그런데 이어도라는 명칭은 본래부터 하나였던 것은 아니다. 국립지리원이 공식 명명한 '이어도' 외에도 이여도(離汝島), 이허도(離虛島), 여도 등이 있다.

가장 오래된 기록은 1897년 저술된 석촌(石村) 이용호(李容鎬)(1842-1905)의 『청용만고』에 나오는 '이여도(離汝島)'라고 할 수 있다. 이용호는 조선시대 고종 때의 인물로 병과(丙科)에 급제하고, 홍문관 교리 및 충청어사·경상순무사를 역임했다. 고종 34년(1897년)부터 유배형으로 제주에 왔다가 5년 뒤 돌아간 것 것으로 알려지고 있다. 이용호의 '이여도(離汝島)'를 글자 그대로 직역하면 '너를 떠나 보낸 섬'이 된다. 뱃사람과 가족 간 결별의 의미가 담겨 있는 것으로 보인다.

또 다른 기록으로 '이허도(離虛島)'가 있다. 이는 강봉옥이 1923년『개벽』이란 잡지에 게재한 50수 중 이어도에 대한 설명에 등장하는 명칭이다. 이 글에는 "이허도(離虛島)는 제주도 사람의 전설에 잇는 섬(島)입니다."라는 구절이 있다.

또 '여도'라는 명칭이 있는데, 이는 조천읍 조천리 '장귀동산 일뢰한집'의 본풀이(정주병 심방 구송)를 제주민속박물관 진성기 관장이 채록한 것으로, '여도'는 이여도를 줄여 쓴 것으로 보인다. 제주에서는 예전부터 육지 가까운 곳에 있는 암초를 '여'라고 불렀다. 여도는 여기서 연유한 명칭이라는 지적도 있다.

공식 지명인 '이어도'는 주로 시, 소설 등 문학작품이나 TV, 라디오 등의 대중매체를 통해서 알려지기 시작했다. 특히 환상의 섬 이어도의 이미지를 형성하면서 얻게 된 명칭이라고 할 수 있다. '환상의 섬' 이미지 형성에 가장 큰 영향을 미친 것은 주로 문학작품, 그중에서도 소설의 영향이 절대적이었던 것으로 보인다.

이들을 대표하는 작품이 1974년 발표한 이청준의 소설『이어도』이다. 이 작품은 제주에서의 이어도 이미지 재생에 절대적인 영향을 미친 대표적인 작품으로, 1977년 소설을 바탕으로 영화 '이어도(異魚島, I-eohIsland)가 제작되었으며, 1982년에는 KBS 텔레비전 TV문학관 제작팀이 극으로 만들어 방영했고, 또 이어도를 소재로 '전설의 고향'에서 방영되기도 했다.

이러한 흐름 속에서 보면, 이어도라는 명칭은 이여도, 이허도, 여도, 이어도 등으로 변이를 보여 온 것처럼 보인다. 그러나 이청준의『이어도』와 같은 대중적 문학작품과 각종 미디어를 통해 이어도에 대한 대중적 인식과 이해가 높아진 것이 더 중요한 요인으로 작용한 것으로 보인다.

이와 더불어 지적되어야 할 중요한 사실은 이어도 해양과학기지 건설을 전후한 정부의 공식적인 지명 결정이다. 우리 정부는 1995년 이어도에 해양과학기지를 착공해 2003년 6월에 완공했다. 이를 계기로 해양지명위원회는 국제적으로 통용되던 지명인 소코트라암초 위에 건설된 종합해양과학기지에 '이어도종합해양과학기지'라고 이름 붙였다.

이 지명위원회의 결정은 중요한 역사적 함의가 있다. 현대에 와서 소코트라암초가 알려지면서 파랑도(波浪島)라고 불렀고, 여러 차례 한국 정부 또는 민간단체에 의해 탐사가 이루어지기도 했다. 제주인들 사이에서는 이어도라는 전설의 섬에 관한 이야기가 전해 내려오고 있었는데, 지명위원회의 결정은 제주도 주민들의 환상의 섬 이어도와 현실의 소코트라암초를을 하나로 묶어 놓았던 것이다.

이어도 1-2. 이어도의 지리적 위치는 어디인가?

이어도는 동중국해(East China Sea)의 중앙, 즉 북위 32도 07분 22.63초, 동경 125도 10분 56.81초 상에 위치해 있다. 이는 한반도와 중국 대륙 그리고 일본 열도에 의해 그려지는 삼각형의 가운데 지점이다.

〈그림 1–1〉에서 보듯이, 한·중·일 3국에서 보면 이어도는 우리나라와 가장 가까운 거리에 위치해 있다. 중국의 동쪽 끝인 퉁타오(童島)라는 섬으로부터 247㎞ 떨어져 있는데, 사실상 이 섬은 무인도이기 때문에 '서산다오(佘山島)'라는 유인도를 기점으로 삼으면 155해리(287㎞) 떨어진 곳에 이어도가 있다. 또 일본의 도리시마(鳥島)로부터는 서쪽으로 149해리(276㎞) 떨어져 있다.

이에 반해 우리나라의 마라도에서는 서남쪽으로 80해리(149㎞) 떨어져 있다. 특히 우리나라에게는 이어도가 태평양으로 나가는 바다의 중앙에 위치하고 있어 더욱 의미가 깊다.

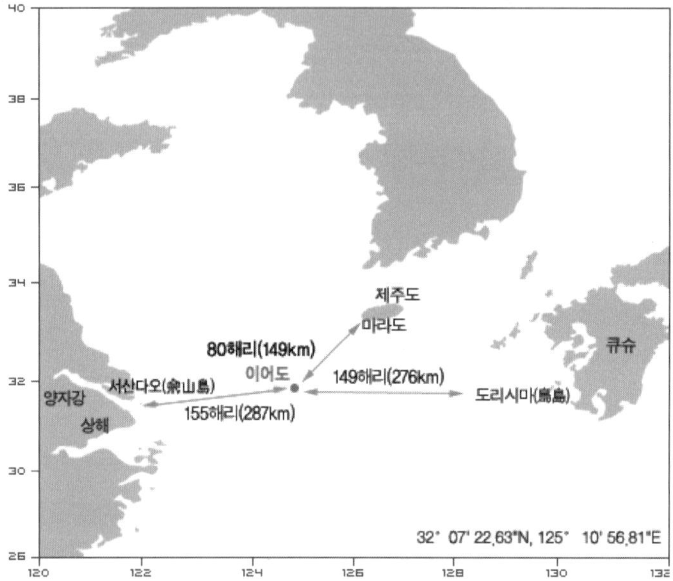

〈그림 1–1〉 이어도의 위치

이어도가 한·중·일 3국 중 한국과 가장 가까운 거리에 위치한다고 해서 자동적으로 우리의 관할권이라고 주장하기는 어렵다. 왜냐하면, 이어도를 사이에 두고 한국과 중국 사이의 거리가 280해리밖에 안 되기 때문이다. 이는 유엔해양법협약상 바다를 끼고 있는 연안국이 관할할 수 있는 배타적 경제수역인 200해리의 두 배인 400해리가 되지 않아 서로 겹치는 부분이 있음을 뜻하는 것이다. 이런 경우, 당사국인 한·중 양국이 협상을 통해 해양경계를 획정하도록 유엔해양법협약은 규정하고 있다.

이어도 1-3. 이어도는 얼마나 크고 어떻게 생겼나?

이어도는 6,000년을 전후한 시기에 화산활동에 의해 생겨난 것으로 추정되고 있다. 그 당시의 처음 모습은 중심부의 정상을 원추형의 둥근 사면이 둘러싼 전형적인 산 모양을 이루었던 것으로 보인다. 그러나 이어도의 모습은 빙하기의 교체에 따라 침식의 기준이 되는 해수면의 높낮이가 달라지면서 〈그림 1-2〉와 같은 모양을 이루게 되었다.

이어도는 '말 그대로의' 섬(島)은 아니다. 이어도는 수중 암초(rock)로,

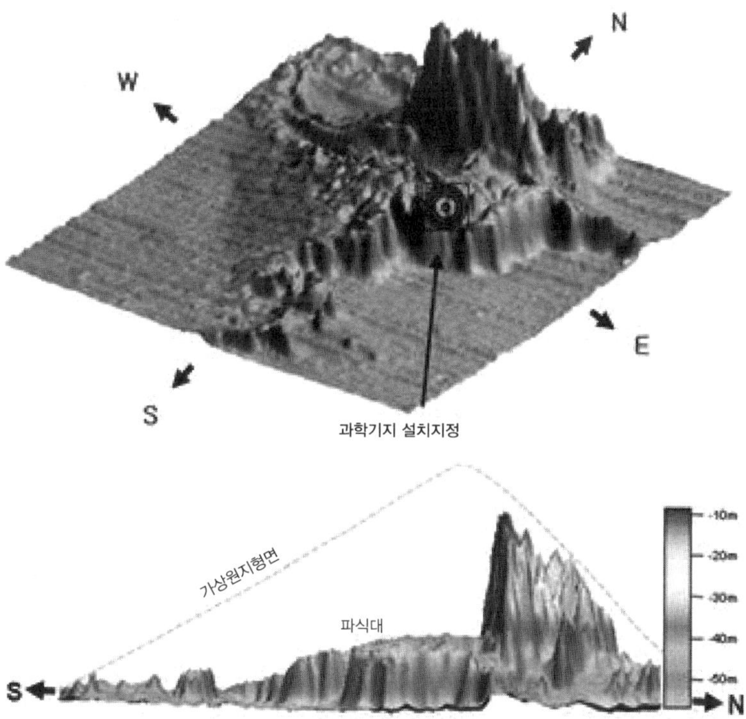

〈그림 1-2〉 이어도의 입체 경관과 단면 경관

가장 얕은 곳은 해수면 아래 4.6m에 위치한다. 그리고 수심의 분포는 40m까지 굴곡이 매우 심한 복잡한 해저지형 분포를 보인다. 정상부를 중심으로 북서쪽으로는 52m까지 급한 수심변화를 보이며 낮아지다 다시 50m로 높아지지만, 50m 수심지역은 비교적 경사가 완만한 지형변화를 보인다. 또 정상부의 남동쪽으로는 수심 45m에서 수심 55m로 갑자기 낮아지는 급경사의 돌출암반이 남동쪽의 경사면에 분포한다.

이어도 정상 암체의 주변은 50m 등수심선을 기준으로는 남북으로 약 1.8km, 동서로 약 1.4km의 타원형의 분포를 보인다. 그리고 그 외형은 제주도 산방산 모양으로 약 2㎢의 넓이에 분포하고 있다.

일반적으로 이어도해양과학기지가 이어도 정상이나 정상 바로 옆에 설치된 것으로 생각하는 경우가 많지만, 실제로는 이어도 정봉(頂峯)로부터 남쪽으로 약 700m 떨어진 수심 41m지점에 설치되어 있다.

이어도 1-4. 이어도가 있는 바다의 특징과 기후는 어떠한가?

이어도는 북상하는 쿠로시오 해류와 남하하는 황해의 한류, 중국 대륙의 연안수가 만나는 지점으로 다양한 어종이 풍부하게 서식하는 동중국해의 대형 어장이다.

이어도 바다는 여름과 겨울철에 계절풍의 영향을 크게 받아 여름에는 남동계절풍이, 겨울에는 북서계절풍이 분다. 게다가 이어도 바다는 북상하는 온대성 저기압인 태풍의 길목이다. 쿠로시오 해류가 열과 수증기를 공급해 태풍 발달이 자주 나타나는 곳이다. 이어도 해역의 반경 200㎞를 기준으로 우리나라에 직접적으로 영향을 미치는 태풍의 40%가 통과하는 길목이다. 태풍이 한반도에 상륙하기 8~12시간 전에 이어도를 통과한다.

이어도 바다는 1년 중 잔잔한 날이 30일 정도 밖에 되지 않는다. 바다가 잔잔한 날도 평균 파고는 2~3m가 된다. 이런 이어도 바다의 기상과 해황이 해저 파식대(波蝕臺)를 갖는 지금의 이어도 지형을 만들어 놓은 것이다.

이어도 바다는 기온의 급차를 가져오게 하는 수륙분포와 한난류의 전선 형성으로 안개도 잦다. 전해지는 기록에 의하면, 과거 아시아로 향하던 동인도회사 선박들의 난파 비율은 3%인데 비해, 동중국해를 거쳐야 하는 일본행 항해의 경우 3.7%로 더 높았다고 한다.

이어도는 태평양을 오가는 바다 중앙에 위치하고 있다. 연간 25만 척의 선박이 오고가는 해상교통의 요충지로서 안전 항로를 확보하는 차원에서도 매우 중요하다. 또한 이어도는 동중국해의 중앙, 특히 한·중·일 3국에 의해 만들어지는 삼각형의 가운데에 위치하고 있어 군함의 통과 항로일 뿐만 아니라 주요 군사 활동을 수행할 수 있기 때문에 군사안보적 측면에서도 중요한 가치를 지니고 있다.

주요 태풍이 지나는 길목에 위치하고 있는 이어도 주변 해역은 해양환경 및 기상관측 등 해양과학조사를 위한 거점으로 활용할 수 있을 뿐만 아니라 해난구조와 어업지원을 위한 기지를 설치할 수 있는 적지로 높게 평가되고 있다.

이어도 1-5. 왜 국제해도에는 이어도가 '소코트라암초'라고 되어 있는가?

이어도가 역사의 기록에 처음 등장한 것은 1900년 영국 P&O 선박회

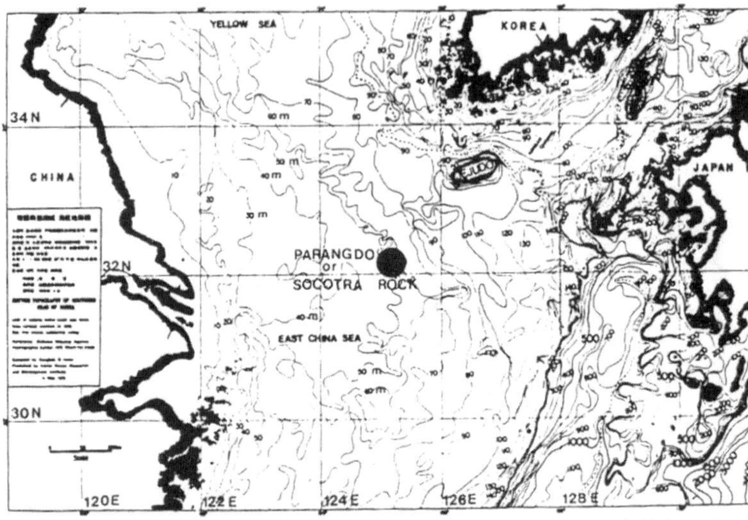

〈그림 1-3〉 1900년대 해도상에 표기된 소코트라암초

사(Peninsular and Oriental Steam Navigation Company) 소속의 소코트라(Socotra)호가 암초에 걸려 좌초한 해상사고 기록으로 알려져 있다. 이를 계기로 이어도는 '소코트라 암초'(Socotra Rock)로 해도 상에 명명되었다.

1900년 6월 5일 일본에서 상하이로 가던 영국 국적의 상선 소코트라호는 당시의 해도 상에 나타나 있지 않은 미지의 암초에 부딪치게 되었다. 선박이 항해할 때 선체가 암초에 부딪치면 대개의 경우 선체는 파손되고 많은 인명 피해와 재산의 손실을 가져오기 때문에 해도를 그려 암초를 피하곤 했다.

소코트라암초는 영국 화물선 소코트라호가 일본과 상하이를 잇는 노선을 항행하다가 부딪치면서 그 존재가 알려졌다. 영국 해군 수로국은 1년 정도 경과한 1901년 7월 측량선을 파견하여 측량에 성공하면서 해도에 기재했다. 당시에는 해도에 암초를 표시할 때 대체로 암초를 발견한 선박의 명칭을 사용하였기 때문에 '소코트라암초'라고 명명된 것이다.

〈그림 1-4〉 소코트라호의 모습

19세기는 영국이 동인도회사를 중심으로 진행하던 인도와의 무역이 사양길로 접어들면서 동중국해를 무역의 주 무대로 삼기 시작한 시기이다. 특히 당시의 영국은 청나라로부터 차, 도자기, 비단을 대량으로 수입했고 아편전쟁을 통해 홍콩, 상하이 등의 거점을 확보하여 중국은 물론 일본까지 교역을 확대하고 있었다. 영국은 전 세계를 무대로 활동하고 있었기 때문에 동중국해도 그들의 상선이 자주 항행했던 바다였다.

영국 해군 수로국은 1837년부터 항행통보(Notices to Mariners)를 발표해 왔다. 항행통보는 '소코트라암초'의 발견 과정을 보여주는 가장 기초적인 자료라고 할 수 있다. 1900년 560번째 발표된 항행통보(Noitice No. 560 of 1900, The Admiralty Hydrographic Office, U.K.)에 소코트라호가 소코트라암초에 부딪쳐 좌초한 사실에 관한 내용이 비교적 상세하게 기록되어 있다.

사고를 당한 소코트라호는 6,009톤짜리 증기 기선이었다. 당시로는 매

〈그림 1-5〉 시드니항에 정박 중인 워터위치호

우 규모가 크고, 나무가 아닌 철로 건조한 대형 증기선이었으며, 1915년까지 운항했던 기록이 있다. 소코트라호가 암초에 부딪쳐 파손된 것은 사실이지만 침몰한 것은 아니었던 것이다. 수리 후 소코트라호는 아시아 지역을 오가는 화물 운송선으로서의 역할을 계속했던 것으로 보인다.

소코트라호의 사고로 영국 해군 수로국으로부터 암초의 위치 확인을 지시 받은 선박은 영국 해군 측량선 '워터위치호'(HMS Waterwitch)였다. 측량 과정과 결과 보고에 관한 자세한 내용은 확인되지 않았다. 그러나 당시 영국 해도에 처음 소코트라암초가 등재되었다는 사실에 비추어 볼 때, 영국 측량선 워터위치호가 소코트라암초의 위치를 측량하여 그 결과를 담은 보고서를 영국 해군 수로국에 보고했고, 수로국은 이를 해도에 등재했을 것으로 추정되고 있다.

이어도 1-6. 중국은 왜 이어도를 '쑤옌자오'라고 부르는가?

우리나라, 특히 제주에서 이어도에 대한 이름은 고대 사회에서 생겨났다고 여겨지는 제주도의 민요나 전설, 신화 등에 등장하고 있다. 하지만 세계에 알려지기 시작한 이름은 1901년 영국 해군이 이어도에 접촉 사고가 있었던 소코트라호 이름을 따서 붙인 소코트라암초이다.

그 이후 일본은 암초 머리 위에서 하얀 물결을 일으키는 현상을 표현하여 '波浪ス(하로우수)'라 명명했다. 이는 '파랑을 일으키는 처소'라는 뜻이다. 조선시대 최부의 『표해록』(漂海錄, 1488)과 이형상의 『남환박물』(南宦博物, 1704) 등에 나오는 제주 서남쪽의 '백해'(白海)라는 지명은 바로 이 '하로우수'와 비슷한 뜻이다.

'하로우수'에 대해 정보를 알고 있었던 최남선은 1951년 처음으로 이어도에 '파랑도(波浪島)'라는 이름을 붙였다. 물론 최남선은 당대 최고의 지식인이었지만, 제주의 전설·신화 등의 문화에 대해서는 잘 알지 못했기 때문에 이어도를 그렇게 불렀던 것이다. 만약 최남선이 제주도의 옛 부터 내려오는 전설이나 신화를 알았더라면 당연히 '하로우수'를 '파랑도'가 아니라 '이어도'로 명명했을 것이다.

지명은 그 장소의 정체성을 나타내며, 장소의 정체성은 한 국가의 영토적 정체성을 반영한다. 따라서 중국은 이어도를 자신들의 언어로 이름을 붙임으로써 이어도가 자신들의 관할권 내에 있음을 주장하려 하고 있다.

우리나라에서 지명으로 쓰이는 이어도는 문헌화 이전, 즉 고대사회에서 만들어진 구비문학 작품들에서 이미 전해지고 있다. 그러나 중국은 이어도를 '蘇岩礁'(쑤옌자오)라고 명명했으며, 이 지명은 이어도에 종합해양과학기지가 세워지고 한국이 배타적 경제수역을 선포하는 과정에서 본격적으로 사용하기 시작했다.

여러 가지 근거들에 의할 때, 중국 측의 이어도에 대한 최초의 인지는 1963년 약진호(躍進號) 침몰사건 이후이다. 중국은 자신들 역시 옛부터 이어도를 강소성(江蘇省) 외해(外海)의 암석, 해초(海礁)"라는 의미로 '蘇岩礁(소암초)'라는 이름을 붙여 사용했다고 주장한다. 하지만 강소성 바깥 바다에는 무수히 많은 암초가 있는데 왜 유독 이어도를 "蘇岩(礁)"이라고 했는지에 대한 설명은 없다.

중국은 약진호의 침몰 사건을 계기로 일회적으로 이어도를 알게 되었을 뿐, 그에 대한 지속적인 관심은 없었던 것으로 보인다. 이어도의 중국 이름인 "蘇岩(礁)은 Socotra의 음역인 '蘇格特拉'(소격특랍)의 첫 글자 '蘇'와 Rock(拉)의 의역인 '岩'의 결합에 불과하다. 중국은 『아주주간』(亞洲週刊) 등의 매체를 시작으로, 중국의 첫 해군이라고 할 수 있는 '북양수사'(北洋水師)의 해도에 '蘇岩(礁)'이 명확하게 표기되어있다고 하지만 그 해도를 아직까지 공개하지 않고 있다.

중국의 해군해양측회부대(海軍海洋測繪部隊)가 국무원의 지시와 해군의 명령에 의거하여 1992년 5월 15일 동해 쑤옌쟈오의 측량 임무를 완성, 중국 해양 측량과 해도 제작의 커다란 공백을 메워 동해 국가의 해양자원 개발과 이용에 과학적 근거를 제공했다는 기록으로 보아, 중국의 쑤옌자오라는 이름은 1992년에 붙여졌을 가능성이 큰 것으로 보인다.

이어도 1-7. 우리는 언제, 어떻게 이어도의 실체를 확인했는가?

우리나라는 소코트라암초의 발견과 측량 이후 그 실체에 대해 관심을 가지고 계속해서 탐사를 해왔다. 1951년부터 시작해서 한국 정부와 한국의 민간기관이 여러 차례의 탐사를 시도한 끝에 1984년에는 KBS와 제주대학교 해양대학 교수팀이 현지 확인 및 측량에 성공했고, 그 뒤 해양과학기지를 건설하는 단계까지 나아갈 수 있었다.

우리 국민들이 처음으로 이어도의 존재를 알게 된 계기는 〈그림 1-6〉과 같이 1947년 10월 22일자『동아일보』보도였다고 할 수 있다. 당시의 기사는 이어도를 "波浪嶼"(파랑서)로 지칭했으며, 제2차 세계대전 패전 이후 일본이 이어도 주변 해역을 자신들의 어업구역에 포함시키려는 의도를 "침략적 야욕"이라며 비판했다.

日本의侵略的野慾
이번엔黃海 坡浪嶼에
自己네領土라고 맥司令에게報告

〈그림 1-6〉 파랑서에 대한 일본의 침략적 야욕 보도 기사

이 보도 이후 우국노인회(憂國老人會)는 1948년 8월 5일 맥아더에게 독섬(독도), 울릉도, 대마도, 파랑도가 한국령이므로 한국 영토로 귀속되어야 한다는 청원서를 보내기도 했다. 그러나 1951년 9월 8일 미국 샌프란시스코에서 맺어진 일본과 연합국 사이의 '샌프란시스코 평화조약'에서는 독도와 함께 이어도 역시 우리의 영토로 기록되지 못했다.

이어도, 즉 당시 명칭으로 파랑도 첫 탐사는 샌프란시스코 조약 체결

직후인 1951년 9월 20일 이루어졌다. 이어도의 실체 확인을 위해 문교부가 국방부의 협력을 얻어 한국산악회와 함께 '파랑도 학술조사대'를 꾸리고 해군 군함을 이용하여 탐사에 나섰다. 총 58명으로 구성된 조사대는 1951년 9월 20일 오전에 파랑도 탐사를 위해 출발했고, 이틀 간 탐사에 나섰으나 조사대는 끝내 섬을 발견할 수 없어 수색을 단념하고 귀항하면서 종료되었다.

두 번째 이어도 탐사에 나선 것은 1973년 박정희 정부 때였다. 교통부 수로국의 주도로 측량선인 제3수로호를 타고 1973년 6월 26일부터 30일까지 제주도 남방 수로 조사를 위해 출발했다. 그러나 이어도 주변 해역에서 섬이나 노출암을 확인하지 못했고, 일기가 불순하여 수심 측량조차도 이루어지지 못했다.

이어도 탐사가 재개된 것은 1980년대 들어서였다. 1984년 3월 16~19일과 동년 5월 8~11일 두 차례에 걸쳐 이어도의 구체적인 위치와 규모, 수심, 지질, 생물 그리고 해양물리학적 특성에 대해 기초 자료를 얻을 목적으로 KBS의 지원을 받고 제주대학교 해양과학대학 교수들이 주축이 되어 탐사가 추진되었다. 1차 조사에서는 이어도를 확인하는 데는 성공했으나 기상 악화와 물이 혼탁했던 관계로 학술조사는 거의 이루어 지지 못했다. 그러나 2차 조사에서는 특별한 제약이 없어 비교적 순조롭게 학술조사가 마무리될 수 있었다. 이는 해방 이후 몇 차례 시도되었던 이어도 탐사 노력의 중요한 결실이었다.

이어도의 실체 확인은 이어도가 한낱 신화 속 환상의 섬이라고 생각했다면 가능하지 않았을 일이다. 이어도의 실체를 확인할 수 있었던 데는 우리 정부뿐만 아니라 민간 사회단체, 방송국, 학계가 상호 협력이 있었기에 가능했다. 그리고 그들의 탐사 동기에는 이어도라는 새로운 섬을 발견하고 우리의 영토라는 것을 대내외에 분명하게 알리고 싶은 국토수호의 열정이 자리하고 있었던 것이다.

지금은 종합해양과학기지가 서 있는 실체이지만, 이를 육안으로 확인하기 이전까지 이어도는 신화적 존재에 다름 아니었다. 지난한 탐사 과정을 통해 이어도는 현실적 실체로 우리에게 다가온 것이다.

이어도 1-8. 이어도는 어떻게 우리 국민들에게 알려지게 되었는가?

이어도가 국민들 곁으로 다가오는 데 기여했던 이청준의 소설 『이어도』는 이어도 탐사 과정을 소재로 한 소설이다. 소설 『이어도』에서는 이어도의 실체를 확인하려는 해군 부대의 정훈장교 선우현 중위와 이어도는 허구의 섬이지만 가짜가 아니라 어떤 진실성을 내포한다는 믿음을 가진 천남석 기자를 중심으로 큰 줄거리가 전개된다.

이 소설은 1951년과 1973년의 실제 탐사 활동을 토대로 구성한 것으로 보인다. 더불어 여기에 제주도 사람들 사이에서 오래 전부터 전해 내려오는 이어도에 관한 설화가 더해지면서 흥미와 호기심을 자아낸 소설이다. 그리고 더욱 중요한 것은 현실 속 '파랑도'와 전설 속 '이어도'가 하나의 이미지로 겹쳐지는 계기가 되었다는 점일 것이다.

한편, 민간단체 최초의 이어도 수중탐사도 이루어졌다. 한국해양소년단 제주연맹의 이어도 탐사는 KBS와 제주대학교가 주축이 된 '파랑도 탐사반'의 1차와 2차 탐사 중간 시점에 이루어졌다. 〈그림 1-7〉과 같이 『한국일보』, 1984년 4월 11일자 보도에 의하면, 1984년 4월 6~9일까지 한국일보와 함께 20여명의 탐사대가 나서 이어도의 실체를 재확인하는 성과를 거뒀다.

〈그림 1-7〉 한국해양소년단 제주연맹의 이어도 탐사 보도 기사

이후 1986년 10월 5~7일 당시 건설교통부 수로국, 즉 현재의 국립해양조사원에 의해 이어도 해역에 대한 조사연구가 실시되었다. 이 조사는 이 지역에 고정 구조물을 설치하기 위한 1차 정밀측량이 주목적이었다.

이어도 최초의 구조물은 〈그림 1-8〉과 같이 1987년 해운항만청에서 설치한 '이어도 등부표'이다. 등부표란 선박항해에 위험한 곳임을 알리는 무인 등대와 같은 역할을 하는 항로표지 부표로써, 이를 설치함으로써 그 당시 이 사실을 국제적으로 공표한 바 있다.

1989년 여름에는 두 차례에 걸쳐 제주 MBC가 다큐멘터리 제작을 위해 이어도 탐사를 실시했고, 1992년에는 건설교통부 수로국(현 국립해양조사원)의 2차 정밀측량이 실시되었다. 그리고 1995년에는 해양수산부가 해양

〈그림 1-8〉 이어도 등부표

〈그림 1-9〉 이어도 수중 표석

연구·기상관측·어업활동 등을 위해 이어도에 해양과학기지 설치를 위해 해저지형 파악과 조류관측 등 현장조사를 실시하기 시작했다.

1990년대 후반에 이르러서는 '한·중어업협정' 체결을 위한 교섭 과정에서 이어도 주변수역이 소홀히 취급되고 있다는 것이 알려지게 되면서 1999년 5월 제주도에서는 이어도에 〈그림 1-9〉와 같은 수중 표석을 세우는 행사를 통해 이어도와 그 상부 수역에 대한 관심을 표시하기도 했다.

2000년 12월 30일 국립해양조사원은 '이어도'라는 이름을 정식 명칭으로 지명 고시했고, 중앙지명위원회(국토지리정보원)가 이를 결정·고시함으로써 공식적인 지명으로 통용되고 있다.

이어도 1-9. 이어도의 위치는 어떻게 표시되는가?

지도는 땅의 모양을 비롯해 사람이 만든 도로나 건물 등 다양한 정보를 담고 있다. 지도는 우리가 눈으로 볼 수 있는 지형지물뿐만 아니라 눈으로 볼 수 없는 바다 속에 대한 정보를 담고 있다. 이러한 지도를 해도라고 하는데, 이어도는 수중 암초로 바다의 지도인 해도에 표시되어 있다. 〈그림 1–10〉과 같이, 해도를 보면 이어도 위치와 수심 등의 정보를 얻을 수 있다.

한편, 제주에는 '이어도'라는 상호가 유난히 눈에 많이 보인다. 제주 이외의 지역에서도 이어도 상호가 쓰이고 있는데 그럴 경우 대부분 제주도와 연관이 있는 경우가 많다. 제주도에서 해산물을 제공받는다거나 제주도 사람이 운영할 경우가 대부분이다.

또한 제주특별자치도 서귀포시 법환동, 서호동, 강정동, 대포동, 하원동, 월평동, 중문동의 도로명 주소가 '제주특별자치도 서귀포시 이어도로'로 변경되었다. 이는 이어도가 제주도 내에 있는 것은 아니지만 제주도와 밀접한 연관이 있을 뿐만 아니라 제주도민들에게 이어도에 대한 인식이 뿌리 깊게 자리 잡고 있음을 알 수 있다.

현재 이어도에 공식적인 주소는 없다. 그렇지만 〈그림 1–11〉과 같이 국가지점번호 '가가81365060'이 부여되어 있다. 2013년 1월부터 시행된 국가지점번호란 국토 및 이와 인접한 해양을 격자형으로 일정하게 구획한 지점마다 부여한 번호를 말한다.

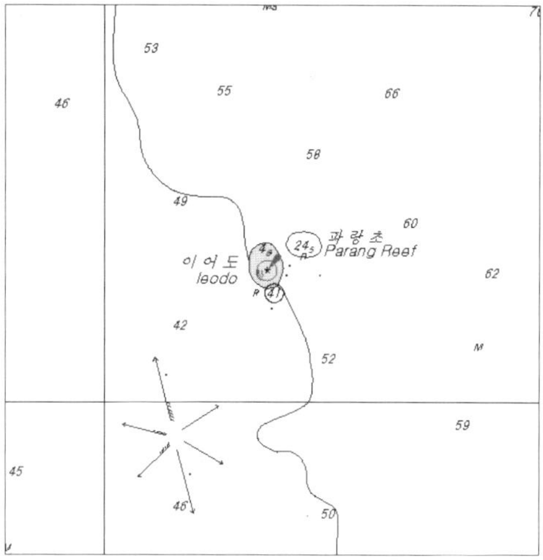

〈그림 1-10〉 이어도를 부근 해역을 표시한 해도

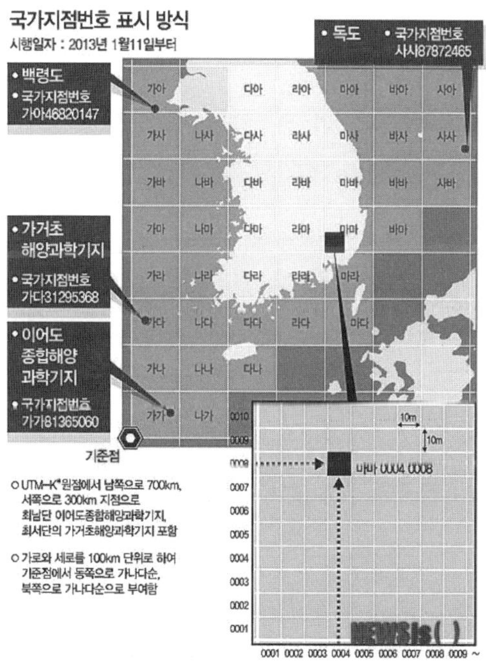

〈그림 1-11〉 국가지점번호

해양에는 주소가 없기 때문에 갑작스러운 응급 상황이 발생할 경우 국가지점번호로 위치안내가 가능하도록 하고 있다. 이 번호는 가로와 세로를 100km 단위로 하여 기준점에서 동쪽으로 가나다순, 북쪽으로 가나다순으로 부여한다.

이어도 1-10. 이어도는 어떻게 갈 수 있는가?

이어도 종합해양과학기지에는 헬기장 시설이 갖추어져 있어 제주도에서 헬기를 타고 약 1시간 30분이면 이어도에 도착할 수 있다. 이어도는 배로도 갈 수 있는데, 국립해양조사원의 이어도 전용 탐사선인 '해양누리호'를 이용하여 약 4시간이면 도착할 수 있고, 해양경찰 함정 등을 이용해서도 방문 할 수 있다. 경제성과 편리성 때문에 쾌속 낚시배를 빌려서 가기도 하는데 약 6시간 정도 걸린다.

이어도해양과학기지에서 실제 생활하는 연구원들은 연구 장비와 부식 등 휴대품들이 많아 주로 배편을 이용하고 있다. 아울러 태풍이 접근하는 시기와 겨울철에는 파고가 심하여 접안 등이 어려워 방문이 힘들며 관광지가 아니기 때문에 일반인이 아무 때나 방문 할 수는 없다.

이어도에 건설된 해양과학기지도 무인기지로 국립해양조사원이 원격통제하고 있기 때문에 평소에는 사람이 없다. 다만, 해양 및 기상 등을 연구하는 연구자와 국립해양조사원 소속 연구원과 해양과학기지의 관리를 담당하는 공무원, 그리고 발전기 및 통신기기 등을 점검하는 요원들이 연구 및 시설 점검 등을 위해 방문하는 경우는 적지 않다. 점검단의 경우, 5~6명으로 구성되어 짧게는 2~3일에서 길게는 열흘까지 머무르기도 한다.

연구원들이 과학기지에 상주하게 된다 하더라도 이어도가 유인도로 인정받을 수는 없다. 국제법상 유인도의 조건은 ① 2가구 이상이 거주하고 ② 자체 내에 식수가 있어야 하며 ③ 수목이 있어야 한다.

2. 이어도 역사·설화와 문화

이어도 2-1. 우리 고문헌에 이어도가 등장한 기록이 있는가?

우리나라의 고문헌이라 함은 고구려, 신라, 백제 등 삼국시대와 고려 및 조선 시대에 집필된 삼국사기, 삼국유사, 고려사, 조선왕조실록을 비롯한 옛 문헌을 일컫는다. 이어도는 현재 동중국해의 해로상에 제주도 주민의 오랜 해양 생활 과정에서 다양한 경로로 수집된 집단기억(collective memory)에 의한 '이어도'가 있다는 사실이 여러 고문헌에 직간접적으로 표현되고 있다.

일제 강점기 일본의 민족지학자(民族誌學者)인 다카하시 도오루(高橋亨)는 1930년대 초에 제주 섬을 직접 방문하여 자료조사를 실시한 후 "民謠(민요)에 나타난 濟州女性(제주여성): '이허도(離虛島)' 전설"을 1933년에 『朝鮮』(조선) 212호에 발표했다. 이 글에서 그는 『고려사지리지』(高麗史地理

誌)를 인용하여 '이허도' 전설을 수록했다고 했다. 이는 직접 자료의 표본이라고 할 수 있다.

그러나 이어도에 관한 대부분의 고문헌 자료는 간접자료이다. 고대 동중국해상의 항로 개척사 등에 관한 기록에 이어도 주변 상황이 기록되고 있다. 이어도가 간접 표기된 고문헌의 예를 몇 가지 들어보면, 『조선왕조실록』이라든지 『고려사』, 『탐라순력도』, 『일본서기』, 『원사』(元史) 등이 있다.

이러한 고문헌들에는 제주인들이 이어도 해역에서 해양활동을 한 것에 대해 서술된 부분이 적지 않다. 예를 들면, 『삼국지 위서동이전 한조』(三國志 魏書東夷傳 韓條)에는 다음과 같은 내용이 있다.

> 馬韓之西海島上有主胡國 …… 乘船往來 貨市韓中
>
> 마한 서쪽 바다에 섬이 있는데 주호국이라고 한다. …… 배를 타고 다니면서 한나라에서 장사를 한다.

이는 제주인들이 동중국해의 이어도 해역을 넘나들며 생활한 해양활동이 매우 활발했을 뿐 아니라 항해술이 뛰어났다는 걸 알 수 있다.

또한 『원사』의 '고려전'(高麗傳) 및 '탐라전'(耽羅傳)에는 제주 섬을 기점으로 하는 동중국해상의 해로(海路)에 관한 다음의 내용이 있다.

> 至元六年七月 …… 以人言耽羅海道往南宋·日本甚易故也
>
> 원 6년 7월 …… 누군가 말하기를 탐라의 바닷길로 가면 남송과 일본에 쉽게 갈 수 있다고 하였다.

『원고려기사』(元高麗紀事)의 탐라(耽羅) 9년 3월에는 다음과 같은 기록이 있다.

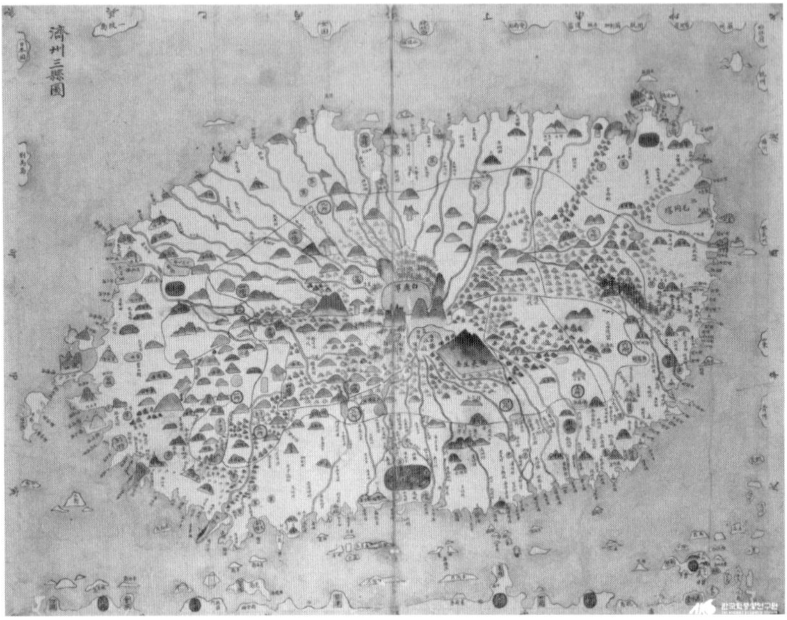

〈그림 2-1〉 제주삼현도(『해동지도』 제7첩)

有自南國經由日本來者耽羅人三名 畵到圖本 稱日本太帝府等處下船之地

남국에서 일본을 경유하여 온 탐라사람 세 명은 일본 태제부 등지에 배를 하선할 곳을 도본으로 그려왔다.

이 같은 사료의 기록으로 미뤄 보건데, 비록 이어도에 관해 간접적이지만 제주인이 이어도를 잘 알고 있었다는 것을 보여준다고 할 수 있다. 그리고 이러한 간접 기록은 여러 곳에서 발견되고 있다.

한편, 1800년대 초기까지 제작된 국내의 제주도 지도와 문헌의 일부에 이어도의 다른 이름이라고 주장하는 '여인국(女人國)', '여도(女島)', '제여도(

〈그림 2-2〉 삼성혈 유적 전경

瀊女島)', '유여도(遊女島)' 등이 나타난다. 그 고지도들은 1700년대 초기의 『제주지도』(濟州地圖), 1750년(영조 26)경에 제작되었을 것으로 보는 『해동지도』(海東地圖) 중 제주삼현도(濟州三懸圖), 1770년대의 『제주삼읍도총지도』(濟州三邑都摠地圖), 1822년의 『환영지』(寰瀛誌) 중 탐라도(耽羅圖), 그리고 1841년 이원조에 의하여 제작된 『탐라지도병지』(耽羅地圖幷識) 등이 있다.

이 지도상의 명칭을 보완하는 고문헌 기록으로 1602년 제주도에 암행이사로 왔던 김상헌(金尙憲)의 『남사록』(南槎錄)과 조선 중기 중앙집권을 강화하던 1700년 초에 제주목사로 부임했던 이형상(李衡祥)의 『남환박물』(南宦博物)이 있다. 남사록의 제여도(瀊女島)에 대해여 이어도와 음가가 비슷함으로 이어도일 가능성이 있다는 지적도 있다.

그런데 고려시대 이전의 고문헌에는 직접적인 이어도 관련 기록이 많지는 않은 편이다. 고려 이전의 제주는 독립국 '탐라'였다. 이어도에 대한 고문헌의 직접 사료가 없는 이유는 탐라, 조선시대 두 번에 걸쳐 제주 섬의 문서 기록보관소가 불에 타 없어졌기 때문이다.

탐라 이전의 주호국에 대한 문헌이 남아있지 않은 이유는 화산폭발 등 천재지변에 의한 고대 제주의 지리적 변형에 기인하는 것으로 보인다. 연대가 밝혀지지 않은 고대에 화산폭발, 대지진 등의 천재지변으로 인해 제주의 인류문명의 흔적이 없어졌을 것이라 가설이다.

이러한 가설의 한 근거로, 현재 제주시에 남아있는 탐라국 건국의 개국시조(開國始祖)인 고·양·부을라가 땅속에서 솟아났다는 사적지 '삼성혈'을 들 수 있다. 그 세 신인(神人)이 아마도 제주 섬의 대변혁이 일어난 천재지변에서 살아남은 이들일 가능성이 있기 때문이다.

그 이후 서기 1000년경에도 제주 섬에는 매우 거대한 화산폭발이 있었다고 한다. 그 때 '비양도'가 새롭게 솟아오르기도 했지만 탐라국 및 그 이전 자료들이 소멸되었다는 견해도 있다. 그러한 재해로 인해 이어도를 직접 표시하거나 표현한 문헌들도 없어졌을 것으로 짐작되고 있다.

이어도 2-2. 『청용만고』 속에 이어도는 어떻게 묘사되었는가?

이어도에 관해 직접 기록한 중요한 역사적 기록이 있다. 『청용만고』(聽舂漫稿)라는 문집인데, 이 책은 제주에 유배되었던 석촌(石村) 이용호(李容鎬)(1842~1905)가 집필한 문집이다. 책의 제목 '청용만고'란 방아 찧는 소리처럼 생각 내키는 대로 엮은 시문이라는 의미이다.

제목에서처럼, 5년간의 제주 유배 생활 속에서 수집한 제주 관련 정보와 생활상, 한시(漢詩), 그리고 기타 신변잡기들을 엮은 문집이다. 이 책이 빛을 보게 된 것은 석촌 이용호의 증손(曾孫) 이태영이 청용만고 집필 100

〈그림 2-3〉『청용만고』의 표지

년을 기념해 1996년 국역판으로 출판하게 되면서였다.

저자 이용호의 자(字)는 자관(子寬), 호(號)는 석촌(石村) 또는 아석(我石)이며, 고종 15년(1878년)에 정시 병과(丙科)에 급제하고, 홍문관 교리 및 충청어사·경상순무사를 역임했다. 흥선대원군의 섭정 기간 때에 발탁되어 정무에 임하다 갑오개혁 이후 명성황후의 집권으로 흥선대원군이 실각하면서 몰락의 길을 걷는데, 이용호 역시 이때 운양 김윤식을 비롯하여 그 일파들과 함께 유배형을 받았다.

이용호는 고종 34년(1897년) 9년의 유배형으로 제주에 왔고, 1901년 이재수 난의 여파로 전라남도 완도군 신지도(薪智島)로 이배되기 전까지 제주에서 5년간의 유배생활을 했다. 이 기간에 그는 학동들에게 경학을 가르치며 유배생활을 이어 가는데, 제주의 석학 심재 김석익도 16세 때인 1900년,

짧은 기간이었지만 그의 문하에서 글공부를 했다. 또한 그는 유배 이듬해 종신형을 받고 제주에 유배 온 한말의 대학자이자 노정객이었던 운양 김윤식이 주도한 '귤림시회(橘林詩會)'에 적극적으로 참여하면서 유배의 향수를 달랬고, 이 시회 활동을 통해 수많은 시문을 남겼다.

그렇게 남겨진 시문에는 자연스럽게 유배지의 다양한 풍물과 유배지에서의 심경 및 다양한 경험담을 담은 500여 수의 시문을 모아 『청용만고(聽春漫稿)』를 남기게 된 것이다. 그는 1905년 사면되었으며, 그해 64세의 나이로 별세했다.

이어도는 이 책에서 "이여도"(離汝島)로 표기되었으며, 이 책의 서문 격에 해당하는 자서(自序) 부분에 나온다. 그런데 내용적으로 이어도 전설 자체에 대한 이야기가 아니라 '방아 찧는 노래'라는 민요의 유래를 전해 듣고 이를 설명하는 대목에 등장한다.

이용호가 1897년 음력 3월 5일 산지포로 들어와 제주섬에 오른 후 관사에 몸을 부린 지 며칠만의 일을 적은 것으로, 그 당시 제주 여인들이 방아질을 할 때 부르는 노래를 듣고 그 유래를 듣게 된 경위와 또한 당시 구전되던 '이여도'에 대한 일화를 기록으로 남긴 것이다.

당시 낯선 유배지에 여장을 푼 그에게 이웃집의 아낙들이 '방애'(방아의 제주 방언형)를 찧으면서 여럿이 불러대는 방애노래는 그에게 상당히 이질적으로 들렸던 것으로 보인다. 이에 그는 여러 사람에게 물었고 마침 객관을 지키던 관원이 답하기를 "가족들이 원나라의 지배를 받던 시절, 공마진상을 나가는 아비를 배웅하면서 불렀던 노래였다."라는 답을 듣고, "그 이여도가 어디인지는 지금은 알 수 없으나 섬 토박이들이 이 일화를 전하면서 오래된 풍속을 자리 잡았을 것"이라는 그의 견해를 보태어 남긴 글이다.

이로 미루어 이어도에 대한 전설은 이미 당시에도 방애질 노래로 널리 불리면서 구전되어 온 것임을 알 수 있다. 그리고 이 짧은 『청용만고』의 기록은 그동안 이어도에 관한 설화의 신빙성 여부, 즉 제주 전래의 것이냐 아니면 일제강점기 일본인 학자에 의해 만들어진 전통이냐 하는 저간의 논란을 잠재우는 매우 귀중한 사료라고 할 수 있다.『청용만고』의 기록으로 미루어 이어도에 대한 전설은 이미 19세기 말까지 제주 구전문화의 하나로 자리잡고 있었음을 보여주고 있기 때문이다.

제주와 관련된 역사서에서 이어도가 명시적으로 나타난 사례를 찾기는 쉽지 않다. 몇몇 고문헌이나 고지도에 이어도를 암시하는 내용들이 조금 있는 정도라고 할 수 있다. 오히려 수중 암초(여)인 이어도가 역사서에 등장하는 것이 이상한 일인지도 모른다. 그러나 역사서에 등장하지 않는다고 해서 이어도가 상상 속의 존재라고 단정해서는 안 될 것이다. 제주인의 생활사 속에 그려진 이어도의 흔적은 어렵지 않게 찾을 수 있기 때문이다. 그리고 입으로 전해지는 이어도에 관한 구전자료도 적지 않다.

이어도 2-3. 다카하시 도오루의 연구를 통해서 나타난 이어도는?

다카하시 도오루(高橋 亨)는 일제시기 조선유학사와 불교사 등 조선사상사 분야의 연구로 유명한데, 민요에도 관심을 기울여 여러 편의 논문을 발표했다. 그가 민요 연구를 위해서 제주를 처음 방문한 것은 1929년이었는데, 그 뒤에도 자신의 제자들을 통해 계속해서 자료를 수집하고, 논문을 썼다.

다카하시 도오루는 민요를 수집하기 위해 1929년 11월 제주를 처음 방문했고, 1930년 조수 조윤제를 보내서 200수 정도의 민요를 수집하여 1931년 명륜학원에 입학한 제주출신 이창하(李昌夏)에게 검증을 받은 후 1931

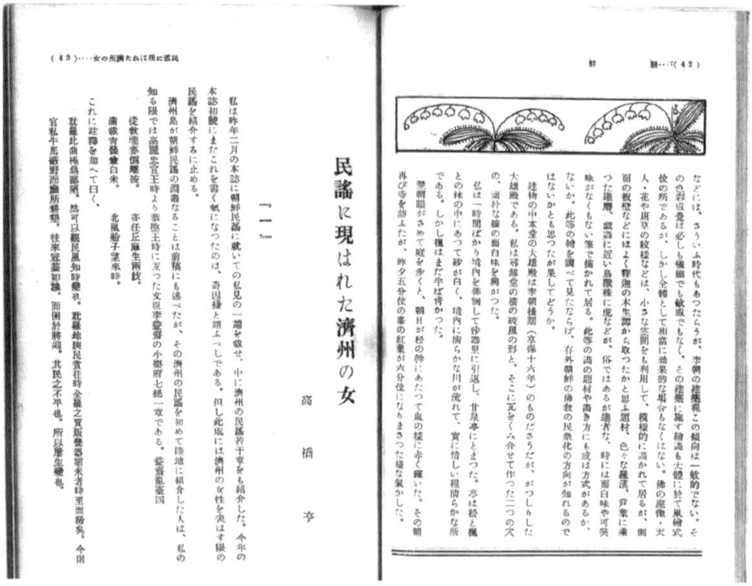

(42)……朝鮮

などには、さういふ時代もあつたらうが、李朝の建築程この傾向は一般的でない。その色彩感覺は必しも纖細でも敏感でもなく、その建築に施す繪畫も大體に於て風俗式位の所であるが、しかし全體として相當に効果的な場合もなくはない。佛の座像・天人・花や唐草の紋樣などは、小さな空間をも利用して、模樣的に畫かれて居るが、側面の板壁などにはよく釋迦の本生譚から取つたかと思ふ題材、色々な羅漢、芦葉に乘つた達磨、説話に近い鳥獸等に虎などが、俗ではあるが達者な、時には面白味や可笑味がなくもない筆で描かれて居る。此等の畫の題材や畫き方にも或は方式があるか、ないか。此等の繪を調べて見たならば、存外朝鮮の佛教の民衆化の方向が知れるのではないかとも思つたが果してどうか。

建物の中本堂の大雄殿は李朝後期（享保十六年）のものださうだが、がつしりした大雄殿である。私は尋劍堂の横の破風の形と、そこに瓦をくみ合せて作つた二つの穴の、素朴な線の面白味を興がつた。

私は一時間ばかり境内を徘徊して砂器里に引返し、甘泉亭にとまつた。亭は松と楓との林の中にあつて砂が白く、境内に清らかな川が流れて、實に惜しい程清らかな所である。しかし楓はまだ半ば青かつた。

翌朝眼がさめて庭を歩くと、朝日が松の幹にあたつて血の樣に赤く輝いた。その朝再び寺を訪ふたが、昨夕五分位の峯の紅葉が六分位になりまさつた樣な氣がした。

民謠に現はれた濟州の女……(43)

民謠に現はれた濟州の女

高橋　亨

「一」

私は昨年二月の本誌に朝鮮民謠に就いての私見の一端を載せ、中に濟州の民謠若干章をも紹介した。今年の本誌初號にまたこれを書く氣になつたのは、奇因緣と謂ふべしである。但し此處には濟州の女性を表はす限の民謠を紹介するに止める。

濟州島が朝鮮民謠の淵叢なることは前稿にも述べたが、その濟州の民謠を初めて陸地に紹介した人は、私の知る限では高麗忠宣王時より恭愍王時に亙つた文臣李益齋の小樂府七絶一章である。益齋亂稾四

從教壠麥倒離披。　亦任丘麻生兩岐。

滿載靑甆兼白米。　北風船子望來時。

これに註釋を加へて曰く、

耽羅此曲極爲鄙陋。然可以觀民風知時變也。耽羅地狹民貧往時全羅之賈販甆器稻米者時至而稀矣。今則官私牛馬蔽野而靡所耕墾。往來冠蓋如梭。而困於將迎。其民之不幸也。所以屢生變也。

〈그림 2-4〉 다카하시 도오루의 「民謠に現はれた濟州の女」 사본

년과 1932년 여름에 다시 제주를 돌며 모두 300수 가까이를 수집했다.

다카하시 도오루는 이미 10여년 전 김모라는 제주도사람이 민요를 400여수 채집해서 중추원에 보냈으며 그것의 일부가 『개벽』(開闢)에 소개되었음을 알고 발표를 망설였으나, 결국 1933년 『조선』(朝鮮) 1월호에 "民謠に現はれた濟州の女"(민요에 나타난 제주여성)를 발표했다.

다카하시 도오루는 제주의 노래에는 방아 찧는 노래에도 뱃노래에도 농가(農歌)에도 그 밖의 노래에도 노래의 첫 부분과 끝부분에 이여도야 이여도(또는 이허도)라는 후렴이 붙어있으며 어떤 이는 이허도(離虛島)라고 쓴다고 설명하고 있다.

이허도는 공상 속의 섬이며 제주와 중국과의 중간쯤에 있다고 믿고 있어서 가는 배이건 오는 배이건 이 섬까지만 오면 우선 안심한다고 묘사하고

있다. 그래서 떠나가는 배에 대해서는 이허도까지 무사하라고 비는 것이며 또 가서 돌아오지 않는 배가 있다면 최소한 이허도까지만 돌아오면 이 재난은 면할 수 있었을 것을 하고 슬퍼한다고 설명하고 있다.

이어도와 관련한 문헌에서 이어도와 관련한 전설이 원나라로 말〔馬〕을 보내는 전설과 연관되어 있어서 적어도 1200년대 이전에 이어도 전설이 형성되었다는 것을 추론할 수 있을 것이다.

이어도 2-4. 제주에서 전해 내려오는 이어도 이야기는 어떤 것이 있나?

예로부터 전해 내려오는 이야기를 수집하는 것은 쉽지 않다. 이야기 자료이기 때문에 관련 자료를 찾아 모으거나 이야기를 알고 있는 사람의 구술을 통한 채록 작업이 필요하다. 이어도연구회는 2011년『제주도 전승 구비문학으로 본 이어도』라는 연구보고서를 통해 구전 자료들을 전수 조사하여 체계화 작업을 수행한 바 있다.

수집 대상으로는 설화, 소리(민요), 신화, 속남 등이며, 이어도를 직접 언급한 자료이면 '직접자료'로 분류했고, 이어도를 인지할만한 정황 증거로 삼을만한 자료들은 '간접자료'로 분류했다. 전체적으로 수집된 자료의 수는 233편(개)에 이르며, 이는 〈표 2-1〉과 〈표 2-2〉와 같이 분류될 수 있다.

우선, 〈표 2-1〉의 직접자료로서 '설화'를 살펴보면, 신화와 설화의 경계가 매우 모호하지만 여기서는 일반인에 의해 옛이야기처럼 구술되어 채록된 경우로, 특히 이어도에 관한 직접적인 이야기일 경우로 한정한 것이다. 다음으로, '소리'의 경우 이어도 혹은 이여도 등의 명칭은, 소리의 후렴구에 나타나는 경우가 대부분이었다. 그러나 사설 가운데 매우 명료한 의미를 지니고 드러난 경우도 없지는 않았다. 단지 후렴구뿐 만이 아니라 본문에서도 이를 적시하거나 은유적인 표현을 한 것들을 중심으로 분류, 정리했다.

〈표 2-1〉 이어도 직접자료 목록

구분	제목(수)	출처	계
설화	이여도(離汝島)	– 이용호, 『聽春漫稿』(1890년대 추정)	7
	이허도(離虛島)	– 강봉옥, "濟州島의 民謠 五十首," 『開闢』(1923).	
	이허도	– 다카하시 토오루, "民謠에 나타난 濟州女性: 이허도(離虛島) 전설," 『朝鮮』(1933).	
	이어도	– 진성기, 『신화와 전설』(1959).	
	이여도	– 현용준·김영돈, 『한국구비문학大系: 북제주군편』(1980).	
	이여도	– 현용준·김영돈, 『한국구비문학大系: 서귀포시 남제주군편』(1983).	
	이어도	– 고은, 『제주도: 그 전체상의 발견』(1976).	
소리(민요)	• 맷돌 가는 소리 (42수) • 방아 찧는 소리 (25수) • 해녀 노 젓는 소리 (49수) • 망건 맺는 소리 (9수) • 양태 짜는 소리 (7수) • 탕건 잣는 소리 (1수)	– 홍정표, 『제주도민요해설』(1963) – 김영돈, 『제주도민요연구(상)』(1965). – 현용준·김영돈, 『한국구비문학대계 9-1: 북제주군편』(1980). – 현용준·김영돈, 『한국구비문학대계 9-2:제주시편』(1981). – 현용준·김영돈, 『한국구비문학대계 9-3: 서귀포시 남제주군편』(1983). – MBC, 『한국 민요 대전: 제주도 민요 해설집』(1992). – 양영자, "제주민요 시집살이노래에 드러난 갈등양상과 현실인식," 『민요론집』, 제2호(1993).	133
계			140

〈표 2-2〉 이어도 간접자료 목록

구분	제 목	출처	계
신화	고양부 탐라국사 세 신인과 벽랑국 세공주 개로육서도 금백조와 아들들 보름웃도 남선비 동서해용왕(구 삼승할망) 동해용왕따님 삼승할망(용왕따님) 물의 신 궤네깃도 백중이 성주안신국 윤동지와 영등 용왕국 진궁아기 자청비 칠성	- 고대경, 『신(神)들의 고향(故鄕)』 (1997).	17
소리	오돌또기(13수) 갈치낚는 소리(3수) 서우젯 소리(5수) 테우젓는 소리(1수) 염불소리(1수) 성주내는 소리(1수) 이어도놀래(5수)	- 홍정표, 『제주도민요해설』(1963). - 김영돈, 『제주도민요연구(상)』 (1965). - 현용준 · 김영돈, 『한국구비문학대계 9-3: 서귀포시 남제주군편』(1983). - MBC, 『한국 민요 대전: 제주도 민요 해설집』(1992). - 한기흥, "조천민요의 특이성," 『민요론집』, 제3호(1994).	29
속담	조류, 날씨, 해녀, 어업 관련	- 고재환, 『세주속딤사진』(2002).	45
계			91

다음으로, 〈표 2-2〉의 간접자료로서 '신화'는 역사 이전, 더구나 문자기록이 일천한 시대인 고대 사회의 정치와 생활을 들여다보는 일종의 역사기록물로 간주되고 있다. 주로 태평양 자락인 이어도 주변 해역에 대한 지식

의 축적, 인지 등이 표출됨을 감안하여 해양생활이 두드러지게 표출된 것들까지 포함했다. 그리고 '소리'는 후렴구나 본문에 이어도가 나오는 경우가 아니더라도 제주인들의 동중국해와 그 일대의 해역에 대한 활동, 지식, 인지도를 파악할 만한 것들은 포함했다. '속담'의 경우는 제주인들의 해양이용 경험이 농축된 자료로서 그 가치가 적지 않다고 할 수 있다. 직접자료로서도 간접자료로서도 이어도를 적시하지 않지만 해양이용 경험에서 우러나온 일상생활의 지표를 제시하고 있다.

이상의 자료를 통해서 볼 때, 제주인들에게 이어도는 '또 하나의 제주'이며, 바다 밭의 문전옥답인 동시에 제주도의 원형으로 그 실체를 묘사하고 있다. 이는 다음과 같이 정리될 수 있다.

첫째, 생활 터전으로서의 이어도가 제주 섬사람의 생활상 해양활동에 초점을 맞추어 풍요로운 땅으로 묘사되고 있다.

둘째, 제주 섬사람이 전수해 온 좁은 의미의 설화 및 신화, 소리(민요), 속담 등에는 직접 이어도가 명시되었거나 이와 유사한 이미지, 즉 제주와 강남 사이에 있는 섬, 바람, 돌 등으로 이어도가 나타나는데 그 곳의 삶을 추적하고 동경하는 이상향으로 정의하고 있다.

셋째, 이어도를 통해 해양생활권역 내 동중국해역의 바다에 대한 주도적 이용 관련의 예를 설파하면서 그 친숙성을 부각하고 있다.

넷째, 이어도를 '또 하나의 삶터'로 정립함으로써 제주 섬사람의 독특한 해양 이미지를 구축하고 있다.

마지막으로, 이어도의 실존에 관한 묘사를 극대화하는 방법으로 여성이 삶을 주도하는 섬이란 의미를 내포한 '여인국(女人國)', '여도(女島)', 제여도(濟女島), 유여도(遊女島) 등으로도 표기하고 있다.

이어도 2-5. 이어도가 등장하는 제주설화에는 어떤 것들이 있는가?

이어도에 대한 제주의 설화는 다카하시 도오루, 진성기, 김영돈·현용준 등의 학자들이 채록하여 기록함으로써 기록문헌의 위치에 서게 되었다고 할 수 있다.

첫 번째로 다카하시 도오루(高橋亨)가 모슬포에서 채록한 설화이다. 이 설화는 1932년 서귀포시에 있는 대정에서 채록한 것이다.

> 제주는 고려 충렬왕(忠烈王) 3년 원(元)나라의 지배를 받아 목관(牧官)이 내려와 통치하기 시작했다. 이 때부터 원나라 말기까지 제주는 해마다 토산품을 보내지 않으면 안 되었다. 이 공물선(貢物船)은 북쪽 산동(山東)으로 가기 위해 섬의 서북쪽 모슬포에서 출항했다. 언제부터인지 모르지만 대정에 강(姜)씨라고 하는 선박 운송업자가 있어 이 공물선의 선주가 되었다.

> 그런데 그때마다 수척의 큰 배에다 공물을 가득 실어 황해를 가로

질러 출항했다. 그런데 이들의 공물선은 끝내 돌아 온 적이 없었다. 그런데 그 무렵 항로 중간에 '이여도(離虛島)'라고 하는 섬이 있다는 꿈 같은 이야기가 섬사람들 사이에서 회자되었다. 어느 해 강씨는 자신이 스스로 공물선을 타고 그 섬을 향해 출발하였다. 그러나 그도 역시 끝내 돌아오지 않았다.

강씨에게는 나이든 아내가 있었다. 그녀는 그리움을 달랠 길 없어 "아 이여도야 이여도야"로 시작하고 끝나는 노래를 만들어서 불렀다. 하다못해 내 남편이 이여도까지 만이라도 도착했으면 하는 의미였다. 그 곡조는 매우 서글프고 애처로웠다. 비슷한 처지의 다른 부인네들도 그 노래를 듣고 모두 공감했고, 그렇게 해서 이 노래는 전도(全島)로 퍼지게 되었다.

두 번째로 진성기가 조천리에서 채록한 고동지 설화이다. 이 자료는 1958년 조천리 정주병의 구술을 채록한 것이다.

옛날 조천리에는 고동지라는 사나이가 살고 있었는데, 어느 해에는 중국으로 국마진상을 가게 되었다. 그날따라 바람 한 점 없이 바다는 잔잔하여 고동지는 동료배들과 함께 말을 잔뜩 싣고 순풍에 돛을 달아 배는 조천포구수진개를 떠나게 되었다. 그런데 배가 수평선에 이르렀을 때 갑자기 폭풍이 불어 닥쳐 배는 나무조각처럼 흔들리며 표류하기 시작하였다.

몇날 며칠을 표류했던지 마침내 배는 한 섬에 표착하게 되었는데, 이 때 고동지는 동료들을 모두 잃고 자기만이 살아남았다는 것을 알게 되었으며, 표류하여 도착한 땅은 '이어도'라는 것도 알 수 있었다. '이어도'에는 큰 태풍 때 고기잡이 간 어부들이 수중 고혼이 되는 바

람에 이른바 과부들만의 섬이었다.

과부들은 고동지가 표착하자 그에 대한 환영이 대단하였다. 과부들은 고동지에게 이 집에서도 묵도록 했고 저 집에서도 묵도록 했다. 고동지는 날이면 날마다, 밤이면 밤마다 이 여자에게서 저 여자에게로 전전하면서 애정을 나누었다. 그러던 어느 하루는 비가 와서 처마에서는 낙숫물이 뚝뚝 떨어지고 있었다. 고동지는 불현듯 고향의 아내와 부모 형제가 그리워졌다. 아내를 만나고 싶은 생각이 불길같이 일어났다. 그 날 밤은 초승달이 반달이었으나 달이 유난히 밝았다. 고동지는 바닷가를 배회하면서 멀리 수평선 너머로 바라보며 아내의 이름을 열백 번도 더 불러 보았다. 날 밝은 밤이면 더욱 고향이 그리워졌고, 고향이 그리워지면 바닷가를 찾는 고동지였다.

바다는 부드러운 가락으로 노래를 불렀다. 고동지도 파도의 가락에 따라 스스로를 달래며 구슬프게 노래를 불렀다.

이어도 (ᄒᆞ)라 이어도(ᄒᆞ)라
이어 이어 이어도(ᄒᆞ)라

이어 말(ᄒᆞ)민 나 눈물 난다
이어 말랑 말앙근 가라
강남을 갈거면 해남을 보라
이어도가 반이엥 해라

이 노래는 강남으로 가는 절반쯤 길에 '이어도'가 있으니, 나를 불러 달라는 애절한 내용의 노래였다. 이어도 사람들은 이 고동지의 노래를 듣기 위해 모여들었고, 많은 여인네들이 그의 처지를 동정하게 되었다. 고동지의 노래를 듣고 흐느껴 우는 과부들도 많았다. 이윽고 이어도 노래는 모르는 사람이 없을 정도로 되었다.

그 후 고동지는 뜻밖에 중국 상선을 만나 그 배의 도움으로 귀향하게 되었다. 이 때 '이어도'의 한 여인이 이 고동지를 따라 제주에 들어오게 되었다. 고향에서는 태풍으로 죽은 줄로만 알았던 고동지가 살아 돌아오자 잔치가 벌어졌고, 이들은 모두 한 가족이 되어 단란한 가정을 이루었다. 그 때 '이어도'에서 고동지를 따라 온 여인을 마을 사람들은 '여돗할망(이어도의 할머니라는 뜻)'이라 불렀는데, 세상을 떠난 후에는 마을 당신(堂神)으로 모시게 되었으니, 지금 조천리 '장귀동산당'이 바로 그 여돗할망을 모신 당이다.

세 번째로 김영돈·현용준이 1979년 동김녕리 김순여의 구술을 채록한 설화이다.

옛날 어느 마을에 한 남편이 아내를 버려두고 무인도인 '이여도'로 가서 첩을 정하여 행복하게 살고 있었다. 남편을 잃어버린 아내는 늙은 시아버지를 모시고 살아가고 있었는데, 어느 날 시아버지에게 부탁하였다.

"아버님, 배 한 척만 지어 주십서."

"뭘 하젠?"

"남편을 찾아 보쿠다."

시아버지는 며느리의 소원을 들어 선흘고지(조천읍 선흘리)로 가서 나무를 베어다가 배를 지어주었다.

어느 화창한 날을 택하여 며느리는 시아버지와 함께 남편이 살고 있는 이여도를 향하여 배를 띄웠다. 이여도로 가는 길은 멀고도 험난했다. 며느리가 노를 저으며 어서 '이여도'에 가자고, '이여도 사나, 이여도 사나' 소리[노래]를 불렀다. 드디어 힘겹게 이여도에 이르렀다. 과연 남편은 새 아내와 함께 행복하게 잘 살고 있었다.

남편은 아버지와 본처가 귀향할 것을 설득하자 하는 수 없어 가족 모두가 고향으로 돌아가서 살기로 결정을 내렸다. 온 가족이 한 배에 타서 고향으로 향하고 있었는데 갑자기 풍파가 몰아치니 다 몰사 당하고 말았다. 그 후 그 고향 사람들은 풍파를 만나 몰사한 그 가족들을 불쌍하게 여겨 당제(堂祭)를 지내듯 늘 제사를 올렸다.

이어도 관련 설화의 내용은 다음과 같은 몇 가지로 요약할 수 있을 것이다. 첫째, 이어도는 제주도 서남쪽 항로에 있는 섬으로, 제주도에서 강남(江南)으로 가는 중간쯤에 위치해 있다는 것이다.

둘째, 옛날 제주도 남자들이 진상품이나 상품을 싣고 중국으로 가다가 이어도라는 섬 주변의 소용돌이치는 물결에 배가 휘말려 들어가서 여지없이 파선되고 몰사하는 일이 거듭됐다는 사실이다.

셋째, 남편을 삽시에 잃은 제주의 여인들로서는 이어도는 원한과 애통의 상징이었다. 그래서 제주 여인들은 이어도의 민요를 부르면서 쓰라린 마음을 달래 왔다고 볼 수 있다.

넷째, 이어도라는 섬은 한 번 들어가면 살아 돌아올 길 없는 저승 나라라고 할 수 있다.

마지막으로, 이어도는 삶에 필요한 온갖 물건이 두루 갖추어지고 사람이 누릴 수 있는 즐거움과 환락이 넘치는 낙토이다.

이어도 2-6. 이어도가 등장하는 제주소리에는 어떤 것들이 있는가?

지역 주민의 언어와 가락으로 표출되는 소리(민요)는 그 지역의 정서가 서정적으로 잘 드러난 자료라고 봐도 무리가 없을 것이다. 제주의 민요는 일찍이 제주도 생활상을 들여다보는 민속학의 도구로 인식되었다. 더구나 이어도에 대한 논의는 바로 학자들이 제주소리를 연구하는 과정에서 두드러지게 나타난 실적이라고 할 수 있다.

다카하시 도오루를 필두로, 1939년 잡지 『삼천리』(三千里) 8월호에 실린 김안서(金岸曙)의 "제 고장서 듣는 민요 정조(民謠 情調) : 김능인의 제주도의 멜로디," 시인이며 학자인 임화(林和)가 편저하고 이재욱이 해제한 민요를 묶어 1939년 학예사(學藝社)에서 펴낸 『조선민요선(朝鮮民謠選)』 등이 이어도와 관련된 제주소리를 다룬 저술들이다.

제주소리에서 제주도 주민의 정체성, 그 중에서도 이어도와의 관계를 규명하려는 또 다른 연구들로는 『제주도의 민요』, 『우리고장전래민요』, 『국문학론총(최동원 선생 회갑기념)』, 『제주도언어민속논총』 등이 있다.

이어도 대표 민요에는 이어도로 추론되는 곳이 나온다. "강남(江南)을 가건 해남(海南)을 보라 이어도가 반이엔 해라"(강남 가는 해남 길로 보면 이어도가 절반이라더라). 이어도는 제주도 서남쪽 중국으로 가는 항로중의 어딘가에 위치한다는 뜻이다. 지금의 이어도해양과학기지가 위치한 바로 그 곳이다.

이어도 ᄒᆞ라이어도 ᄒᆞ라
이어 이어 이어도ᄒᆞ라
이어 말ᄒᆞ민 나 눈물 난다
이어 말랑 말앙근 가라
강남을 갈거면 해남을 보라
이어도가 반이엔 해라

이 소리는 제주민속박물관 진성기 관장이 1959년 조천리에서 채록한 것이다. 진 관장은 "이어도는 맷돌노래와 함께 광범위하게 사람들에게 알려져 있었다. 그러나 맷돌노래가 사장되다시피 하면서 이어도에 대한 제주도민들의 인식도 많이 감소하였다"고 술회했다. 그러면서 "채록 당시에 모두가 이어도가 이상향이라는 것을 명확히 알고 있는 것은 아니었고 일부는 이어도에 대하여 구체적으로 인식하지 못하는 사람도 있었다"고 회고했다.

그러나 "해녀들은 비교적 이어도에 대하여 자세히 알고 있었으며 이어도에 대하여 잘 모르는 사람일지라도 이어도라는 말 자체는 매우 친숙하였다"고 언급했다. 또한 조천리에 있었던 "장귀동산 인뢰한집" 남자무당인 정주병씨의 본풀이에서 고동지와 여돗할망의 이야기가 본풀이로 나온다고 설명했다.

향토지 전문출판인으로 유명한 디딤돌출판사 박서동 사장은 1878년생인 할머니 이병화씨가 생전에 바다로 가서 돌아오지 않는 할아버지가 이어도에서 살고 있을 것이라는 이야기를 자주 한탄하는 것을 들으며 자랐다고 회고한 바 있다. 월정리 출신인 외할머니가 "이어도 허라 이어도 허라"라는 타령을 하면서 맷돌을 갈자 할머니에게 '이어도'가 무엇이냐고 물었을 때 "배타고 나간 네 외할아버지가 이어도에 살고 있을 거다"라는 이야기를 들었다고 회고했다.

이어도가 가장 많이 등장하는 제주소리는 노동요이다. "이어도 사나 아아아~ 이어도 사나 으샤 으샤." 물질하러 깊은 바다로 가기까지 힘겹게 노를 저어야 하는 해녀들의 노래에 나오는 이어도는 힘을 돋우기 위한 후렴의 역할이 많았다. 그것은 구슬픈 가락이지만 힘든 삶을 극복하려는 강한 의지를 담고 있다.

이엿사나 이여도사나 이엿사나 이여도사나
우리 배는 잘도 간다
솔솔 가는 건 소나무 배여 잘잘 가는 건 잡나무 배여
어서 가자 어서 어서 목적지에 들여 나가자
우리 인생 한번 죽어지면 다시 환생 못하느니
원의 아들 원자랑 마라 신의 아들 신자랑 마라
한 베개에 한잠을 자난 원도 신도 저은 데 없다
원수님은 외나무다리 길어 어이 외길인고!
원수님아 길 막지 마라 사랑 원수 난 아니노라

'이어도 타령'(작자 미상)은 바다에서 일하는 해녀들의 노동요이다. 이어도 타령의 사설은 직설적이고 역동적이다. 4·5조 형식과 반복법은 드센 억양과 생동감을 불러일으킨다. "이엿사나 이여도사나"는 노를 저을 때 나오는 여음이다. 해녀노래뿐만 아니라 타작노래, 꼴 베는 노래 등 거의 모든 제주 노동요의 후렴에 이어도가 들어 있다. 맷돌노래, 방아노래에는 이어도가 후렴이 아닌 기사로 등장한다. 이처럼 이어도는 제주소리 속에서 제주 사람들에게 이상향이자 생활의 터전으로 항상 함께 해왔던 것이다.

이어도 2-7. 이어도가 등장하는 현대문학에는 어떤 것들이 있는가?

현대문학에서 이어도를 환상의 섬으로 인식하게 만든 것은 소설가들이었다. 이어도를 소재로 한 소설로 가장 먼저 나온 작품은 『イヨ島(이여도)』이다. 이 작품은 1944년 해방 직전에 제주농업학교 교사로 재직하던 이시형이 일본어로 발표한 소설이다.

그는 전해오는 민요와 전설을 스스로 개작해서 제주도 사람들의 삶을 이어도와 결부시켜 작품화했다. 그는 이 소설에서 이어도를 제주도 동쪽에 있고, 어부들이 폭풍우를 만나면 가는 곳이며, 용궁을 방불케 하는 극락의 세계로 한 번 가면 돌아오기를 잊어버리는 곳이라고 설명하고 있다.

이 작품에 관해 평론가 김영화는 다음과 같이 설명하고 있다.

> 이시형은 사후 세계라는 것을 전제하면서도 그 사후 세계가 절망적인 곳이 아니라 희망이 있는 이상향으로 설정했다. 저승으로 간 남편이 평화롭고 행복한 곳으로 갔기를 바라는 제주 여인들의 마음 속 깊은 소망을 읽어내고, 이여도를 긍정적으로 해석한 것"이(며) "이 점이 민요나 전설과는 다르다.

1974년 『문학과 지성』 가을호에 처음 발표된 이청준의 소설 『이어도』와 이에 앞서 1960년 『자유문학』에 발표된 정한숙의 소설 『IYEU島』는 이어도에 대한 이미지를 부각시키는 계기가 됐다고 할 수 있다.

우선, 이청준의 『이어도』는 실제로 대한민국 정부 수로국에서 파랑도의 위치 파악에 나섰다가 실패한 사건을 소재로 삼고 있다. 이청준은 현대문학을 통해 이어도에 다가서게 하는 데 커다란 역할을 한 것으로 평가된다. 그는 소설을 통해 제주 사람들이 이상향을 추구하는 것 자체가 허구에 대한 동경에 불과하다는 것을 말하고 있다. 그는 이 소설을 통해 이상향은 이상향으로서 필요하고, 현실 세계의 생활 근거지는 그것대로 소중하다는 것을 강조하고 있다.

정한숙의 『IYEU島』는 같은 마을에 사는 세 명의 친구가 어릴 적 부모 몰래 배를 타고 나갔다가 이틀 만에 구사일생으로 돌아오는 경험담이 이들의 성장에 영향을 미치는 것으로 풀어낸 창작 소설이다. 소설의 공간적 배경은 해안가 '디딤바위'이다. 이를 통해 작가는 이어도는 먼 곳에 있는 것이 아니라 디딤바위가 서 있는 바로 '이 곳' 이라고 말하고 있다.

시인 고은(高銀)은 1970년대에 제주도에서 생활하면서 체험한 것과 들은 이야기들을 종합한 『제주도』를 발표했다. 그 책에 제주도민의 이상향으로서의 이어도에 관한 논의를 정리했다. 또 고은의 시 '이어도'는 제주 어민이 생활터전이면서도 가시권 내에 들어 있는 지역 중의 가장 중요한 이어도를 찾지 못하는 처절한 몸부림을 시어를 동원해 표현하고 있다.

이어도

고은

아무도 이어도에 간 일이 없다
그러나 누구인가 갔다 한다
가서는 영영 돌아오지 않았다 한다
이어도 어디있나

…

제주 어부 핏속에 사무친 섬

아무리 노 저어도

돛 올려 내달아도

제주의 꿈 어디있나.

이어도 어디 있나

…

이 시를 통해 고은은 제주 어부들이 척박한 제주 섬을 보완해 주는 풍요로운 어장인 이어도를 생활터전으로 두고 있으면서도 이를 상실했다고 보고 있다. 지리적으로 이어도의 위치를 알고 있으면서도 이어도의 실체를 확인하는 것이 가능하지 않았었기 때문이다.

그 이후로는 수많은 작가와 시인, 극작가, 아동문학가들이 이어도를 주제로 혹은 소재로 삼아 집필했다. 예를 들면, 이어도를 주제로 한 희곡으로는 장일홍이 2003년에 발표한 '이어도로 간 비바리'라는 작품을 들 수 있다. 이 작품은 제주도 주민에게는 이어도가 생활의 터전인 동시에 그 생활에서 벗어나 안주하고 싶어 하는 또 다른 공간으로서 함께 한다는 것을 보여주고 있다. 또 사단법인 이어도연구회는 2009년 이어도 시모음집인 『또 하나의 제주섬, 이어도』를 펴내기도 했다.

이어도 2-8. 이어도에 관한 우리 대중가요에는 어떤 것들이 있는가?

한동안 이어도는 전설과 신화 속에 존재하던, 그리고 실재하지 않는 환상의 섬이라는 이미지로 대중들에게 각인되어 있었다. 그리고 오랫동안 제주도민들의 전유물로 인식되기도 했다. 그러던 이어도가 소설을 통해 대중들에게 새롭게 인식되기 시작했다. 우리의 대중문화 속으로 파고든 이어도는 대중가요에서도 나타난다.

2005년 발매된 가수 이상은의 12집 앨범 'Roman Topia'에 실린 '이어도'의 가사이다.

흰옷을 입은 사람들 피리소리 북소리에 젖어
여름날에 축제는 한창 시원한 하늘 밑에 누워
품속에 안아 지키던 흰 새는 여럿이 돌아와
심어놓은 초록빛 씨앗 보라빛 열매 맺으리
이어도의 꿈속에 사람들과 어우러
이어도의 꿈속에 님의 웃음 안으리 덩실덩실

〈그림 2-5〉 이상은의 12집 앨범, Roman Topia(2005)

이 노래 가사의 이어도는 낭만적인 사랑이 충만한 세계, 몽환적 판타지가 넘쳐나는 유토피아로 나타나 있다.

반면에 1992년 발매된 가수 한영애의 3집 앨범에 수록된 노래 '이어도'는 사랑하는 이를 잃은 슬픈 심정이 구구절절하게 나타난다. 또한 제주소리에서 후렴구를 차입하여 그 심정을 표현함으로써 제주도민이 구사하는 소리의 뉘앙스와 맥이 닿아 있다고 할 수 있다.

떠나가면 돌아오지 않는
섬으로 부는 바람은 배를 띄운다
이어도 하라 이어도 하라
이어 하면 눈물 난다
내 님은, 내 님은 남기고 떠난 내 님은 보이지 않네
이어도 하라 이어도 하라
이어 하면 눈물이 난다

〈그림 2-6〉 한영애의 3집 앨범 (1992)

〈그림 2-7〉 정태춘/박은옥의 1984년 앨범

이외에도 정태춘의 '떠나가는 배 – 이어도'가 있다.

저기 떠나가는 배 거친 바다 외로이
겨울 비에 젖은 돛에 가득 찬바람을 안고서
언제 다시 오마는 허튼맹세도 없이
봄날 꿈같이 따사로운 저 평화의 땅을 찾아
가는 배여 가는 배여 그 곳이 어드메뇨
강남길로 해남길로 바람에 돛을 맡겨
물결 너머로 어둠 속으로 저기 멀리 떠나가는 배
너를 두고 간다는 아픈 다짐도 없이
남기고 가져갈 것 없는 저 무욕의 땅을 찾아
가는 배여 가는 배여 언제 우리 다시 만날까
꾸밈없이 꾸밈없이 홀로 떠나가는 배

바람소리 파도소리 어둠에 젖어서 밀려올 뿐
바람소리 파도소리 어둠에 젖어서 밀려올 뿐

가곡 '떠나가는 배'는 본래 제주도 출신의 시인 양중해의 시이다. 이 시는 한국전쟁으로 제주 섬에 피난 왔던 이들이 전쟁이 끝나자 고향을 찾아 떠나가는 아쉬움을 표현하기 위해 씌어졌다. 그런데 시어를 보면 마치 이어도로 떠나가는 이들에 대한 아쉬움을 표현하고 있는 것으로 되어 있다. 그는 고단한 피난살이를 마치고 고향으로 돌아가는 이들을 근심 걱정 없이도 살 수 있는 이상향 이어도로 가는 것과 동일시하고 있는 것이다.

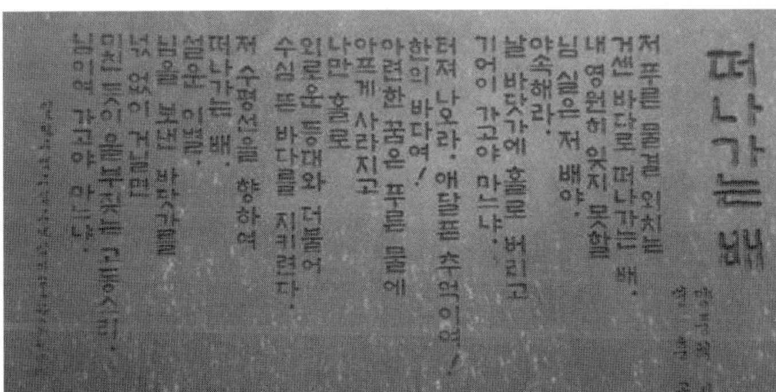

〈그림 2-8〉 '떠나가는 배' 시비(제주시 탑동 해변공연장)

이어도 2-9. 최근에 제작된 이어도 노래는 없는가?

최근 사단법인 이어도연구회는 원로 음악인 김희갑·양인자 부부에게 작사 작곡을 의뢰하여 이어도 앨범을 제작했다. 이어도에 대한 국민인식과

〈그림 2-9〉 이어도연구회의 앨범(2012)

대중성을 강화하기 위해 제작된 "이어도, 이어도가 답하기를"의 가사 내용은 다음과 같다.

너를 불러 보았다 이어도
그리워서 불렀다 이어도
한라산이 열리면서 바다 속에 숨겨 놓은 연인
마라도 남남서쪽 일백사십구킬로
4미터 물속 아래 숨바꼭질하는 그대
오늘도 안녕하신가 루 루 루 루
너를 불러 보았다 이어도
그리워서 불렀다 이어도
파도가 밀려와 그대 말을 전한다
무사마시 무사마시 오 무사마시 무사마시

난 언제나 여기 있어요

난 어제나 당신 것이예요

언론 인터뷰를 통해 작사가 양인자 씨는 “이어도가 전설로써 끝나는 게 아니고 좀더 구체적으로 떠오를 수 있게 하도록 가사를 썼”다고 했고, 작곡가 김희갑 씨는 “이어도로 보내는 사랑의 메시지, 먼 바다로 향해서 사랑의 메시지를 보내는 느낌으로 작곡했”다고 밝힌 바 있다.

타이틀 곡 ‘이어도, 이어도가 답하기를’은 가수 김국환이, ‘이어도’란 노래는 김성록·권수동·김호중 등 트리오 음악인이 부르고, 이어서 찰리 김의 섹스폰 연주까지 한 장에 다양한 장르의 음악을 담았다. 이어도연구회는 소중한 해양영토인 이어도를 우리 손으로 지키기 위해 이어도 노래를 만들게 되었다는 과정도 밝히고 있다.

이어도 2-10. TV에서도 이어도를 주제로 한 프로그램이 방영되었는가?

이어도는 드라마로도 방영되었는데, TV문학관의 ‘이어도’와 전설의 고향의 ‘이어도’가 있다. 1979년 11월 27일 방영된 KBS의 전설의 고향에서는 이어도를 ‘여인국’으로 그렸다. 실제 제주도의 옛 지도, 즉 1750년경 제작된 『해동지도』(海東地圖) 중 ‘제주삼현도’에 나타난 제주섬 근처의 여인국을 토대로 제주해녀의 이야기를 다뤘다.

그 대강의 줄거리는 다음과 같다.

해녀 김녕댁은 게으르고 허황된 꿈만 꾸는 남편 부 서방 때문에 속이

〈그림 2-10〉 TV문학관 '이어도'(이경진, 노주현 주연)

썩는다. 어느 날 부 서방은 마을 남자들과 의기투합, 살기 좋은 여인국 이어도를 찾아 가출한다. 그러나 태풍을 만나 이어도를 찾기는커녕 겨우 목숨을 부지해 돌아온다.

1983년 3월 19일 방영된 KBS TV 문학관 '이어도'는 이청준 소설을 원작으로 이어도의 실체에 대한 접근을 시도했다. 제주도가 신비의 섬이라는 점과 '이어도'를 대중들에게 각인시키는 역할을 했다.

1989년에 제주 MBC 창사특집 텔레에세이 '이어도'에서는 무속본풀이에 나오는 이어도 관련 무가를 채록 방영한 바 있다(1989년 9월 27일방영). 〈그림 2-10〉에서 보는 것처럼 지금은 세계무형문화유산으로 등재된 제주칠머리당영등굿의 무가 기능보유자인 안사인 씨가 「요왕국 본풀이굿」에서 '이어도 무가'를 부르고 있다.

이어도 무가의 내용은 다음과 같다.

옥황상제의 따님이 아버지의 뜻을 거슬려 용궁으로 귀양내려온다.

용왕황제국이 다시 명을 내리기를

“너는 이어도를 차지해서 살아라”

“가는 배 오는 배로부터 인정받으며 살아라”

이를 모른 어부들은 그런 일이 있는 줄 모르고 인정 걸지 않았다. 그래서 배가 지날 때마다 옥황상제 딸은 파도를 일으켜 배를 침몰시켰다. 그 뒤로 어부들은 이어도에 신령이 산다고 생각하고 ‘이어도할마님’이라 부르며 인정을 걸었다.

〈그림 2-11〉 요왕국 본풀이굿의 TV 방영 장면

3. 제주인의 이어도

이어도 3-1. 제주인의 생활 속에 이어도는 어떻게 투영되었는가?

환해(環海)의 화산낙도(火山落島)라는 자연지리적 특성에서 볼 때, 우리 역사에서 제주는 변방의 위치에 있었다. 조선시대는 해양으로의 진출입에 대해 부정적으로 인식하던 시대였다. 이 시기는 해양교류가 위축되었기 때문에 제주는 국토 최남단의 변방이 될 수밖에 없었다. 더욱이 이 시기는 명·청나라 등의 주변국들도 해양에 대한 인식이 그다지 적극적이지 못했기 때문에 해양 활동을 국가가 금했고, 따라서 제주는 우리 역사의 변방이었을 뿐만 아니라 동아시아의 변방이 될 수밖에 없었던 것이다.

그러나 제주가 항상 변방에만 머물렀던 것은 아니다. 해양을 통한 교류가 활발하고 해양문화가 융성하던 시기에는 제주가 해양센터의 역할을 해왔었다. 동아시아 해양사에 정통한 윤명철 교수에 의하면, "삼한시대, 삼국시대, 남북국시대, 고려시대 등은 제주도가 역사에서 자기 역할을 충실하게 할 수 있었"던 시기였다. 그래서 "동아시아에서 해양문화가 발달했고, 그 해양을 통해서 문화, 경제교류가 이루어졌을 때 제주도는 그 질서 속에서 자기위치를 잘 구현하며 빛날 수 있었다"고 평가한다.

이러한 제주의 해양성은 제주의 타고난 자연지리적 특성과 무관하지 않을 것이다. 제주가 위치한 바다는 역사적으로 중요한 항로의 채널 역할을 했던 곳이다. 선사시대로부터 오늘날에 이르기까지 여러 항로들이 제주 해역을 거쳐 갔다고 한다. 특히 한반도의 남쪽 바다를 통해서 항해하는 선박들에게 제주의 한라산은 중요한 이정표였다. 이런 측면에서 제주는 해양항로의 중심이었다고 할 수 있을 것이다.

이러한 제주의 자연지리적 특성으로 인해 제주인들은 바다를 삶의 터전으로 삼아 생활을 꾸려 왔다. 예로부터 제주인은 일반 식생활에서 먹는 반찬으로나 제의(祭儀) 때 올리는 음식으로 옥돔과 남방참다랑어, 재방어를 제일로 꼽았다. 이러한 어종들을 어획할 수 있는 최대의 어장인 동시에 최후의 어장으로 알려진 곳이 바로 '이어도'라고 할 수 있다. 제주 어부들은 한겨울에도 북풍을 등지고 이어도 해역으로 출어하여 이런 생선들을 줄낚시로 잡은 뒤 동풍 혹은 농남풍에 배를 맡겨 귀항하곤 했다.

1970년 초반까지도 이런 조업과정에서 중국이나 주변의 다른 나라 어선을 만난 적이 없다고 할 만큼 이어도 일대의 해역은 제주 어민들의 생활권역이었다. 이어도 어장은 1980년대 초반까지도 존재하고 있었다고 제주 어민들은 말한다.

이어도는 제주도 최남단 마라도에서 동남방으로 약 149km 가량 떨어져 원해(遠海), 즉 난바다(=육지로 둘러 쌓이지 아니한, 육지에서 멀리 떨어진 바다)에 위치하고 있다. 제주의 어부들은 이어도를 가리켜 '우리 바당 걸팥ᄀ', 즉 우리 바다의 수중 끝자락이라고 부른다. 그래서 제주 어민들은 이 해역을 조업할 수 있는 가장 먼 곳에 위치한 어장으로 알고 있었다.

제주 어부들은 연례행사처럼 매해 9월부터 이듬해 6월까지 옥돔잡이를 위해 이어도 해역으로 출어했다고 한다. 일기예보가 없었던 시절에는 날씨 가늠에 실패해 폭풍우를 만나 침몰하거나 난파되어 표류하는 일이 더러 일어나기도 했었다. 그러나 이어도에 좌초되거나 해로를 잘못 잡아 표류하는 일은 많지 않았다고 한다. 제주인들에게 이어도는 하나의 랜드 마크로서 항해를 가늠하던 척도였던 것이다.

제주 어부들의 항해술은 풍향을 이용하는 것뿐만 아니라 해류의 흐름을 타기도 하고 물살이 급한 해류 및 암초를 피해 지그재그로 배의 방향을 조종하는 방법 등 아주 다양하다고 한다. 또 이어도 어장에 접근하는 방법으로 한라산과 수평선을 꼭짓점으로 연결하는 삼각항해도법을 응용했다고 한다. 동향으로 항해하면서 한라산이 시야에서 사라지는 시간을 가늠하는가 하면, 밤에는 별자리를 보는 등 독특한 여러 가지 방법을 시의 적절하게 사용했다. 미루어 보건대, 제주 어민들은 일찍부터 원양 항해가 가능한 체험적 지식, 특히 이어도 바다의 해류와 해풍 등에 대한 폭넓은 지식을 축적하고 있는 해양민이었음을 짐작할 수 있다.

이어도는 제주 섬사람들에게 무엇이었는지 정리하면 다음 몇 가지로 압축할 수 있을 것이다. 첫째는 거친 바다와 힘겹게 싸우면서 살아온 제주인들의 이상향, 곧 마음의 고향이었다는 것이다. 그 곳은 가난과 질병, 핍박과 수탈이 없는 낙원이므로 죽어서도 영생복락을 누리는 영혼의 안식처인 것이다.

두 번째로 이어도는 섬사람들에게 삶의 터전이었다. 예로부터 이어도 바다는 풍부한 어장이었고 그곳에서 수확한 해산물은 섬사람들의 중요한 수입원이었다.

셋째로 이어도는 외부 세계로 나가는 길목이었다. 이어도는 제주도민이 조공선이나 상선을 타고 중국이나 일본으로 가는 바다에 있었다. 그런데 그 해역은 여울이 있고 수중 암초이기 때문에 선박이 난파하는 사례가 빈번했다. 뱃사람들이 바다로 나갔다가 돌아오지 않으면 섬사람들은 이어도로 갔다고 믿었다.

이런 이어도는 제주도민과 숙명적인 관계를 맺어 왔다고 할 수 있을 것이다. 그래서 이어도는 제주 사람들의 의식세계에 깊게 뿌리 내려 많은 신화와 전설을 낳았던 것이다. 또 섬사람들은 '물질'(=제주의 해녀들이 바닷 속에 들어가서 해산물을 따는 일)이나 밭일 같이 힘겨운 노동을 하면서도 이어도 민요를 부르면서 구원의 섬을 꿈꾸었다. 이상향을 향한 동경 속에서 현실의 고난과 절망을 극복할 수 있었던 것이다.

이어도 3-2. 옛 제주인들은 왜 이어도를 '이상향'이라고 생각했는가?

10세기 경 해상무역의 왕국이었던 이탈리아반도의 베네치아조차 바다로 나간 사람의 25%만이 희생자가 되었을 정도였지만 제주해민들은 18세기에 이르러서도 출항자의 50~60%가 배의 난파로 인해 불귀의 객이 되었다고 전해진다.

제주해민들은 '우리는 저승논 주서낭 이승에서 쓰는 사람이다(=저세상 돈 주어다가 이세상에서 쓰는 사람이다)'라고 말하고 '혼백상자 등에다 지곡, 칠성판을 등에 지고, 저승길을 왓닥갓닥'이란 구절의 노동요를 부른다. 여기에 '3대 보재기[浦作人]에 꼭 수장허는 액운신다'(=3대가 해상활동을 하면 그 중에 꼭 수장(水葬)되는 가족이 있게 된다)라는 속담도 있다. 그리고 '집은 상 살곡 배는 지성 타라'(=집은 사서 살고, 배는 지어서 타라)는 잠언 또한 있는

데, 이는 배는 목숨과 관련되기 때문에 남에게 맡기지 말고 손수 지어서 타라는 것이다. 제주 사람들에 바다는 천연의 혜택이었지만 동시에 원망의 대상이 되기도 했다.

제주인들은 바다를 안방처럼 드나들었지만 해난사고에 의해 가족들 중에 누군가와는 죽음에 의해 별리하는 한(恨)을 가져야만 했다. 그런데 문제는 그 죽음이 단정되는 죽음이 아니라는 것이다. 여기서의 죽음은 주검〔屍身〕을 볼 수 없는 미확인 죽음(死亡, death), 즉 실종(失踪, missing)에 의한 영원한 별리라는 것이다. 동서고금을 막론하고 사망과 실종이 있게 마련이지만 제주 섬의 그것은 유별함이 있었다.

실종된 가족을 찾는 상실자(seeking—losser)로서의 기다림은 실종자(missing—hiker)에 대한 부질없는 희망이요 기다림이기도 하다. 'missing hiker'는 '흔적 없이 거니는 자'라는 뜻이다. 실종자(失踪者)는 그 글 뜻에서 알 수 있듯이, 생사를 불문하고 먼저 존재 위치가 확인되지 않는 사람이다.

해난 사고로 인한 실종자는 그 주검이 바다 밑 바위틈에 하얀 해골이 되었을지라도 죽은 사람이 아니고 저 어느 바다 무인도에서 원시인처럼 살고 있을지라도 산 사람이 아이다. 죽음의 골짜기서 짐짓 하얀 해골이 되었을지라도 죽은 사람이 아니고, 심산 벽촌에서 두더지처럼 땅을 일구고 살지라도 산 사람이 아니라는 것이다. 예나 지금이나 그 육신(주검)을 확인하기까지 세상은 이들을 여전히 '사망자' 아닌 '실종자'라 부를 뿐이다. 여기에 짐짓 체념하거나 절망하지도 못하는 아픔이 있다.

실종자에 대해서는 주검을 갈무리하는 장례를 치를 수 없다. 주검을 갈무리한 죽음(사망)에 있어서는 사자(死者)가 타계로 감을 인정하지만, 실종은 불귀의 가족이 이승에 있는지 저승의 타계로 갔는지를 판단할 수 없는, 그래서 남겨진 가족으로 하여금 절망에 이르게 하지만 그럼에도 실낱같은 희망, 즉 로망을 갖게 한다.

실종자의 귀환에 대한 로망은 실존을 상정하는 것이며, 그것은 곧 실종자에 대한 끝없는 위치 찾기(locating)를 의미하며, 그 위치는 구체적 장소로서 표상되어야만 하는 것이다. 구체적 장소가 표상되지 않으면 오직 절망만 남기 때문이다. 이어도라는 실재의 지리적 사물에 기반을 둔 이상향의 신화(전설)는 그래서 탄생했던 것이다.

전설은 전승자가 신성하다고까지는 생각하지 않으나 진실되다고 믿고 실제로 있었다고 주장하는 이야기이다. 전설은 사실의 오브제(지명 등의 사물)와 상상의 스토리(픽션)로 구성된다. 전설은 바로 스토리에 해당한다. 전설의 세계는 일상적 경험을 떠나 따로 존재하지 않으며, 그렇기 때문에 전설(스토리)의 진실성은 끊임없이 의심되는 것이다. '사실이 아니고 전설일 따름이다'라는 말이 가능하나, 전설은 사실로서의 근거를 전적으로 부인할 수 없도록 되어 있는데, 증거물(지명 등)이 이를 입증한다. 전설 속의 이야기는 픽션이지만 전설 속의 지리적 사물, 즉 오브제는 팩트이다. 전설 속에 오브제가 있기 때문에 전설은 살아 전승되는 것이다.

제주해민들이 이어도 픽션을 지어낸 이유에 대해서는 세 가지 가설을 제시할 수 있다. 첫째는 인류 사회에 보편적으로 나타나는 죽음에 대한 불안 해소이고, 둘째는 삶에 질곡[苦海]으로부터 피안의 세계로의 탈출 욕망이며, 셋째는 사망[屍身]을 확인할 수 없는 실종으로 별리한 망자(亡者)와 영원한 안식처에서의 재회 염원 때문이다.

특히 세 번째 가설은 제주해민들에게만 특징적으로 나타나는 것일 수 있고, 이것이 제주인의 이어도 픽션이 서양의 이상향(Utopia), 낙원(Paradise) 혹은 동양의 무릉도원(武陵桃源) 등의 장소 관념과 다른 부분이다. 물론 허균의 『홍길동전』에서 이상향으로 그린 '율도국'과도 다르다. 그러면서도 이어도향에 대한 픽션은 보편성을 지니고 있다.

죽음 이후의 현상에 대한 가시적인 공간 묘사는 죽음에 직면하는 많은 사람들의 현실적인 희망을 구체적으로 충족시켜주는 기능을 한다. 우리들은 죽음 이후의 빈 공간, 어쩌면 텅 빈 현실이라고 할 수 있는 절망을 두려워한다. 끝 간 데 없이 떨어져 내릴 어두운 심연을 예상하기 때문이다. 그러한 정황에서 어떤 '장소'가 이야기되면서 구체적으로 죽음 이후에 머물 수 있는 공간이라는 사실이 전해진다면, 그 절망은 당연하게 더 할 수 없는 위로에 의하여 지워질 것이 틀림없다. 마치 집 없는 사람이 자기 집을 마련한 것과 같은 안심과 편안함이라고 해도 좋을 듯하다.

역사 속에 나타났던 여러 종교들에서 죽은 자와 다시 만날 약속을 교리화 하여 가르친다는 사실을 우리는 알고 있다. 예를 들면 그러한 종교들은 타계(他界), 즉 '하늘나라'에서, '낙원에서', '정토에서' 산 자와 죽은 자가 만날 수 있다는 사실을 두 번 세 번 강조한다. 그러나 그러한 믿음이나 가르침들은 죽은 사람을 '지금, 여기'에서 만나고 싶은 사람들의 절실한 꿈을 채워주지는 못한다. 그 가르침은 모두 한결같이 '나중, 저기'에서의 만남 가능성만을 이야기하기 때문이다. 그렇지만 그런 꿈은 아름다운 것이다. 그리고 궁극적으로는 절망을 희망으로 바꾸어 삶을 영위하게 한다.

이어도 3-3. 수중암초인 이어도를 왜 섬이라고 부르는가?

섬이냐 아니냐에 대한 기준은 어떤 자연법칙에 따라 정해지는 것이 아니고 사람들의 약속에 따라 정해지기 때문에 이에 대해서는 다양한 의견이 있을 수 있다.

일반적으로 사면이 물로 둘러싸여 있으면 섬이라 부르지만 인문지리적으로는 오스트레일리아를 포함하여 그 이상의 넓은 면적을 가진 땅은 대륙이라 부르고, 그보다 작은 그린란드를 포함한 그 이하의 땅은 모두 섬이라 부른다.

엄밀하게 섬의 정의를 살펴보면 다음과 같다. 1981년 우리 정부(내무부)의 지방개발계획자료인 『도서·낙도 현황』에 의하면 섬이란 "만조시 4면이 바다로 둘러싸인 지역으로서 민간인이 생활근거를 두고, 연중 계속적으로 생업을 영위하며 살고 있는 지역"이라 하고 있다. 「유엔해양법협약」에서는 배타적 경제수역을 가질 수 있는 섬(island)에 대한 기준은 제121조 제1항과 제3항에 수록되어 있다. 그 조약의 121조 1항은 다음과 같다. "섬이라 함은 바닷물로 둘러싸여 있으며 만조일 때에도 수면 위에 있는 자연적으로 형성된 육지지역을 말한다." 그리고 3항은 다음과 같다. "인간이 거주할 수 없거나 독자적인 경제활동을 유지할 수 없는 암석은 배타적 경제수역이나 대륙붕을 가지지 아니한다."

섬을 규정하는 국내외의 기준에 의하면 물밑 4.6m에 정상부를 갖고 있는 물속 바위섬을 이어도는 결코 '섬(島)'이라 부를 수 없다. 그럼에도 제주인들이 섬이라 불리는 이유는 왜일까? 그것은 문화적 관습, 즉 은유적 표현 때문이다.

관습적으로 물 밑이든 물 위든, 평면상에 고립 돌출된 지형지물은 모두 섬이라 부를 수 있다. 이어도가 수중 암초임에도 섬이라 부르는 이유도 여기에 있는데, 이런 예는 한강 하구의 강물 속 모래 둔덕인 '나들섬'의 호칭에서도 나타나지만 둘은 똑같이 물이 불었을 때는 물속의 '여'가 되지만 물이 빠졌을 때는 '섬'이 되는 특성을 갖나. 이런 경우 일상적으로 섬이라 부를 수 있는 것은 당연하다.

나들섬 위치는 강화도 최북단에서 북서쪽, 교동도에서는 북동쪽 한강 하구, 북녘의 예성강과 남녘의 한강이 합류하는 곳이다. 나들섬은 물밑에 잠겨있기는 하지만 평균수심이 5미터밖에 되지 않아 가물거나 썰물 때면 작은 모래언덕이 되어 나타난다. 이어도처럼 나들섬은 물밑에 있다.

제주도 민초들에게 이어도가 가족 간 별리의 고통을 승화시킬 수 있는 이상향이듯 "언젠가 나들섬이 강물 위로 우뚝 솟구쳐 남북이 함께 누리는 '통일의 섬'이 되길 기원해 본다."는 글에서 보듯이, 나들섬은 분단의 트라우마를 힐링하는 섬 아닌 섬〔礖島〕인 것이다.

부연하자면, 이어도이든 나들섬이든 공통적으로 섬이 아님에도 섬처럼 보이게 됨은 그것들이 '이미지'가 되고 은유화 되어 읽어내야 할 텍스트로 존재하게 됨을 의미한다. 독서교육전문가 신혜금은 "'여'에 '섬' 자를 붙이면 좀 더 상상과 환상을 가미한 뜻으로 탈바꿈한다."라고 했다. 현상학자 후설은 아무리 생명 없는 사물일지라도 우리가 경험하는 것이라면, 일종의 정신화(Vergeistigung)를 포함하며, 생활세계 속의 사물은 단순히 물리적 사물로서가 아니라 정신적으로 의미를 가진 사물로서 경험된다고 말하고 있다.

이어도 3-4. '이어도항로'는 어떤 항로인가?

조선조 왕권이 강화되면서 탐라는 동아시아의 해상교역에서 서서히 자취를 감췄다. 게다가 조선술과 항해술은 출륙금지령(1629~1823)으로 쇠퇴해 제주해안에는 〈그림 3-1〉과 같은 쪽배인 '테우'만이 떠다녔다. 그러나 탐라는 예로부터 해양교류가 활발하던 시기, 즉 삼한시대, 삼국시대, 남북국시대, 고려시대에 탐라는 동아시아 해양교역의 중심이었다. 그래서 중국 송나라 상인과 왜국(倭國)의 상인들도 수시로 왕래하던 곳이 탐라였다. 그러니 많은 배들이 탐라를 출입하는 항로도 분명 있었을 것이다.

'이어도항로'라는 용어는 이어도연구회에 의해 만들어진 용어인데, 원래 동국대학교 윤명철 교수가 제주도와 중국을 잇는 동중국해상의 항로를 동중국해를 비스듬히 가로지른다는 뜻에서 '동중국해사단항로'라고 이름

했다. 그러나 윤명철 교수의 용어는 의미 부여가 없는 단순한 술어적인 명칭이기에 '이어도항로'라 부르는 것이 보다 타당하다고 생각된다. 예로서 한라산의 동·서 사면을 지나는 횡단도로를 종전에는 '동부산업도로', '서부산업도로'가 불렀다만 지금은 '번영로'와 '평화로'라고 부르는 것도 그와 같은 이유 때문이다.

〈그림 3-1〉 제주의 전통 배 '테우'

이어도항로에 대해서는 제주도의 전설, 민요에 나온다. "강남가건 해남을 보라/이어도가 반이옝ᄒᆞᆫ다. (강남(江南)가면 해남(海南)을 보라/이어도(離島)가 반(半)이라고 한다.)"라는 사설에서 이어도가 중국을 오가는 바다 길목의 중간에 있음을 말해주고 있다. 사설에서의 '강남'은 바로 양자강 중하류(오월지부)지역을 포함한 중국의 남부지방을 가리킨다.

참고로 윤명철 교수는 고대 이래로 제주도를 중심으로 모두 일곱 개의 항로가 방사상으로 펼쳐지고 있었음을 제시하고 있는데, 〈그림 3-2〉에 표시된 항로 중 ⑤번이 '이어도항로'에 해당한다.

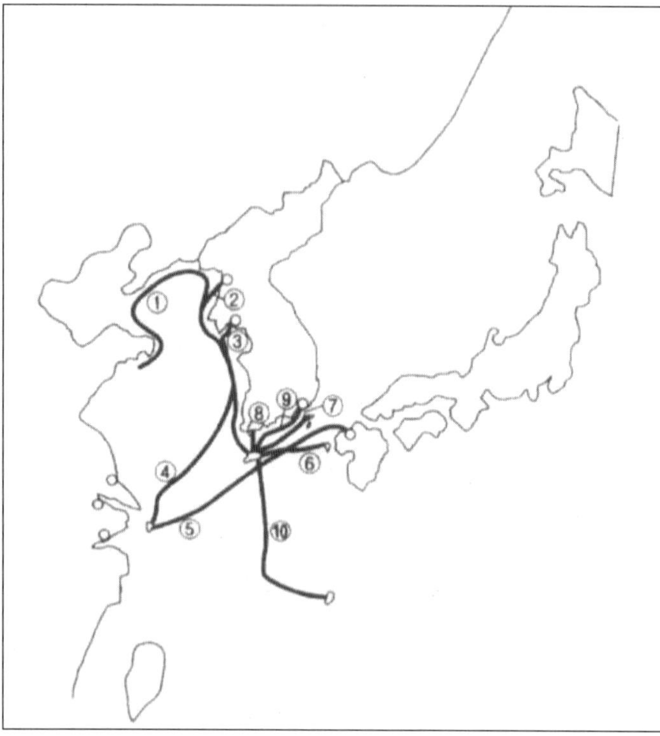

〈그림 3-2〉 제주도 관련 항로

이어도항로는 예나 지금이나 동중국해만이 아니라 동아시아해에서 가장 위험한 바다이다. 이어도항로는 주기적으로 발생하는 태풍의 통로일 뿐 아니라 돌풍(영등바람)의 발생지이기도 한다. 이러한 항로의 특성이 고대 이래 수많은 제주해민들을 수장(水葬)시켰던 것이다.

이어도 3-5. 제주에 해민(海民)의 생겨난 배경은 무엇인가?

'해민(海民)'이란 말은 1997년 송성대가 『제주인의 해민정신』이란 논저에서 처음 사용된 말로서 고대 때부터 바다를 무대로 하여 생계를 유지했던 남자 어로자인 보제기〔浦作人〕, 여자 어로자인 좀녜〔潛女〕, 해상무역상인 뱃주인〔船主〕 그리고 이들의 신앙생활을 주재하는 심방〔巫覡〕 등을 포괄하는 말이다. 바다에 의존하여 살아가는 사람들은 목숨을 담보로 한 삶이었기에 초자연적인 신에 대한 믿음이 보다 강한 사람들이다.

제주도에 해민들이 없었다면 사람들은 미개한 원시생활을 벗어나 문명생활을 할 수 없었다. 이들은 제주도의 문명생활을 유지토록 한 리더들이었다. 이들은 섬 안에서 자급할 수 없는 소금(鹽), 옷감(布), 약재, 도서, 종자 기타 원자재 등 의식주와 관련된 생필품의 구입 조달하는 사람들이었다.

물물교환 경제의 전근대에서 제주도는 돈이 될 만한 재화, 즉 미화(米貨)로 사용된 쌀도 나지 않았고, 포화(布貨)라 불렸던 옷감도 나지 않았다. 이런 상황에서 희소가치가 있어 돈이 될 만한 것은 아무리 찾아봐도 바다 속밖에 없었다.

제주도의 연안 바다는 뻘 바다를 이루는 한반도와 중국대륙과 달리 돌바다인 데다가 한라산 화산체가 방패를 엎어놓은 것 같은 완만한 경사의 순상화산을 이루어 바다의 수심이 얕다. 또한 햇볕이 바다 밑까지 도달하여 해조류 생육에 유리했고 이것이 많은 어패류의 서식을 가능하게 했다. 물론 갓, 망건을 만드는 말총이나 우황, 녹용, 탐라포(사슴, 소, 멧돼지의 말린 고기) 등의 육상 자원을 이용한 상품이 생산되었지만 소량으로, 해민들에 의해 생산되는 '패류의 황제'라는 전복, 탐라에서만 산출되었던 옥가(玉珂), '야명주(夜明珠)'라는 진주에 비할 바가 못 되었다.

사농공상의 신분사회로서 상(商)을 천시하는 한반도와 달리 제주도에는 해민에 대한 천시사상이 없었던 것도 해민들의 출현과 활동에 유리했다. 양반과 상민이 뚜렷이 구별되는 한반도부에서는 유교근본주의로 인해 여성의 옥외 활동이 금기되었지만 평등사회인 제주도에서는 전통적으로 여성의 활동도 자유로워 제주섬을 벗어나 한반도, 중국대륙, 일본열도의 바다로 나아가 활동했다. 17세기 때 의녀 김만덕이 무역선의 뱃주인이 되어 한반도부와 상거래를 하여 한국 최초의 여거상(女巨商)으로 거부가 되고 굶어죽는 도민을 구휼했다는 기록도 제주도였기에 가능했다.

이어도 3-6. 제주의 해민정신에서 '이어도토피아'는 어떤 의미인가?

민족이나 공동체마다 자신들의 정체성을 갖게 하고 삶의 롤모델로 하는 부류의 사람들과 그들의 지향하는 정신이 있었다. 한반도부에 '선비정신'이, 일본 열도에 '무사도', 중국대륙에 '군자도'가 있다면 유럽에는 '기사도', 미국에는 '프론티어십'이 있다. 이에 비해 제주도에는 '해민정신'이 있다.

제주도의 해민정신의 독특함은 다른 공동체의 그것과 비교할 때 잘 드러난다. 다른 지방, 다른 나라들이 한결같이 내세워 온 정체성은 소수의 지배엘리트 혹은 권력엘리트—지금은 다 몰락하여 소생 불가능한 귀족—계층의 정신(貴族精神; aristocritism)을 뜻한다. 그러나 제주의 해민정신은, 귀천의 계급이 없이 자유와 평등의 문화를 가진 신천지 미국의 '개척자 정신'이나 호주의 'Have a Go'처럼 '경쟁과 연대'를 전제한 평민엘리트 계층의 정신(衆民精神; democratism)이라는 데서 귀족정신을 내세우는 전자들과는 근본적으로 다르다는 것이다. 즉 동서고금을 통하여 사람들이 자신의 심리적 안정이나 성취욕구를 충족하기 위하여 자신이 소속한 지역 환경에서 가장 의미 있는 또는 영향력 있는 사람의 정신(가치), 행동, 태도 등을 모방 공유하는 과정에 지역정신이 형성되지만 양반과 같은 소수 지배층의 문화가 뿌리내릴 수 없었던 제주에서만은 강한 자부심을 갖는 해민과 같은 기층의 대중정신이 지역의 버팀목이 되었다는 것이다.

진취적인 제주 해민들은 '정신적 자질로 보아서는' 바로 유럽을 부흥시킨, 청교도의 자본주의 정신을 갖는 제3신분이었고 나아가 미국을 일으킨 제4신분이기도 했음을 다시 강조한다. 생산활동과 교역활동에 종사했던 제주 해민들의 정신 그 모든 것은 "자신 있게 난관을 헤치고 자활하겠다"라는 '무의기개'로 축약할 수 있다. 삼무정신이 외형적으로 드러나 보이는 보편적이고 규범적인 대중정신이라면, 포작인으로 상징되는 해민정신은 지역을 직접적으로 부양 선도하는 이념으로서의 '기층 엘리트정신'이라 할 수 있다.

선비정신의 한반도부가 혈연공동체(Ethnos)로서 공자적이고, 헤브라이즘적인 권위와 규격과 귀속지향의 문화를 갖는다면, 해민정신의 제주섬은 지연공동체(Demos)로서 묵자적이고 헬레니즘적인 평등과 자유, 그리고 성취지향의 문화를 갖는다 하겠다. 한반도부의 공자적이고 그래서 혈연적 규범은 한국인을 위한 구약윤리(舊約倫理=臣民倫理)였지만 제주섬의 묵자적이고 지연적인 규범은 한국인의 미래를 위한 신약윤리(新約倫理=市民倫理)가 될 것이다.

석주명과 최남선, 강창혁을 비롯한 도내외의 많은 사람들은 제주인의 심성을 용한유위(勇捍有爲) 또는 용맹무비(勇猛無比), 용감민첩(勇敢敏捷), 용한방사(勇悍放肆), 용왕매진(勇往邁進), 표한방사(慓悍放肆), 할달대도(豁達大度), 원정견인(遠征堅忍), 강의박눌(剛毅朴訥) 혹은 호민(豪民), 공격형(攻擊型)이라는 용어를 사용하여 표현하고 있다. 바로 이는 제주 해민의 용자기질(勇者氣質)을 두고 한 말이다. 만행의 근본을 중국대륙은 '신(信)', 일본열도는 '충(忠)', 한반도는 '효(孝)'에 두었다면 제주도는 '용(勇)'에 두었다.

해민들의 진취적이고 도전적인, 기층 엘리티즘이 깨어날 때 저 바다 건너 멀리 있다는, 그리고 고해 속 바다사람(海民)들이 허우적거리면서도 기어코 닿아야 할 목표지였건만 신기루처럼 달아나 버렸던 이상향 이어도토피아는 보다 가까이 제주섬사람들에게 다가올 것이다. 그러나 제주 선인들이 상정했던 그 이어도토피아는 무위도식하는 환락의 무릉도원을 의미하는 것이 아니다. 그것은 단지 머물러 쉬었다가 다시 가다듬고 가야만 하는 징검다리로서—정신과 육신을 이어주는 끈이라는—영혼을 잠시 쉬게 하는 안식의 장소였지 영원한 안락처는 아니었다.

해민정신(海民精神; Seamanship), 즉 개체적 대동주의(個體的 大同主義, Individual Corporativism)가 제주인의 정체성을 표상하는 자연적 언어가 되는바, 이 언어는 특수와 보편을 모두 아우를 수 있는 언어임이 확인된다. 김지하 시인은 개체적 대동주의가 곧 '이어도 문화'라 표현하기도 한다.

이어도 3-7. 이어도문화에 깃든 '탐라한류'란 무엇을 말하는가?

김지하 시인은 2005년 7월 4일자 『한라일보』와의 대담에서 한국인들로 하여금 "해양·대륙이 결합한 새 '해륙사관(海陸史觀)' 정립의 필요성을 강조한 바 있다. 김지하 시인은 이어도문화가 해양 특유의 독자성과 대륙계와의 기이한 연속성을 지니고 있는 문화라고 정의하며 '탐라한류'의 가능성을 제시했다.

김지하 시인은 "반도와 결합하면서도 분리된, 분리된 듯하면서도 반도와 결합된 제주의 독자성이야말로 새로운 탐라한류의 가능성을 말해주는 것"이라면서 "여기에서 가장 주목해야 할 것은 집체코뮤니티가 아닌 아나키즘 현상이다. 생명문화 진화론적 관점에서 보면 아이덴티티 퓨전인데 개체의 정체성을 존중하면서도 분화해나가는 겁니다"라고 역설하고 있다.

해양성이 강한 제주문화에의 공감은 역사학자들에서도 보이는데 한국의 역사문화권을 연구해온 장석홍 교수는 탐라국이 멸망했다고 하지만 문화적으로는 아직도 탐라국은 살아있다고 진술한다.

제주의 역사가 바다와의 친연성이 크고 독자성이 있음을 확인한 장 교수는 "3차 답사를 통해 본 제주는 어느 지역보다 한국사의 다양성을 많이 간직한 곳이라고 판단된다. 해양문화적 요소, 독자성과 토착성, 민중성 등이 그것이다. 육지와는 달리 지배계급 중심의 역사를 형성하지 않고 민중지향 성향이 강하다.

또 이데올로기나 학문적 이념보다 생존·생활을 위주로 한 문화권이 형성돼 토착성이 강하다."고 한다. 그는 이어서 "제주는 지리적 환경과 문화독자성이 자기완결적 문화구조를 갖고 있어, 본토와 사뭇 달랐다. 또 조선 초기 탐라국이 역사에서 사라졌지만 오랫동안 탐라문화의 동질성을 보존한 곳이라고 생각한다. 탐라국의 멸망은 중앙사적 관점이다."라고 말한다.

한편 민속미학자 김현희는 제주도와 그리스의 신화를 비교 연구하여 다음과 같이 결론짓고 있다. "기성의 가치에 도전하고 미래를 향한 새로운 가치체계를 세울 수 있는 근원적 힘은 '세계의 중심', '한반도의 배꼽', 제주의 바람(耽流) 속에 숨어 있다."

이어도 3-8. 설화 속 이어도와 현실의 이어도는 같은가 다른가?

지금까지 우리에게 알려져 있는 이어도는 두 가지이다. 하나는 현실의 이어도이고, 다른 하나는 설화 속의 이어도이다.

현실의 이어도는 해도(海圖) 상에 구체적인 좌표가 있으며 한·중·일 3국 사이에 존재하는, 그러나 한국의 마라도와 가장 가까운 위치에 존재한다. 그런데 이름과 같은 섬[島]이 아니라 4.6m 수심의 수중 암초이다. 이에 대한 역사적 기록도 있다. 오래토록 그 존재와 위치를 찾기 위한 우리 정부와 민간의 탐사가 있었고, 비로소 1984년 이후 '파랑도'라는 이름으로 현실의 존재로 부상하기 시작했다. 2001년 국립지리원이 그것을 이어도로 명명하면서 현실의 이어도는 우리 국민들에게도 널리 알려지기 시작했다. 그리고 2002년 이어도해양과학기지의 하부구조 설치가 완료되고 2003년 6월 11일 준공되면서 이어도는 해양과학기지를 받치고 있는 섬과 같은 존재로 우리 국민들에게 인식되기 시작했다.

다른 하나의 이어도, 즉 설화 속의 이어도는 이어도와 관련된 다양한 형태의 문화가 역사적이고 자연적으로 제주인들의 생활과 풍습에 깃들어 신화, 전설, 민담 등으로 전해지면서 회자되어 왔다. 설화 속 이어도는 역사서의 기록을 통해서 그 존재와 위치가 유추되어 왔다. 또한 이어도는 제주 해민들의 전통적 어획 활동과 이를 위한 원양 항해술 등의 해민 생활사 속에도 깊게 깃들어 있다. 제주의 전통 서사문학과 제주소리 등에서 이어도는 끊임없이 운위되고 사유되던 존재였다. 이러한 설화 속 이어도는 현대에 들어와서도 문학과 각종 대중문화를 통해 다양하게 묘사되어 왔다.

그런데 현실의 이어도가 바로 그 전설 속 이어도인가에 대해서는 아직 확고부동한 결론에는 이르지 못하고 있는 것으로 보인다. 그 원인은 아마도 그동안 그러한 문제의식이 불분명했기 때문일 지도 모른다. 오늘 제주인들에게는 설화 속 이어도의 문화와 역사가 확고하게 뿌리 내려 있다. 한국을 대표하는 세계적인 해양과학기지가 오늘도 지금 그곳 이어도를 토대로 위풍당당하게 버티고 서 있다. 이러한 현실 때문에 그동안 이 두 개의 이어도가 동일한 것인지에 대한 입증의 필요성은 그다지 크지 않았던 것으로 보이다.

그런데 새로운 문제적 이슈가 생겨났다. 중국이 2000년과 2002년 두 차례에 걸쳐 한국이 이어도에 해양과학기지를 설치한 데 대해 문제를 제기했을 뿐만 아니라 한·중간 배타적 경제수역이 중첩된 해역에서 한국 측의 일방적 활동을 반대한다는 입장을 밝혔기 때문이다. 박근혜 대통령과 시진핑(習近平) 주석은 2013년 정상회담 공동성명에서 한·중 관계의 잠재적인 불씨가 될 수 있는 해양경계획정 협상을 조속히 가동하기로 합의했다. 그리고 2014년에는 양국 정상이 해양경계획정 협상을 위한 회담을 2015년부터 가동하기로 합의했다.

이제 이어도 문제는, 한·중간 해양경계획정 회담을 위한 이슈로서, 현실의 이어도로서 해양과학기지의 존재가치를 입증하고 확장해 나가는 일뿐만 아니라 이어도가 위치한 곳이 우리의 역사와 문화 속에 깃들어 있는 우리의 바다이자 애환이 서린 삶터였다는 것을 주장하고 입증해 나갈 필요가 있다.

중국이 "쑤옌사오" 등과 같은 허구적인 역사적 사실을 내세우면서 이어도 주변수역을 자국의 바다라고 강변하는 상황이다. 한·중간 해양경계획정 회담을 앞둔 상황에서 이어도 관련 해양법과 국제법 등에 근거한 법리 이외에도 다각적인 방어 논리와 근거의 입론(立論)이 필요한 시점이다. 요컨대, 이어도해양과학기지가 바로 그 전설의 섬 이어도 위에 세워졌다는 사실을 증명할 수 있다면, 이는 기존 법리에 더해 역사민속학적 측면에서 중요한 방어적 논거가 될 것이 틀림없다고 할 수 있다. 아울러 이어도와 이어도해양과학기지에 대한 국민적 관심과 애정도 크게 제고할 수 있을 것이다.

현실의 이어도를 전설 속 이어도와 결부시키는 계기가 되었던 것은 1984년 제주대학교와 KBS팀의 이어도 공동 탐사였다. 당시 탐사를 통해 발견한 것은 섬이 아니라 물 밑에 잠긴 암초였다. '소코트라암초'으로 알려져 있던 바로 그 암초를 찾아냈고, 그 암초를 '파랑도'(波浪島)라고 명명했다. 그리고 그것이 다시 이어도로 명명된 것은 그로부터 한참 후인 2001년 국립지리원에 의해서였다.

문제는 그렇게 발견되고 명명된 현실의 이어도가 전설로 내려오는 이어도와 같은 것인가 하는 문제이다. 그리고 바로 여기서 두 개의 이어도가 같은 것인지 또는 다른 것인지를 논구하는 데 부딪치게 되는 핵심 난제는 이어도가 과연 실재(實在)하는가 하는 것이다.

이어도 3-9. 이어도는 실존했는가 아니면 허구인가?

이어도의 실재 여부는 치열한 논쟁거리이다. 논쟁의 구도를 명료화 하면, 상상 속 이어도를 주장하는 '허구론'과 이어도의 실재를 주장하는 '실재론'으로 구분할 수 있다. 이어도의 허구와 실재를 둘러싸고 깊이 있는 논의를 지속해 왔던 제주학계의 전반적 분위기는 허구론의 입장이 상대적으로 강한 듯하다.

우선 허구론자들의 주장은 이렇다. 이어도는 "저승과 대등한 사후의 나라"로, "동해의 이상향으로 간다는 신앙" 속에 전해 내려오는 섬으로 인식한다. 따라서 이어도는 "제주사람의 가슴 속에 존재"할 뿐 "아직까지 그 실체가 확인되지 않"은 "전설 속의 섬"이라고 본다.

소설가 이청준도 허구론자로 빼 놓을 수 없는 사람이다. 동인문학상, 이상문학상 등을 수상했고 『서편제』(1976)의 원작자이기도 한 이청준은 1974년에 소설 『이어도』를 발표했다.

> 긴긴 세월 동안 섬은 늘 거기에 있어 왔다.
> 그러나 섬을 본 사람은 아무도 없다.
> 섬을 본 사람은 모두가 섬으로 가 버렸기 때문이다.
> 아무도 다시 섬을 떠나 돌아온 사람이 없기 때문이다.

위의 구절이 함축하는 바와 같이 이청준에게 이어도는 실재하지 않는 섬, 관념과 상상 속의 섬이다. "섬을 본 사람은 아무도 없"다고 했는데 "섬을 본 사람은 모두가 섬으로 가 버렸"다는 모순어법이나 저승에서 가볼 수 있는 유토피아로 이어도를 보고 있는 것이다.

그런데 이청준은 소설에서 이어도와 파랑도 두 개의 섬 이름을 모두 쓰고 있다. 그에게 이어도는 "오랜 세월 동안 이 제주도 사람들의 입에서 입으로 이야기가 전해 내려온 전설의 섬"으며 "아무도 본 사람은 없었지만, 제주도 사람들의 상상의 눈에서는 언제나 선명한 모습을 드러내고 있는 수수께끼의 섬"이다.

그에 반해 파랑도는 제주 어부들 사이에 소문으로 전해져 온 또 하나의 섬 이야기로, "망망대해 어느 물길 한 굽이에 잿빛 파도를 깨고 솟아오른 파랑도의 모습을 보았다"고 어부들이 말한다는 것이다. 특히 파랑도에 관한 "소문의 근원이 따져지기 시작"하면서 "사람들은 그것이 혹시 썰물 때만 잠깐 모습을 드러냈다가 밀물 때가 되면 다시 수면 아래로 가라앉는 거대한 산호초 더미"라는 구체적 언급까지 하고 있다.

이처럼 이청준은 이어도와 파랑도를 비교적 상세하게 설명하면서, 양자의 관계에 대해 "이어도의 전설은 아마 파랑도의 실재에서 비롯된 제주도

사람들의 구전에 의한 또 다른 전설의 하나일 것"이라고 추측하고 있다.

다음으로, 이어도 실재론의 주장을 검토해 보겠다. 대표적인 실재론자인 제주대의 송성대에 의하면, 이어도는 중국과 제주를 잇는 이른바 '이어도 항로' 상에 존재한다. 이어도해양과학기지가 서 있는 '소코트라암초'가 망망대해 상의 랜드 마크로서 이어도 항로에서의 항해를 가늠하는 중요한 역할을 했다는 것이다. 아울러 송성대는 위의 구절에 바로 이어서 다음과 같은 언급을 덧붙여 이어도 실재론을 강하게 주장한다.

> 제주 해민들이 이름 지어 부르는 수많은 '여'가 있지만 이어도처럼 민요나 설화에서 구체적으로 위치를 지시한 예는 없기 때문에 이어도가 단순히 상상의 섬, 환상의 섬만은 아니라는 것이다. 이것은 이어도의 실재 주장이 '존재 강요'의 오류가 아니라는 것이다. 다시 강조하지만 종교든 신화든 대상없는 기원은 있을 수 없다. 장님이 꿈꾼다는 사실은 없다.

이러한 실재론자인 송성대의 지적을 감안할 때, 몇몇 허구론자들도 이른바 "장님이 꿈꾸지 못 한다"는 점에 유념하고 있는 것으로 보인다. 즉 허구론자라 해도 이어도가 실재할 가능성을 완전히 부정하는 것은 아니라는 것이다. 소설 『이어도』는 파랑도와 이어도의 존재를 부정하는 것으로 결론짓지만, 앞서 지적했듯, "이어도의 전설이 아마 파랑도의 실재에서 비롯"됐을 가능성도 배제하지 않고 있는 것이다. 아울러 이어도가 "아직까지 그 실체가 확인되지 않아 전설 속의 섬으로만 남게 되었다"고 언급한다. 여기서 중요한 단서는 "아직까지"이다. 다시 말하면, 전설 속 섬인 것은 "아직까지"라는 뜻이기 때문에 앞으로 언젠가는 그 실체가 확인될 수도 있음을 암시하고 있다고 볼 수 있다.

한편, 또 다른 허구론자인 김영돈은 이어도 설화의 동기에 착목한다. 그는 다음과 같이, 이어도가 실재하지는 않지만 이어도 이야기를 낳게 한 동기는 있을 수 있다고 지적한다.

> 실증적으로는 무슨 상관도 있을 수 없지만, 이 둘(이어도와 파랑도 – 인용자) 사이에 연관이 있는 듯 여겨짐은 앞에서 보았듯이 둘 사이의 속성이 일부 비슷한 점 때문일 것이다. 또한 소위 '파랑도' 주변의 거친 파도로 도민들이 탄 배가 번번이 부서지고 목숨을 잃었다는 설화를 전승하는 가운데 그런 사실을 환기하게 되고, 제주도민의 민간심의(民間心意)에 짙게 물들이게 함으로써 '이여도' 설화를 낳게 되는 중요한 동기가 되었을 법하다.

이상과 같은 김영돈의 언급은 중요하다. 이어도의 실재를 입증하는 데 중요한 요소가 바로 '동기'이다. 설화 속에 묘사된 그대로의 이어도, 즉 죽은 자들이 가서 사는 그 이어도를 찾으려는 것이 아니기 때문이다. 전설 속의 섬 그 자체가 아니라 그런 전설을 낳게 한 '동기'를 부여했던 섬을 찾으려는 것이다. 한 때 이어도를 관념의 섬으로 여긴 적이 있던 송상일은 그러한 동기가 왜 중요한지를 다음과 같이 적절하게 설명하고 있다.

> '이어도'는 상상의 섬이 맞다. 그러나 '이어도'가 상상의 섬일 '뿐'이라고 한다면 그 말은 틀렸다. 상상력도 허공에는 집을 못 짓는다. 상상력도 발동하려면 모종의 물질적 근거가 있어야 한다.

이상과 같은 송상일의 지적을 유념할 때, 상상의 동기가 되는 물질적 실체를 찾는 것이 이어도의 실재를 밝히는 중요한 논거가 될 것이다. 이어도가 상상의 섬이라 하더라도, 그러한 상상력을 발동시켰던 물질적 근거가 현실 세계 속에 존재할 것이다. 그것이 존재한다면 이어도는 비로소 실재한다고 말할 수 있을 것이다.

이어도 3-10. 전설 속 이어도는 어떤 모습이고 어디에 있었는가?

이어도의 '도'는, '섬'을 뜻한다. 상상 속의 이어도 역시 섬이다. 그런데 1984년 탐사를 통해서 발견된 이어도도 파랑'도'라고 섬으로 명명되었다. 주지하듯이, 실제 이어도는 해도 상에 '소코트라암초'로 명명된 암초이다. 김영돈에 의하면, 이어도는 허구이고, 파랑도는 실재이다. 현용준도 "섬이라면 바다 위에 흙이 모여 돌도 있고, 풀도 나고, 하다못해 작은 나무라도 있어야 섬이지, 바닷물 속 4m 밑의 암초가 어찌 섬이란 말인가?"라고 탄식조로 말한다.

그런데 여기서 간과해서는 안 될 중요한 문제가 있다. 고래(古來)의 전설이라는 것이 후대로 내려갈수록 허구성이 높아지면서 풍부하고 세련되며 정연한 스토리 체계를 갖추는 경향이 있다는 점이다. 바꿔 말하면, 전설의 기원을 더듬어 올라갈수록, 그래서 전설의 원형에 가까워질수록 그 스토리 체계는 오히려 빈약하고 조야한 형태가 되는 경향이 농후해진다. 이러한 전설의 속성을 염두에 둘 때, 이어도의 기원 또는 원형이 바닷속 암초라고 해도 놀랄 일은 아니라는 것이 송상일의 지적이다.

그런데 여기서 한 가지 문제가 제기될 수 있다. 상상 속 이어도가 현실의 그것과 모양새에서 너무나 큰 차이를 보인다는 점이다. 상상 속 이어도는 사람이 살 수도 있는 섬인 반면, 현실의 그것은 암초에 불과하기 때문이다. 이에 대해서는 송상일의 지적을 유념할 필요가 있다. 상상력 연구의 대가인 바슐라르를 원용한 송상일의 지적을 빌리면, "날개 달린 사자(獅子)를 상상하는 데 가장 기여한 것은 박쥐다. 바꿔 말해서 상상 속에서 사자가 날기 위해서는 현실 속에 박쥐가 존재해야 한다." 상상 속의 사자가 날기 위해서 현실의 박쥐라는 동기가 필요했는데, 상상의 사자는 거창한데 반해, 그 상상력을 촉발한 박쥐는 볼품이 없다는 것이다.

이 대목에서 송상일은 "상상의 섬이 태어나기 위해서는 바위섬 하나로도 충분할 수 있다고"고 단언한다. 그리고 그런 원리를 탐라국 건국신화와 삼성혈의 관계를 빗대서 설명한다. 그에 의하면, 제주의 삼성혈이 탐라국의 발상지인데, 부속 건조물을 뺀 삼성혈의 실체는 땅에 팬 구멍 셋이 전부에 다름 아니라고 말한다. 이러한 사실에 근거해 송상일은 다음과 같이 상상력과 현실의 관계를 적실하게 설명한다.

> 상상력이 빚은 신화는 거창하지만, 그것의 현실 속 흔적은 볼품이 없다. 그러나 이 볼품없는 실재가 없이는 상상력 혼자서 건국신화를 지어낼 수 없다.

이처럼 이어도는 상상력이 빚어낸 실체로, 제주의 여인들이 '이어도 사나'라는 민요 가락에 실어 노래하던 곳이고 뱃사람들이 죽이 가서 산다는 곳이나.

한편으로는 이상이지만 다른 한편으로는 금기이기도 한 곳이 이어도이다. 이처럼 상상 속 이어도는 제법 알려져 있지만, 그런 상상력을 발현해 내는 촉매 역할을 했던 현실적 실체에 대해서는 구체적으로 알려진 바가 없는 것으로 보이다. 그런데 아마도 이어도가 제주인들에게 상상 속 섬이지만 그런 상상을 불러일으킨 동기적 실체는 제주인들의 경험적 범위 내에 존재했을 것이다.

사실, 동서양의 잃어버린 낙원 이야기들에 비해 이어도는 서사(敍事) 내용이 지극히 빈약한 편이다. 풍부한 설화 문학을 낳은 제주인들이 이어도에 대해서만은 그렇지 않은 것 같다. 그래서 갖가지 이어도에 관한 구전은 이어도의 모양새에 대해 거의 말하지 않고 있다. 이러한 이어도의 서사구조의 특징을 통해 송상일은 이어도를 '여'(礇)의 모양새에 빗대어 설명한다.

> '여'는 숨음과 드러남, 존재와 무의 역설적인, 그러나 실재하는 섬이다.

이러한 설명을 뒷받침하는 또 다른 의견으로 한국과학창의재단에서 운영하는 인터넷 과학신문 『사이언스타임즈』의 이성규 편집위원은 이어도의 유래를 다음과 같이 설명한다.

> 하지만 사실 알고 보면 이어도란 이름 자체에 이미 물속의 암초라는 명확한 의미가 숨어 있다. 이어도는 우리말인 '여섬'에서 비롯되었는데, '여'가 '이어'로 길게 발음되고 섬은 한자어 '도'로 바뀌면서 이어도가 된 것이다.
> 여섬의 '여'는 순수한 우리말로서 '물속에 숨어 있는 바위'를 일컫는다. 여에는 '속여'와 '잠길여'가 있는데, 속여란 썰물 때에도 드러나지 않는 여를 의미하고 잠길여란 썰물 때 드러나는 여를 의미한다. 따라서 이어도는 속여이었던 것이다. 그렇게 찾아도 찾을 수 없고 찾아가면 돌아올 수 없었던 이어도가 물속의 암초였음을 우리 선조들은 이미 알고 있었던 셈이다.

이러한 논의들을 토대로 할 때, 이어도해양과학기지가 터하고 있는 그 곳, 오늘날 우리가 이어도라고 부르고 있는 그곳이 바로 여기서 설명하는 그런 '여'라고 볼 수 있을 것이다. 이 지역은 종종 태풍으로 10미터 이상의 파고를 보이는 곳이다. 바닷속에 숨어 있던 암초가 파도가 칠 때면 섬의 모습으로 해면 위로 솟아나게 되는 곳이다.

위치상으로는 제주도에서 남서쪽 약 200km 떨어진 곳에 위치해 있다. 1923년『개벽』지에 실린 강봉옥의 기록에는 제주도의 서남방으로 배를 타고 가는 항로가 나온다. 제주도의 서남방 항로이면 바로 중국의 남방연해부인 상해, 항주, 영파, 주산군도에 닿는 항로이다. 이 항로는 탐라에서 중국대륙에 닿는 오래된 해로이기도 하다. 탐라시대에 탐라복과 탐라방포를 싣고 해상무역으로 동아지중해의 대해를 넘나들 때도 이 항로는 탐라와 중국남방을 연결하는 루트였던 곳들이다. 영파의 앞바다에 있는 저우산군도(舟山群島)의 군사기지인 정해(定海)는 제주에서 중국으로 연결되는 남방해로의 종착지점으로 해상교류의 중심지에 해당한다. 강봉옥의 이 구전기록에는 중국과 제주 간의 해양루트가 드러나 있다.

고대 항로인 이 뱃길에 대한 관심을 제주인들은 "강남을 가건 해남을 보라 / 이여도가 반이라 한다"라며 민요 가락에 담아 노래로 불렀다. 이 노래에 나오는 '강남 바당'은 제주도와 중국의 사이, 구체적으로 제주–저우산반도 사이 뱃길을 가리킨다. 그 곳은 전설 속 이어도와 지금의 이어도해양과학기지가 있는 뱃길이기도 하다. 여기서 '강남 바당'은 제주도와 중국의 사이, 구체적으로 제주–저우산군도 사이 뱃길을 가리킨다. 그 곳은 전설 속 이어도와 지금의 이어도해양과학기지가 있는 뱃길이기도 하다.

이상과 같이 보았을 때, 이어도해양과학기지가 있는 그곳이 모든 조건을 제대로 갖춘 이어도의 가장 유력한 후보지라고 할 수 있다. 요컨대, 이어도는 상상 속 이야기의 이상향으로 축소될 수 없다. 경험적 사실을 토대로 하지 않은 상상이란 거의 없다. '여'와 같이 숨음과 드러남 속에서 실재하는 이어도의 모양새가 그렇고, 제주에서 저우산반도로 가는 뱃길, 즉 강남 가는 해남길의 중간에 이어도가 있다는 위치 역시 그렇다. 제주인들의 역사와 문화 속에 이어도는 실재했고 현재도 이어도해양과학기지를 떠받치면서 실재하고 있다.

4. 이어도 해양과학

이어도 4-1. 이어도는 어떻게 생성되었는가?

이어도는 화산 분출로 만들어진 화산암편과 응회암질의 퇴적물이 쌓였다가 빙하기 때 차별적인 풍화와 침식 작용에 의해 깎여 나가고 남은 잔류성 지형이다. 한 때 이어도가 '파랑도'라는 이름으로 불렸던 것처럼, 이곳은 주기적으로 파랑 에너지가 강하게 작용하는 곳이다. 과거에는 막연히 이어도의 지질과 생성과정이 제주도와 유사하리라 생각했었지만 이어도종합해양과학기지 건설 과정에서 시추된 지질 자료에 대한 과학적인 조사를 한 결과, 흥미로운 사실들이 발견되었다.

제주도는 약 180만 년 전 부터 시작된 화산활동으로 만들어졌다. 처음에는 물속에서 생기기 시작했는데, 물속에서 올라온 마그마가 물과 반응하여 수성화산을 형성했다. 그 후 파도에 의한 침식이 계속되었고 퇴적작용의 반복으로 현재의 서귀포층이 생겨났다. 그런 과정을 거치면서 화산섬으로 제주도가 돌출된 것은 약 55만 년 전인 것으로 알려져 있다. 제주도가 화산도로 물밖에 모습을 드러낸 시기는 이때부터이다.

이어도는 지금으로부터 약 160만 년 전 신생대 제4기 플라이스토세 때 쇄설성 퇴적물이 하부에 쌓이기 시작하며 형성되기 시작했고, 그 후에 화산쇄설물이 그 상부층을 뒤덮었다. 그 후 계속되는 빙하기, 간빙기를 거치면서 반복된 퇴적과 침식 작용으로 현재의 형태가 만들어졌다.

화산재가 쌓여 굳어진 화산쇄설물인 응회암 층이 이어도의 정상 부근에서 기존의 퇴적층을 덮은 후 각종 침식작용을 받은 후 남아 있는 것이 현재의 이어도이다. 이와 비슷한 예는 터키 중부의 아나톨리아(Anatolia) 중동부를 일컫는 고대지명인 카파도키아(Cappadocia)에서 볼 수 있는 버섯 모양의 봉우리들이다.

그런데 이 봉우리들은 이어도와는 다르게 육상 침식의 결과로 생긴 것이지만, 인근에서 폭발한 화산재가 응회암이 되어 기존의 현무암을 덮었고, 그런 상태에서 암질의 강도 차이에 의한 차별 침식으로 만들어졌다. 이어도 정상 부근을 이루는 응회암 층의 기원은, 확실하지는 않지만 이 층의 지화학적 특성이 제주도 성산층과 유사하다는 연구도 있다.

시추코어 연구 결과, 비교적 단단한 수 미터 두께의 응회암 정상 하부에는 그 보다 경도가 약한 뻘과 모래층이 반복되어 퇴적되어 있다. 응회암 나이를 측정한 결과, 73~41만 년 전 생성된 것으로 추정되는 서귀포 천지연폭포 주변의 서귀포층과 유사한 신생대 제4기 플라이스토세 중기에 형성된 것으로 추정되고 있다. 그러나 이 보다 더 오래되었다는 방사성 동위원소 연령 측정 결과도 있다. 그러데 암석이 풍화를 심하게 받았기 때문에 연령 측정에서 오차의 가능성이 있어 아직까지 공식적인 판정은 보류된 상태이다.

이어도 4-2. 빙하기의 이어도는 어떤 모습이었는가?

마지막 빙하기인 약 18,000년 전에는 현재보다 해수면이 약 130m 정도 낮았다. 주변 수심이 60m 이내인 이어도는 당연히 육지의 일부였고, 제주도와 타이완을 포함한 동중국해 대부분도 육지와 연결되어 있었다.

이어도의 현재 위치가 제주도 남쪽 마라도에서 서남쪽 방향으로 약 149km 거리에 있다. 만약 우리 조상들이 당시에 살았다면 먼 거리이기는 하지만 걸어 갈 수는 있었을 것이다. 하지만 실제로는 현재 조간대에서 보듯

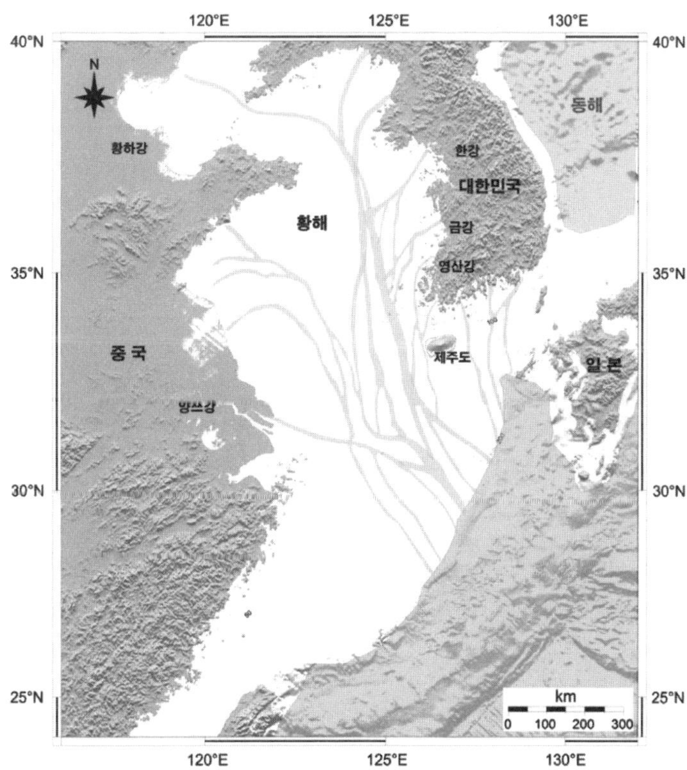

〈그림 4-1〉 마지막 빙하기의 황해, 동중국해의 모습

이 뻘층이 많아서 체력소모는 제법 컸을 것이다.

주변이 평탄하기 때문에 갑자기 나타난 60m 높이의 봉우리는 너무나 멋진 풍경이었을 것이다. 마치 모자를 쓴 듯한 응회암층 하부에 비교적 어두운 색의 단단한 뻘층과 모래층이 교대로 퇴적된 직경 약 500m의 원형 봉우리가 있고 남쪽으로는 약 10m 높이의 평탄한 직경 2km에 달하는 언덕이 연결된 형태를 볼 수 있었을 것이다. 하지만 이는 침식 받은 후의 형태이고 그 당시엔 규모가 이보다 조금 더 컸을 것이다.

빙하기가 끝나고 해수면이 상승하기 시작하여 주변이 다 잠기고 약 5천 년 전부터는 꼭대기마저도 물에 잠기게 되었을 것이다. 그래서 현재는 수면 아래 4.6m에 정상이 있는데 파도에 의한 침식이 계속되기 때문에 시간이 지날수록 이어도의 수심은 더 깊어지게 될 가능성이 있다.

이어도 4-3. 이어도는 화산지형인가?

이어도는 제주도 본섬의 성산층과 지질적으로 유사한 환경에서 생성된 것으로 추정한다. 이어도는 지금으로부터 약 160만 년 전 신생대 제4기 플라이스토세 시기에 퇴적된 하부의 쇄설성 퇴적층과 이를 얇게 덮는 상부의 화산쇄설성 퇴적층으로 구성되어 있는데, 신생대 제4기 동안에 몇 차례 반복된 빙하기와 간빙기 기간 중 반복적인 퇴적과 화산작용이 있었다.

화산 활동의 지표는 여러 가지가 있는데, 이어도가 화산섬이라는 것은 구성 암석이 물속에서 폭발하는 수중화산 지형에서만 보이는 응회암(tuff), 즉 화산재가 쌓여 굳어진 암석으로 되어 있다는 사실에서 알 수 있다. 응회암은 성분이 화산분출물인 점으로 보아 화성암이지만 화산폭발 시에 나오는 암석 부스러기들, 즉 쇄설물의 집적에 의해 시루떡과 같은 층상구조를 보이는 점에서는 퇴적암으로도 간주된다.

그리고 땅속 마그마의 화산재가 쌓여 굳어진 암석을 결정질응회암(crystal tuff)이라고 하고, 땅속 마그마가 아니라 마그마 위를 덮고 있던 기존의 퇴적물 입자들이 화산재가 되어 날아올랐다가 내려앉아 굳어진 화산성 퇴적암을 석질응회암(lithic tuff)이라 하는데, 이어도 응회암은 후자에 속한다.

마그마성 화산 폭발은 수심이 깊은 곳에서 이루어져 온도가 낮아지기 때문에 퇴적되는 물질에 수분이 유지되어 점성이 커져서 경사가 급한 응회구(tuff cone)가 된다. 응회구에 해당되는 제주의 오름으로는 성산 일출봉과 우도가 대표적이다.

〈그림 4-2〉 대표적인 응회구인 성산 일출봉

이와 달리 얕은 수심의 화산활동으로 퇴적물의 온도가 100℃ 이상이 되는 경우 퇴적물이 빨리 건조되어버려 안식각이 작아져 완경사의 분화구를 이루게 되는데, 이를 응회환(tuff ling)이라 한다. 응회환에 해당되는 제주의 오름으로는 수월봉, 송악산, 용머리해안이 대표적이다.

〈그림 4-3〉 대표적인 응회환인 수월봉

결론적으로 이어도는 제주도 초기 화산활동 결과중의 하나이며, 제주도 화산활동으로 형성된 오래된 서귀포 층과 높은 관련성이 있다. 또한 제주도가 기원으로 추정되는 화산 쇄설물(응회암)이 표층을 덮고 있는 구조로 되어있다. 그리고 이어도가 응회구인지 응회환인지를 규명하기 위해서는 보다 깊이 있는 연구가 필요하다.

이어도 4-4. 이어도가 더 커지거나 섬이 될 가능성이 있는가?

이어도의 면적이 더 커질 가능성은 거의 없다. 이어도는 화산활동으로 만들어진 일반적인 해산(seamount)이나 기요(guyot)와는 다르게 형성된 수중 암초이다. 해산이나 기요는 해저 화산활동에 의해 현무암질 마그마가 대양저의 주요 암석인 현무암을 뚫고 분출하여 만들어졌기 때문에 면적이 커질 수 있는 가능성이 있다.

이어도가 열점(hot spot)같은 지하 깊은 곳의 마그마 활동으로 만들어졌다면 제주도나 하와이처럼 단단한 암반 구조를 가진 섬으로 발전할 수 있겠지만 이어도는 퇴적작용으로 형성된 지형이다.

실제로 열점이 활발하게 활동하는 하와이제도 가장 남쪽에 위치한 하와이 섬(우리가 보통 하와이라 지칭하는 섬은 오아후 섬) 동남부에 위치한 킬라우에아 화산은 계속 마그마를 분출하고 있으며 이로 인해 섬은 계속 커지고 있다. 하와이 섬 동남부 해저에 로이히라는 해산이 계속 융기하고 있는데 약 3만년 후에는 새로운 섬으로 발달하게 되리라고 예측하고 있다. 성장이 멈춘 해산도 있지만 일부는 이처럼 계속 성장하여 섬(화산도)이 되기도 한다.

이어도는 진흙과 모래층이 반복해서 퇴적된 후 상대적으로 더 단단한 화산쇄설물인 응회암이 마치 모자를 씌운 것과 같은 구조이다. 그런데 빙하기를 거치는 동안 각 퇴적층의 경도 차이에 따라 개별적인 침식이 일어나 현재의 모습을 갖추게 되었다. 따라서 이어도가 현재보다 더 커질 가능성은 없으며, 하부 기반이 단단하지 않기 때문에 앞으로 파도에 의한 침식작용으로 오히려 현재보다 높이가 더 낮아질 것으로 예측되고 있다.

한편, 이어도가 섬이 될 가능성도 거의 없다. 마지막 빙하기가 끝나가는 18,000년 전부터 빙하가 녹기 시작한다. 그에 따라 급격한 해수면 상승이 나타나고 이어도 주변도 바닷물에 잠기기 시작했고, 해수면이 지속적으로 상승하면서 섬의 형태를 유지했을 것이다. 그러나 약 5,000년 전부터는 섬의 정상부가 해수면 하부에 잠기기 시작하여 섬의 모습은 사라지고 파고가 높을 때만 순간적으로 보이는 현재의 수중 암초가 되었을 것으로 추정된다. 따라서 다시 빙하기가 와서 해수면이 내려가지 않는 한 이어도가 섬이 될 수 있는 가능성은 없을 것이다.

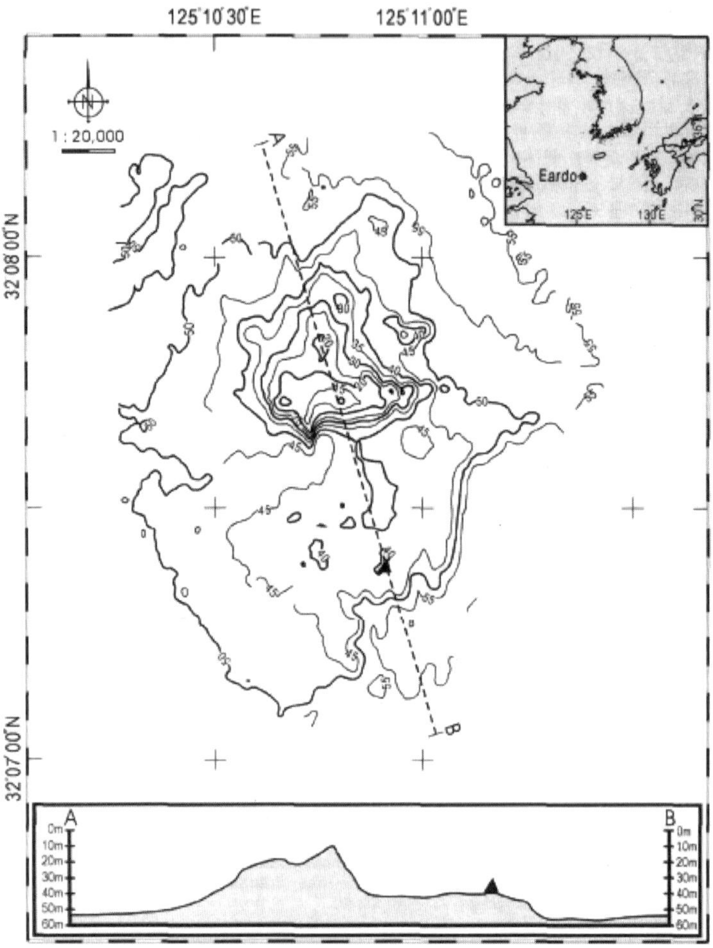

〈그림 4-4〉 이어도 해저지형도와 단면도

이어도 4-5. 이어도 부근 표층에는 어떤 퇴적물이 쌓여 있는가?

이어도 부근 표층에는 주로 뻘과 모래가 퇴적되어 있다. 황해와 동중국해 전체가 이와 비슷한데, 중국 쪽은 양쯔강처럼 큰 강의 영향을 많이 받는다. 양쯔강 하구의 니질(뻘) 퇴적물은 하구 남쪽으로 연안을 따라 대상으로 분포하며 삼각주를 형성하고 있다.

동중국해 현생퇴적물의 이동 방향과 분포를 나타낸 〈그림 4-5〉를 보면, 양쯔강에서 유입된 퇴적물은 주로 남쪽으로 이동하지만 일부는 이어도 해역까지도 운반되어 퇴적되기도 한다. 굵기가 가는 화살표로 표기된 해양퇴적물은 쿠로시오 해류나 대만 난류 등에 의해 수송된다.

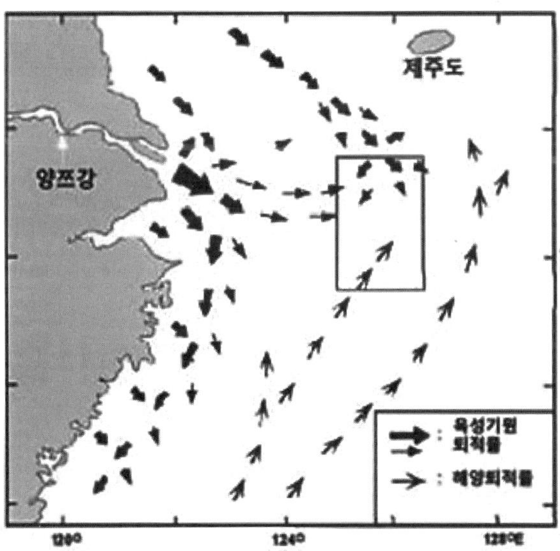

〈그림 4-5〉 이어도부근 동중국해의 퇴적물 이동방향
* 이동하는 퇴적물의 양은 화살표 굵기로 표시

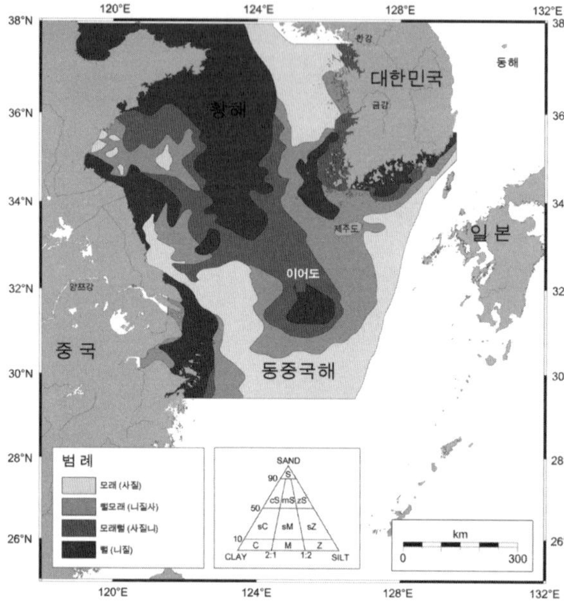

〈그림 4-6〉 이어도 부근 표층퇴적물 분포

해양 퇴적물을 연구하는 방법은 시추나 그랩 등을 이용하여 직접 채집하거나 고주파 탄성파 지구물리 장비를 이용한 고해상도 천부퇴적층 방법이 있다. 이어도를 포함한 제주 남부와 동중국해 해역의 해양 퇴적물에 대해서는 한국지질자원연구원, 한국해양과학기술원, 국립해양조사원, 해양 관련 연구를 하는 대학과 자원 탐사를 목적으로 주로 심부퇴적층을 탐사하는 한국석유공사 같은 기관들이 연구한 자료가 있다.

〈그림 4-6〉에 나타난 동중국해와 황해의 표층 퇴적물 분포를 보면, 주로 뻘(니질) 퇴적물에 모래가 섞인 형태로 되어 있다. 사질(모래) 퇴적물은 연안의 경우를 제외하고는 빙하기에 해수면이 낮아졌을 때 육지에서 연장된 강에 의해 퇴적되었다는 것이 밝혀졌다.

이어도 4-6. 이어도의 기반암은 어떤 암석인가?

한국지질자원연구원이 2003년에 이어도 부근의 퇴적층을 시추한 결과가 있다. 신생대 제4기층인 퇴적층 65 m까지 심부 시추했고, 그 결과를 탄소 동위원소(14C)로 측정했는데 최하부층의 나이는 약 53,000년 이상이며 크게 4개의 퇴적층으로 구분된다.

이어도 부근 퇴적층의 표층은 균질한 니질(뻘)층이며 두께는 1.7 m이다. 그 하부에는 약 13.7 m 두께의 모래와 뻘이 교차하는 층이 퇴적되어 있으며 상부로 갈수록 입자 크기가 작아진다. 세 번째 층은 약 27 m 두께이고 역시 모래와 점토가 교대로 나타나는데 생물교란 흔적이 아주 흔하며 얇은 모래층이 수평으로 잘 발달되어 있다. 최하부층 두께는 23m이고 강한 침식 흔적이 있는 자갈과 모래층으로 되어 있다.

퇴적물이 수직적으로 변하는 이유는 빙하의 발달과 쇠퇴 때문이며, 하부 2개 층은 빙하가 발달하여 해수면이 하강했을 때 퇴적된 비교적 입자가 큰 퇴적물로 되어 있다. 위에서 두 번째 층은 빙하기가 끝나가면서 해수면이 상승할 때 만들어진 것이다. 맨 위에 퇴적된 뻘이 주성분인 표층 퇴적물은 마지막 빙하기가 끝나고 해수면이 완전히 상승하여 바닷물로 채워진 상태에서 퇴적된 것으로서 '현생퇴적물'이라고 한다.

이 현생퇴적물은 강이나 해저 사태 등에 의한 퇴석물 수평이동이 없이 해수 표층에서 중력에 의해 퇴석된 것이다. 이는 이어도 부근뿐만 아니라 전 세계적인 현상이다. 참고로 우리나라 남해안의 경우, 수심 60~70m 이내인 내대륙붕의 퇴적물이 이러한 니질퇴적물로 되어 있다.

한편, 동중국해는 쿠로시오 해류와 대만난류가 통과하는 해역으로 중국, 타이완, 한반도, 일본 큐슈 및 류큐섬에 의해 둘러싸여 있고 면적은 7.52×10㎢, 남북 간의 거리는 1,300km, 동서의 너비는 740km에 이른다.

평균 수심은 349m이고 최대 수심은 2,719m이다.

동중국해 해저 지형의 특징은 대륙붕이 넓게 발달되어 있고 남동 및 남쪽으로 갈수록 점차 수심이 증가한다. 대륙붕은 해안에서부터 수심 약 150m 지역까지이며 수심 변화가 거의 없이 평탄하다. 대륙붕이 끝나는 수심 약 140m에 위치하고 있는 대륙붕단을 지나면서 수심이 급격히 증가하는 대륙사면이 시작되고, 좀 더 외해, 즉 남동쪽으로 향하면서 수심 2,000m 이상에 달하는 깊은 오키나와 해구로 연결된다.

동중국해 대륙붕분지는 여러 개의 소규모 분지로 나뉘는데, 이어도가 위치한 소코트라분지, 동북쪽 후피지아오분지, 동쪽의 제주분지, 제주도와 규슈 사이에 위치한 도미분지 등이 있다.

한국지질자원연구원, 한국석유공사 등에서 1979년부터 2008년에 걸쳐 무려 7,600 km에 걸친 다중채널에어건탐사를 한 결과 중생대 백악기에 해당하는 기반암층이 도미분지에서는 해저면 하부 약 3,000~5,500 m, 제주분지에서는 약 5,500 m, 소코트라분지에서는 약 4,500 m에 위치하고 있다는 사실을 밝혀냈다. 오키나와 해구 확장의 영향으로 후열도분지를 이루는 단층구조가 많이 발달하고 있으며 북서-남동 방향으로 확장하는 힘에 의해 나타나는 정단층의 존재도 확인했다.

심부시추 결과를 보면 동중국해 대륙붕분지 기반암은 화성암(화강암, 안산암)과 편마암 같은 변성암으로 되어 있다. 기본적으로 후기 백악기(중생대) 이 후의 호소-하천 퇴적층인 셰일과 사암층이 우세하며, 석유부존 가능성을 시사하기도 한다. 이 지역의 석유는 약 4,000만 년 전 신생대 에오세 시기 이후부터 형성될 수 있는데, 약 1,500만년 전 마이오세 중기 이후부터는 석유보다 주로 가스가 형성될 수 있는 환경으로 변한 것으로 추정된다.

이어도 4-7. 이어도가 위치한 동중국해는 어떤 바다인가?

동아시아의 지리적 개념을 해양 중심으로 보면 중국이 동쪽과 남쪽으로 해안선을 접하고 있는 '중국해'(China Sea)가 동아시아의 해양이라고 할 수 있다. 그리고 이를 구분하면 〈그림 4-7〉과 같이 동북아시아에는 동중국해가, 그리고 동남아시아에는 남중국해가 있다.

중국 본토의 동쪽, 즉 한국·일본과 서로 마주보고 있는 바다가 동북아시아의 '동중국해'(East China Sea)이다. 그리고 중국 본토의 남쪽, 즉 베트남, 말레이시아, 필리핀 등과 대향하고 있는 바다를 '남중국해'(South China Sea)라고 부른다.

동중국해는 제주도 남쪽부터 대만에 걸쳐있는 서태평양의 연해이다. 동지나해라고 부르기도 하며 중국에서는 '둥하이(東海)라고 부른다. 황해 남쪽에 이어지는 해역이며, 남쪽으로는 대만, 난세이제도, 규슈에 둘러싸이고, 제주도와 양쯔강(揚子江) 하구를 잇는 선으로 우리나라 황해와 구분된다.

동중국해 시역은 다량의 석유와 가스 매장량이 있을 것으로 추정되는 곳으로 아시아의 페르시아 만이라고 불릴 정도로 경제적 가치가 클 것으로 기대되고 있다. 그렇지만 한·중·일 3국이 각자 주장하는 배타적 경제수역이 겹쳐 분쟁이 계속되고 있는 지역이기도 하다. 동중국해와 관련된 대표적인 분쟁은 '한일공동개발구역'과 '춘샤오 가스전' 이 있다.

'한일공동개발구역'은 한국과 일본의 공동개발해역으로 제주도 남쪽과 규슈 서쪽 사이 해역의 대륙붕을 말한다. 우리나라에서는 흔히 이를 '7광구'라고 부르며, 1970년 박정희 대통령이 국제사회에 공식적으로 영유권을 선포하면서 한국의 해양영토로 편입했으나 일본이 공유 대륙붕으로 주장

〈그림 4-7〉 동중국해와 남중국해

하면서 단독개발이 불가능하게 되었다. 중국 또한 한국과 일본이 공동 개발하는 것에 대해 부정적인 입장을 보이고 있다.

아울러 중국은 7광구 바로 옆에 있는 '춘샤오 가스전'으로 일본과 분쟁 중입니다. '춘샤오 가스전'은 일본의 배타적 경제수역 밖에 위치하고 있으나 가스전이 해저지하에 넓게 퍼져 있어 일본이 자원을 배분받을 권리가 있다고 주장했으나 중국이 거부하면서 분쟁이 발생했다.

이러한 동중국해는 막대한 천연자원을 보유하고 있으며 한·중·일 3국의 배타적 경제수역이 겹쳐 해양영토분쟁이 지속되고 있는 해역이다. 한·일간의 독도 문제뿐만 아니라 중·일간의 센카쿠/댜오위다오 분쟁과 오키노도리시마 분쟁이 지속되고 있는 서태평양의 연해에 위치하고 있다.

이어도 4-8. 이어도의 해양광물 자원의 보유 가치는 얼마나 되는가?

이어도 주변해역에는 석유나 천연자원이 매장되어 있을 가능성이 큰 것으로 알려져 있다. 우리나라는 1970년 「해저광물자원개발법」을 공표하고 한반도 주변 대륙붕지역을 7개 해저광구로 설정하여 석유 및 가스 등 광물 자원에 대한 탐사를 추진해 왔다. 이어도 주변은 우리나라 대륙붕개발에서 4광구에 해당하지만 지하자원 매장량에 대한 공식적인 통계는 나와 있지 않다.

유엔 산하기관인 아시아극동경제위원회(ECAFE)가 만든 아시아지질자원위원회(CCOP)가 1968년에 동중국해와 서해지역에 대한 탐사 실시했다. CCOP가 1969년 발표한 보고서에 따르면, 동중국해와 서해에 석유와 가스의 부존가능성이 높은 것으로 추정되었다. 즉 대륙붕 하부와 서해 퇴석물이 석유 및 가스를 보유할 가능성이 매우 높다고 보았으나, 그 규모에 대한 구체적인 수치는 제시되지 못했다.

미국 윌슨국제연구센터에 따르면, 동중국해에는 엄청난 양의 석유와 가스가 매장되어 있는 것으로 추정되었다. 석유는 최대 1,000억 배럴까지 매장되어 있는 것으로 추정되었다. 세계 최대 산유국인 사우디아라비아의 채굴 가능한 석유 매장량이 2,617억 배럴이고 미국은 220억 배럴이다. 최근의 석유 가격인 배럴당 100달러를 이용하면 1,000억 배럴의 가치는 10조 달러이고, 이는 최근 환율 1,060원/달러를 적용할 때 1경 600조원에 해당한다.

동중국해의 가스는 175~210조 큐빅피트(cubic feet) 매장되어 있는 것으로 추정되었다. 사우디아라비아의 채굴가능 가스 매장량은 21.8조 큐빅피트이고, 미국은 117.4조 큐빅피트이다. 175~210조 큐빅피트의 가치는

702~843조원에 해당한다.

동중국해의 광물자원 추정치를 기초로 할 때, 이어도 주변지역에도 상당한 규모의 광물자원이 매장되어 있을 것으로 추정할 수 있다. 그러나 동중국해는 북쪽으로는 서해, 서쪽으로는 중국본토, 남쪽으로는 대만, 동쪽으로는 일본의 큐슈와 류큐열도로 둘러싸인 광대한 해역이므로 이어도 주변지역의 광물자원 추정치는 동중국해 전체 추정치에 비해 다소 축소되어야 할 것이다. 또한 아직 과학적인 탐사에 의한 구체적인 수치가 제시된 적이 없다는 사실에도 유념해야 한다.

이어도 4-9. 이어도 주변해역에는 어떤 수산자원이 분포하고 있는가?

여름철에 황해나 동해에 여름철에 머물던 어종이 겨울이 되면 따뜻한 제주 남방해역으로 와서 월동을 하거나 산란을 하기 때문에, 이어도 해역을 포함한 제주 남쪽의 동중국해 해역은 우리나라 수산업에 매우 중요한 해역이다. 우리나라 총 어획량이 대략 100만 톤 정도 되는데, 그 중의 70% 정도가 동중국해를 중심으로 생산되고 있다.

이어도 주변해역에도 수산자원이 풍부하다. 주변 해역에선 다양한 어류가 발견되고 있다. 북상하는 쿠로시오해류와 남하하는 서해의 한류, 중국대륙의 연안수가 교차하고 있어 물고기의 먹이가 되는 플랑크톤이 풍부한 황금어장이다. 우리 식탁에서 흔히 볼 수 있는 참조기, 부세, 붕장어, 아귀, 조피볼락 물매기, 곰치, 쥐치 등 20여 종류의 물고기가 살고 있는 것으로 조사되었다.

잡히는 어종의 대부분은 해양의 표층에 서식하는 소형표층 어류이다.

고등어, 갈치, 전갱이, 오징어 등 우리에게 친숙한 회유성 어종이 겨울을 나거나 자라게 하는 장소의 역할을 하고 있고, 우리나라 연근해 수산자원 공급에 중요한 역할을 하고 있다.

최근에는 남쪽으로부터 아열대 어종들이 우리나라 해역으로 확장되는 현상을 보이고 있는데, 그 중의 대표적인 것 중의 하나가 참다랑어이다. 과거에는 쌍끌이, 외끌이 대형기저, 근해안강망, 근해자망의 주요 어장이었다.

그러나 최근 기후변화와 주변 국가에서 어획을 많이 하여 어류의 종류가 줄어들고 있으며, 그 양도 급격히 줄어들고 있다. 이어도는 물속에 잠긴 암초여서 어류 외에도 바위에 붙어사는 고동, 불가사리 등도 분포하는 것으로 알려졌으나, 파도가 매우 강하여 바다의 숲을 이루는 해조류는 거의 없는 것으로 조사되었다.

이어도 4-10. 물속의 이어도를 확인할 수 있는 방법은 무엇인가?

이어도는 정상부를 중심으로 북서 방향으로는 52m까지 급한 수심변화가 있으며, 다시 50m로 높아지면서 비교적 경사가 완만한 지형변화를 보인다. 다시 정상부의 동남 방향으로는 수심 45m에서 수심 55m로 갑자기 낮아지는 급경사의 돌출암반이 분포한다. 이는 수심측량과 인공위성을 통해 데이터를 수집하여 지형을 측정한 것이다.

초기에 수심측량은 깊이가 일정한 간격으로 표시된 단순한 납 선을 사용하여 이루어졌습니다. 1930년대에 들어 선박의 항로상에서 음파를 이용하는 음향측정시스템, 즉 〈그림 4-8〉과 같은 '단일빔 음향측심기'(Single Beam Echosounder)가 도입되면서 수심 측량이 체계적으로 이뤄지기 시작했

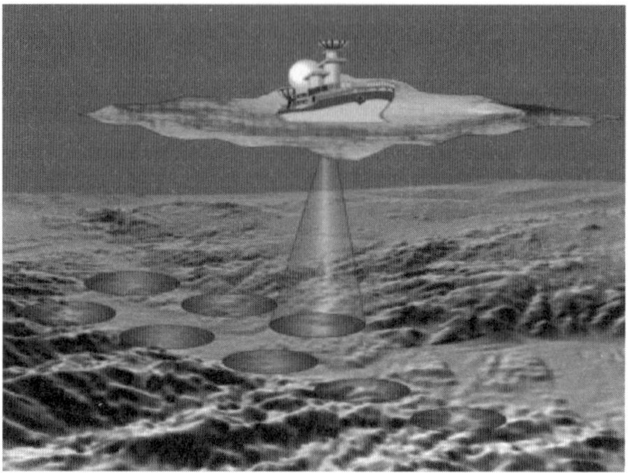

〈그림 4-8〉 단일빔 음향측심기

다. 이것은 선박에서 해저로 내보낸 음파가 해저 바닥에 도달했다가 다시 선박으로 되돌아오는 데 걸리는 시간을 측정하여 바다의 깊이와 바닥의 모양을 측정하는 방법이다. 즉 해저의 깊이는 음파의 속도를 그 메아리가 되돌아오는 데 걸린 시간으로 나눔으로써 산출된다.

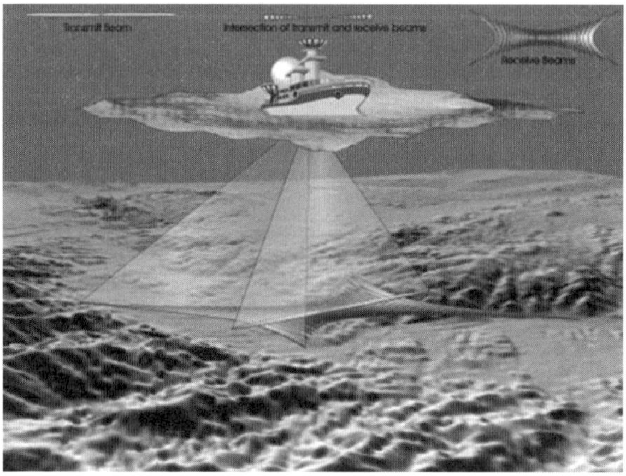

〈그림 4-9〉 다중빔 음향측심기

〈그림 4–9〉와 같은 '다중빔 음향측심기'(Multi Beam Echosounder) 시스템을 사용함으로써 엄청난 양의 해저 수심 데이터를 수집하고 있다. 여러 개의 음파를 내보내고 받음으로써 더 넓은 해저 지역의 깊이와 지형이 지도화 할 수 있다.

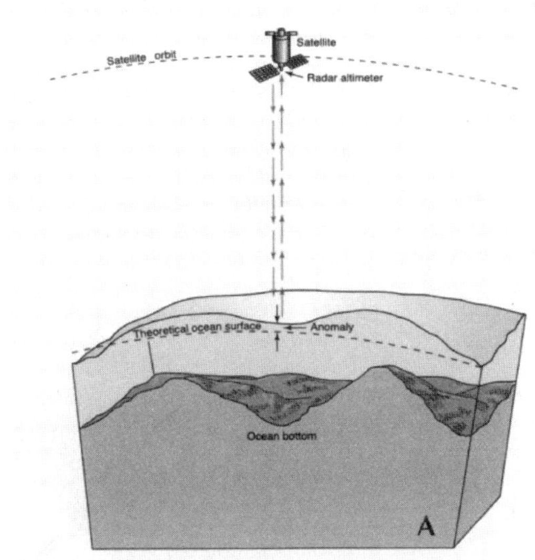

〈그림 4–10〉 인공위성 수심측정

과학의 발달에 따라 해저의 수심은 〈그림 4–10〉과 같이 우주의 인공위성을 통해서도 측정될 수 있게 되었다. 인공위성에 장착된 레이더 고도계는 해저지형의 영향을 받을 수 있는 중력 이상에 대해 측정하는데, 이 방법은 종래의 해상 데이터 수집 방법보다 빠르고 비용은 적게 든다. 또한 인공위성을 통한 수심의 측량은 전 세계적으로 균일한 해상도의 데이터를 수집할 수 있다는 장점을 갖고 있다.

5. 이어도 해양환경

이어도 5-1. 이어도의 면적은 여의도보다 큰가?

이어도의 면적은 여의도보다 훨씬 작다. 이어도 정상은 해수면 아래 4.6 m 깊이에 위치하고 있는데 면적 계산은 기준 수심을 어떻게 설정하느냐에 따라 달라진다. 수심 40 m를 기준으로 하면 남북 약 600 m, 동서 약 750 m에 이르는 조그마한 암초이지만, 수심 50 m를 기준으로 하면 약 2 ㎢의 면적이 된다. 수심 55 m를 기준으로 하면 남북 1,800 m, 동서 1,400 m로 대략 2.7㎢의 규모로 커진다. 이어도해양과학기지는 이어도 정상에서 약 700 m 떨어진 수심 41 m 지점에 설치되어 있다. 여의도의 면적은 약 8.4㎢이고 이어도는 약 2㎢이다. 따라서 여의도가 이어도에 비해 약 4배 정도 크다고 할 수 있다.

이어도의 상대적인 크기를 쉽게 이해하기 위해 우리나라의 대표적 관심 지역인 백두산 천지, 여의도, 이어도, 한라산 백록담을 서로 오버랩하여 비교했다. 각각의 크기를 비교하기 위하여 같은 축척을 사용했다. 그림 설명에서 보듯이 여의도는 천지와 크기가 거의 비슷하고 수심 55 m를 기준으로 계산한 이어도의 크기는 여의도의 1/3 정도이며 백록담은 이 보다도 훨씬 더 작다.

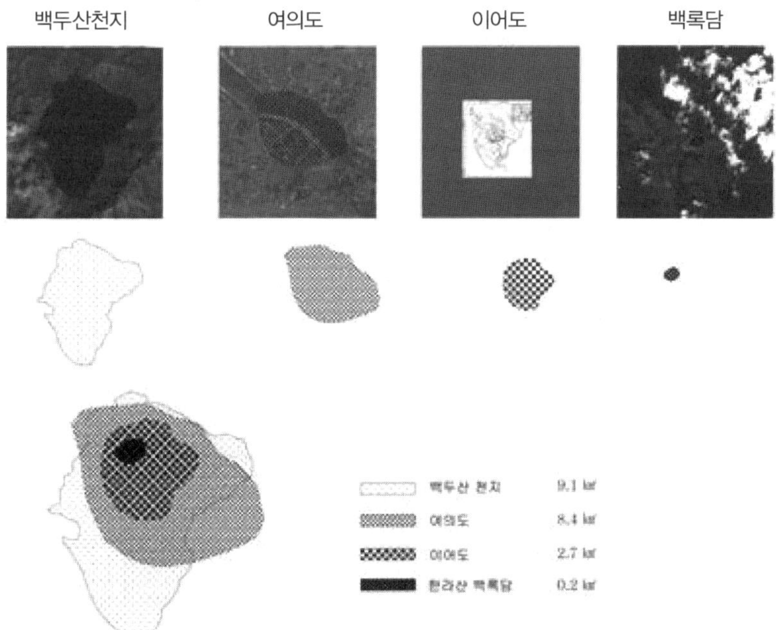

〈그림 5-1〉 이어도의 실제 크기와 형태 비교

이어도 5-2. 이어도의 기후는 제주도에 비해 더 따뜻한가?

제주도에는 고산, 서귀포, 성산에 기상관측소가 있는데, 제주기상청 자료에 따르면, 연평균 기온은 서귀포가 16.2℃로 가장 높고, 서부 지역인 고산은 15.5℃이고, 동부 지역인 성산은 15.2℃로 가장 낮다. 이어도해양과학기지의 기상측정 자료를 보면 연평균 16.5℃로 제주 기상관측소 전체 평균 15.6℃보다 약 0.9℃ 더 높다.

이어도와 제주도의 기후를 비교하기 위해서는 이어도와 경도선이 가장 가깝고 제주도 서쪽에 위치하여 섬의 영향이 비교적 적은 고산기상대 자료를 기준으로 비교하는 것이 가장 적절할 것이다.

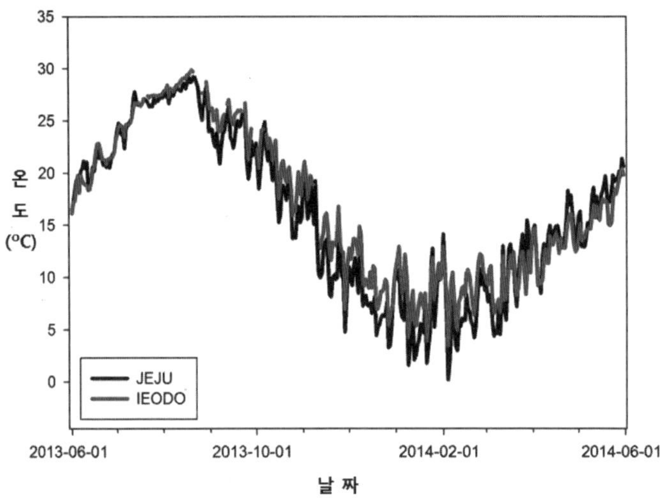

〈그림 5-2〉 제주도와 이어도의 온도변화 비교

〈그림 5-2〉는 2013년 6월~2014년 5월 사이의 온도 변화를 보여주는 자료이다. 이 자료는 매일 같은 시간(자정)에 측정된 온도를 기준으로 하고 있는데, 이어도의 온도가 제주도 온도보다 조금 더 높게 나타나는 것을 볼 수 있다.

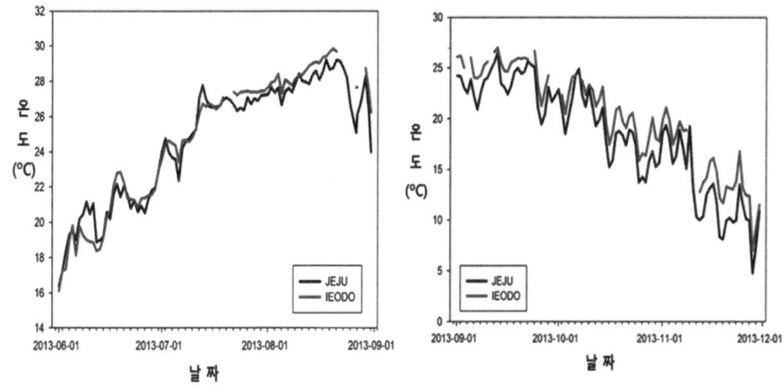

〈그림 5-3〉 여름과 가을철의 온도 변화 양상

그러나 계절별 온도 분포는 조금 다르게 나타난다. 초여름인 6월 초순에서 7월 중순경까지는 제주도 온도가 약간 더 높거나 비슷하다가 7월 중순부터 이어도 온도가 본격적으로 높아지기 시작해서 가을까지 지속된다(〈그림 5-3〉).

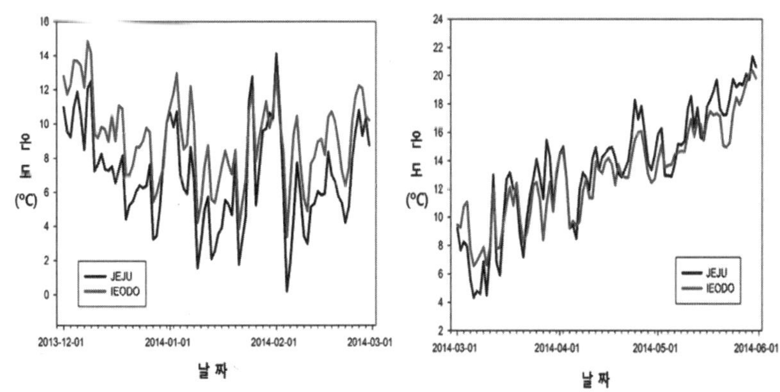

〈그림 5-4〉 겨울과 봄철의 온도변화 양상

겨울철에 가장 크게 온도차가 벌어져 이어도의 온도가 거의 2℃ 정도 더 높아진다(《그림 5-4》). 봄철에는 제주도가 약간 더 높게 되는데 육지의 영향에서 거의 벗어난 이어도의 계절별 온도 특성이 아주 흥미롭다.

이어도 5-3. 이어도 주변을 지나는 해류는 어떤 것이 있는가?

이어도부근을 지나는 가장 큰 해류는 쿠로시오해류이다. 쿠로시오란 일본어로 흑조(黑潮), 영어로는 Kuroshio라고 하며, 해수의 색이 암흑색으로 보이는 것에서 유래했다. 난류인 쿠로시오해류는 영양염과 식물성 플랑크톤, 혼탁물이 적어 바닷물이 매우 맑기 때문에 태양빛 중 청남색을 많이 투과시켜 검게 보이는 것이다.

필리핀 동쪽 바다에서 기원한 따뜻한 쿠로시오해류의 주류(主流)는 이어도가 있는 동중국해의 대륙사면을 따라 북상한다. 이어도 바다에는 북쪽이 막혀 차가운 한류가 내려오지 않다. 쿠로시오해류의 주류 서쪽은 주로 대륙붕을 이루나 그 동쪽은 대륙사면의 시작점이 되어 수심이 깊어지기 시작한다.

이어도를 지나는 쿠로시오해류의 일파는 대마도를 지나 동해로 흘러가는데 이를 동한해류라고 부른다. 그리고 황해해류로 불리는 일파는 제주도 서쪽을 통하여 한반도의 서안을 따라 북상한 후 소멸되고 대륙 동안에서는 황하와 양쯔강에서 나오는 강물들이 포함된 보류(補流) 형태의 한류성 대륙연안류가 남하한다.

이어도 주변은 북상하는 황해해류, 남하하는 대륙연안류가 접촉하여 반시계방향의 흐름체계를 갖는 해역으로 계절에 따라 해양환경 변화가 심하

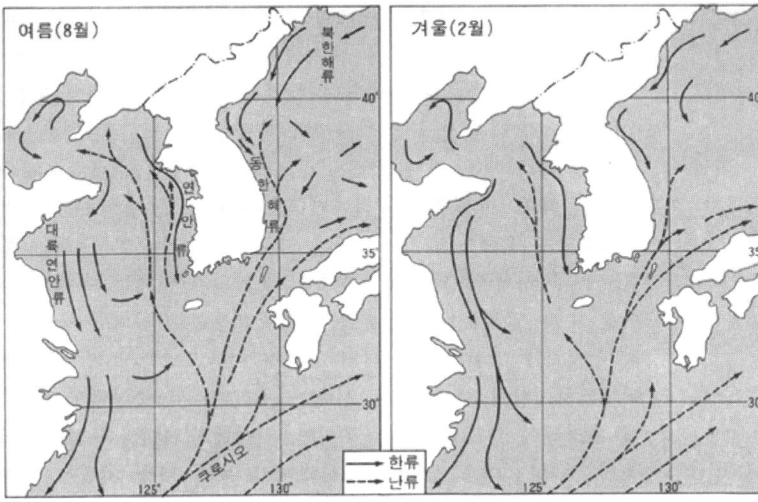

〈그림 5-5〉 동중국해의 여름철과 겨울철의 해류 이동

게 나타나 해수 운동 메커니즘을 파악하는데 매우 중요한 해역이다. 이어도 바다의 북단은 쿠로시오 난류와 대륙연안 한류가 접촉되는 수역으로 어장 형성에 유리한 곳이 되고 있다.

한겨울 2월 초에도 쿠로시오해류가 흐르는 유역은 21℃에서 22℃의 수온을 유지하지만, 양쯔강으로부터 흘러나와 강물과 섞이는 5~6℃의 대륙연안류는 갈수록 서서히 온도가 떨어진다. 같은 위치에서도 쿠로시오해류가 흐르는 연안은 따뜻하나, 대륙연안류가 흐르는 연안은 추운 기운을 보인다. 이들 수류 및 시류의 해류와 계절풍을 한께 이용하면 동중국해의 여러 곳을 자연의 힘에 의해 왕래할 수도 있다.

이어도 기지가 건설된 이후에 관측한 결과, 이어도 해역의 저층에는 황해의 차가운 저층수가 확장되어 내려와 있어 이 해역의 높은 생산성에도 영향을 주는 것으로 짐작되고 있다.

이어도 5-4. 이어도 주변 바닷물이 싱거워지는 때가 있는가?

이어도 주변 해역은 쿠로시오 해류가 지나가는 곳으로 차가운 한류에 비해 수온과 염분도가 높은 것이 일반적이다. 그러나 중국 양쯔강에서 막대한 담수가 배출되어 이어도 해역까지 이동될 때에는 표층의 염분도가 낮아지기도 한다.

양쯔강에서 황해로 들어온 물은 여름에는 북-북동 방향으로 확장하면서 동중국해로 들어와 우리나라의 제주도, 서남해, 남해 일부까지도 영향을 미쳐 적조의 원인이 되기도 하고, 어패류의 집단 폐사 같은 저염분에 의한 피해를 주기도 한다. 겨울철에는 주로 중국 연안을 따라 남쪽으로 이동하기도 한다.

이어도해양과학기지는 양쯔강 하구와 제주도 중간 지점에 위치하기 때문에 염분 변화 모니터링에 아주 적합한 위치에 있다. 양쯔강 저염분수가 확장하면 염분은 30psu(바다 평균은 35psu) 이하가 되고 저염분 일수록 가볍기 때문에 표층에서는 더 강하게 나타난다. 여름(8월)에는 저염분수가 제주도까지 이동하는데 약 10일 정도 걸린다는 연구결과도 있다.

하지만 대기에서 오염물질이 확산하듯이 퍼져나가는 형태는 아니고 물덩어리 형태로 이동하기 때문에 연속적이 아니어서 배에서 채수하더라도 정확하게 관측이 어려운 경우도 있고 이어도 기지까지만 이동하고 제주도에는 도달하지 않는 경우도 많다. 또한 지속적으로 이어도 기지 쪽으로 확장하는 형태가 아니고 바람과 해류의 영향으로 간헐적으로 이동하는 형태를 보이기도 한다.

동중국해로 유입되는 양쯔강 저염분수는 계절에 따라 변하는데 홍수기인 5~10월에는 전체 수량의 약 70%, 갈수기인 11~4월에는 약 30% 정도이다. 이동경로도 계절별로 차이가 있다. 겨울철에는 북풍에 의해 중국 연안을 따라 남쪽으로 이동하여 대만 쪽으로 흘러가고, 여름철에는 남풍을 따라 동중국해 북쪽으로 이동하여 제주도와 남해를 거쳐 극히 일부는 동해까지 이동하기도 한다. 이동 양상은 역시 덩어리 형태이며 해류보다는 주로 바람에 의해 조절된다.

이어도 5-5. 중국 싼샤댐이 이어도 주변 해역에 영향을 미치는가?

중국 양쯔강 싼샤댐(三峽大壩, Three Gorges Dam)은 세계에서 가장 크고 넓고 높은 인공 저수지이다. 양쯔강 하구에서 상류 쪽 약 1,830km 지점에 위치하며 댐의 높이는 185m, 폭은 2,300m이다. 그 결과 평균 폭 1.1km, 길이 660km에 달하는 엄청난 인공호수가 만들어졌는데 최대 저수용량 393억 톤으로 양쯔강 연간 배출량의 약 4.5%에 달한다. 그리고 우리의 소양강댐의 최대 저수용량 29억 톤의 13.6배에 달한다. 1993년에 공사를 시작하여 2009년에 완공된 이 댐은, 착공 전에 예상했던 예산이 108억 달러였으나 2009년 준공 때까지 들어간 공사비는 총 250억 달러에 달했다고 알려져 있다.

댐의 완공으로 인한 담수 배출량 자체는 큰 변화가 없으나 부유사(浮遊砂, suspended load)의 배출량은 크게 감소했다. 하류지역에서는 대대적인 산업시설과 대도시의 건설로 생활하수 증가, 비료 사용 증가 등으로 질산염, 인산염이 증가하여 종종 적조의 원인이 되기도 하는 부영양화가 발생하고, 대신 규조류 번식과 관계되는 규산염은 감소하여 식물플랑크톤 생태계에 큰 변화가 일어나고 있다. 이와 유사한 변화가 과거에 이집트 나일강 아스완

댐 건설 후에도 나타났었다고 한다.

〈그림 5-6〉 중국의 싼샤댐 전경

부영양화의 결과로 중국 연안에는 녹조가 해안을 따라 덩어리 형태로 넓게 발달하고 있으며 이어도해양과학기지 부근에서도 띠 모양의 얇고 긴 형태의 녹조가 발견된 적이 있다. 2008년에는 칭다오 부근에 강하게 출현한 녹조의 일부가 이어도 부근을 지나 우리나라 남해안까지 영향을 미친 적도 있다. 적조도 녹조 분포와 유사하게 양쯔강 하구 주변 해역을 중심으로 남북으로 길게 늘어진 양상이 인공위성 영상으로 관찰된다. 과거에 양쯔강 저염분수의 확장이 고흥반도에 적조 현상을 유발했을 것으로 유추하는 일부 연구 결과도 있다.

부유물은 싼샤댐 건설을 위해 처음 물막이 공사를 마무리 한 2003년 이후에 현저하게 줄었는데 이에 따라 양쯔강 하구에서 동중국해로 유입되는 부유물도 감소하기 시작했다. 따라서 제주도나 남해까지 확장되는 일은 거의 없으나 가끔씩 이어도 부근까지 뻗어나가기도 한다.

〈그림 5-7〉는 우리나라 GOCI 위성에서 2011년 4월에 촬영한 이미지

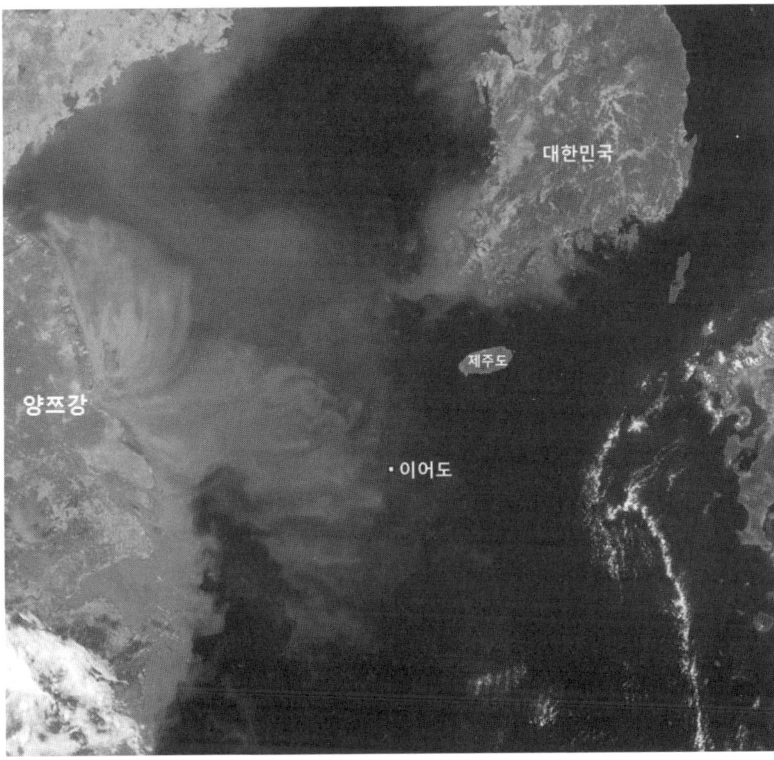

〈그림 5-7〉 한반도 주변해역의 인공위성 영상
* 흔한 현상은 아니지만 양쯔강 부유물이 이어도 해역까지 뻗어 있는 것을 볼 수 있음.

이다. 양쯔강 부유사가 거의 이어도까지 확장되고 있는 것을 볼 수 있다.

이어도 5-6. 이어도 주변해역에도 지구 온난화 현상이 있는가?

지구온난화는 21세기 전 세계적인 화두이자 중요한 과학적 이슈로서 경제·정치·사회·문화·지정학 등 다양한 분야에 영향을 미치고 있다. 온난화 현상은 주로 화석연료 연소로 인해 대기로 배출된 온실가스 농도의 증가 때문이라고 알려져 있다. 특히 지구과학자들은 증가된 이산화탄소 농도가 지구온난화의 주원인이며, 현재 대기 중 이산화탄소 측정값은 적어도 지난 2,000년 동안 가장 높다고 믿고 있다. 이러한 지구 온난화 현상을 보여주는 3대 요인으로 온도(대기, 해양), 강수 그리고 해수면을 꼽을 수 있다.

정부간기후변화협의체(IPCC)가 2013년에 발표한 5차 평가보고서에 따르면, 온난화로 인해 전 지구의 평균 해수면은 지난 100년 동안 약 19 cm 정도 상승했고, 만일 현재와 같은 지구온난화가 지속된다면 21세기 말에는 해수면이 지금보다 약 45~82 cm까지 더 높아질 것이라고 전망했다.

그런데 수온 상승은 지역별로 편차가 있는데, 특히 이어도가 위치하고 있는 동중국해가 수온 상승이 매우 빠른 지역으로 나타나 관심이 집중되고 있다.

해수 온도의 측정은 직접 배를 타고 수심별로 물을 채취하여 재는 방법도 있지만 여러 제약이 많고 비용 문제도 있어서 인공위성 자료를 이용하는 방법도 많이 사용된다. 이 방법은 광범위한 해역의 표층 수온을 동시에 측정할 수 있는 이점이 있어서 지구온난화 같은 전 지구적 현상을 연구하는데 아주 유용하다.

미국의 해양대기국(NOAA)이 1990~2008년 동안 조사한 위성 자료에 의하면, 이어도 해역이 포함된 동중국해의 수온 상승률은 연간 0.04~0.07℃로 매우 높으며, 특히 중국 연안 쪽은 더 높은 것으로 나타났다. 중국 내륙의 온도 상승 결과로 양쯔강의 영향을 받는 동중국해의 중국 연안 해수 온도가 증가하고 그 중 일부가 이어도 해역까지 영향을 미쳐 겨울철 표면 수온이 증가하고 있다는 연구도 있다.

국립수산과학원의 지난 86년간 정선관측 자료에 의하면, 제주도 근해의 수온은 무려 1.94℃ 증가했는데, 이는 20세기 전 세계 평균 상승률인

0.67℃ 보다 훨씬 높은 수치이다. 이는 제주도가 빠른 속도로 아열대 기후에 가까워지는 것을 시사하는 것으로, 향후 해양과 육상의 생태계에도 많은 변화가 예상된다.

이어도 5-7. 황사가 이어도 주변해역까지 오는가?

이어도 주변도 황사의 영향을 받는다. 봄철의 불청객 황사(黃砂, Yellow Sand)는 중국 북부, 몽골 사막지대의 미세한 입자가 건조한 봄철에 강한 북서풍 또는 제트 기류를 타고 우리나라는 물론 일본을 건너 머나 먼 북태평양 북미까지도 장거리 이동을 하는 것으로 확인된다. 이어도 주변도 황사의 영향을 받는다.

북태평양 중앙부의 주 퇴적물인 갈색점토(brown clay)의 지질학적 특성에 대한 연구 결과, 놀랍게도 황사가 그 기원임이 밝혀졌다. 갈색점토가 주로 퇴적된 북태평양 심해저는 생물기원퇴적물이 아주 적은 편이다. 그 이유는 해수 표면의 영양염 공급이 부족하기 때문에 1차 생산(주로 식물플랑크톤)이 열악해서 표층으로 부터의 생물기원 입자(플랑크톤의 단단한 껍데기로서 화석으로 취급함) 공급이 아주 적기 때문이다.

또한 북태평양은 해역 대부분이 해구로 둘러싸여서 내륙으로부터 공급되는 강에 의한 육성기원퇴적물이 제한되어 퇴적 속도가 가장 느린 바다 중의 하나이기도 하다. 따라서 주변에 퇴적물의 공급원이 거의 없어 역설적으로 상대적으로 풍부해진 황사의 영향을 잘 관찰할 수 있는 해역이 바로 북태평양이라고 할 수 있다.

북태평양과는 달리, 이어도 해역은 우리나라와 동중국해에서 강을 타고 이동된 육지 기원의 퇴적물이 양적으로 훨씬 많아 황사의 영향을 양적으로 구분하기는 어렵다. 이어도 부근 해역 퇴적물에서 한반도 부근 퇴적물에 비해 점토광물 중 스멕타이트(smectite)의 함량이 높게 나타나는데, 이를 황사의 영향으로 보는 견해도 있다. 제주도와 이어도 대기에서 채집된 석영입자의 모서리 마모의 진행 정도가 황사 발원지 중의 하나인 사포토 사막의 석영입자와 유사하다는 연구 결과도 있다.

참고로 이어도해양과학기지에서 조사된 미세입자와 오존 농도는 봄철(3, 4월)에 높고 여름철(7, 8, 9월)에 가장 낮은 것으로 나타났다. 미세입자는 3월이 9월에 비해 무려 3배나 높다. 오존 농도의 계절변화에 대한 제주도 고산관측소 측정 결과에 의하면 황사현상이 활발한 봄철이 최고이고 여름철에는 최저로 나타났다. 동쪽에 위치한 일본 관측소의 결과도 이와 유사한 계절변화를 보인다.

이러한 물질은 대표적인 오염지표로서 중국의 화석연료 사용증가 등에 의한 것이며 봄철 농도가 더 높은 이유는 강한 북서계절풍의 영향 때문인 것으로 알려져 있다.

중국 북부에서 발원하여 황해, 한반도, 일본을 거쳐 북태평양까지 광범위하게 장거리를 이동하는 황사가 이어도 해역에 영향을 미치는 것은 확실하지만 정량적으로 어느 정도인지는 지속적인 연구에 의해 밝혀져야 할 것이다.

이어도 5-8. 우리 내륙에서는 볼 수 없고 이어도에서만 볼 수 있는 별자리는?

우리나라(북한 포함)는 북위 33°~43°, 동경 124°~132° 사이에 해당하는 북반구에 자리 잡고 있다. 북반구에서는 오래전부터 북두칠성으로부터 북극성의 위치를 계산(북두칠성의 국자모양 끝부분 두 별의 거리에 5배)하여 북극을 판단했다. 이와 반대로 남반구에서는 '남십자성'이 북두칠성의 역할을 하고 있다. 남십자성의 긴축의 길이에 5배 정도 되는 지점에 남극이 있다.

남십자성은 남쪽 하늘의 은하수 가운데 위치하며 십자모양을 이루는 네 개의 별이다. 〈그림 5-8〉과 같이 남십자 자리를 나타내는 크룩스(the crux) 앞에 α, β, γ, δ를 밝기 순으로 부여하여 아크룩스(Acrux, 0.8등*, 남쪽), 베크룩스(Becrux, 1.2등, 남동쪽), 가크룩스(Gacrux, 1.6등, 북쪽), 델크룩스(Delcrux, 2.8등, 북서쪽)로 부른다. 숫자가 낮을수록 밝으며 1등성의 밝기는 6등성(가장 어두운 별)의 약 100배에 달한다.

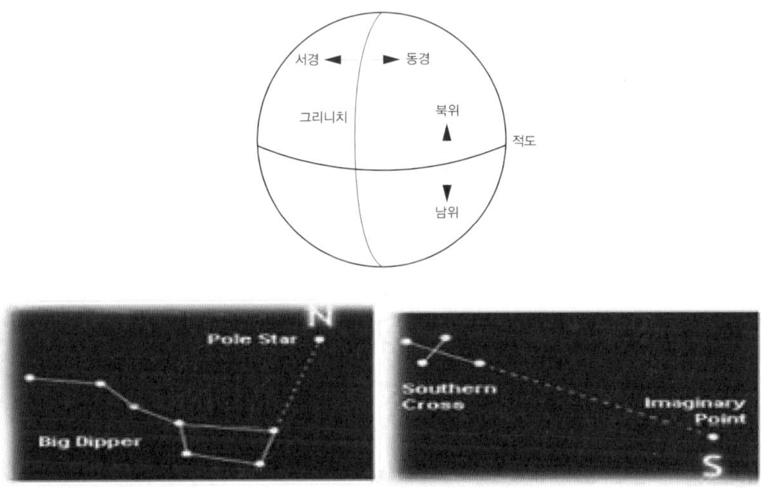

〈그림 5-8〉 북두칠성에서 북극성, 남십자성에서 남극의 거리 계산

남십자성은 북위 33° 이하에서 관측이 가능하며, 전체 모습을 보려면 최소 일본 오키나와(북위 25°)까지는 가야해서 우리나라에서는 관측할 수 없는 별자리로 알려져 왔다. 다만 이어도(북위 32°)에서는 남십자성의 가장

〈그림 5-9〉 남십자성을 이루는 별

자리인 감마(γ)별자리가 날씨 좋은날 아주 간신히 보이는데 지평선 위에 아스라이 걸치는 수준으로 붉은 별이 뜬다.

이어도 5-9. 이어도의 모습을 관찰하려면 어떻게 해야 하는가?

이어도는 항상 바닷물 속에 잠겨 있는 상태, 즉 해수면 아래의 4.6m이므로 평상시에는 눈으로 볼 수 없다. 수중 암초인 이어도를 관찰하는 방법은 잠수정을 이용하거나 스쿠버 장비를 이용해서 물 속에 잠수하여야 눈으로 볼 수 있다. 이 방법은 관찰할 수 있는 범위가 제한되는 단점이 있다.

이어도의 바닷 속 지형을 알아내는 가장 효과적인 방법은 해도(海圖)

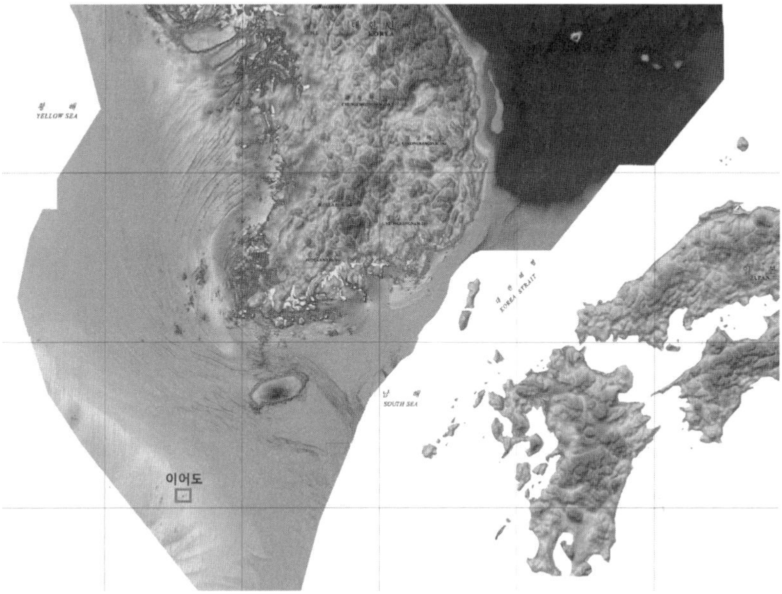

〈그림 5-10〉 한국 주변 해저지형도

를 만들 때 사용하는 방법을 이용하는 것이다. 음향측심기를 이용하여 수심을 측정하고 해저지형을 알아내는 방법이다. 최근에는 100 여개의 음파를 동시에 발신하여 마치 항공 촬영 하듯이 해저면을 스캐닝하는 방법을 많이 쓰는데, 이 방법을 활용하면 해저지형을 3차원으로도 나타낼 수 있다.

〈그림 5-10〉은 국립해양조사원이 다중음향측심기를 이용해 작성한 우리나라 해역의 3차원 해저지형도이다. 이어도 부근의 해저가 비교적 평탄한 것을 알 수 있다.

만약 이어도를 물 위에서 직접 눈으로 보려면 약 10m의 높은 파도가 이어도를 통과할 때 그 옆에서 서 있으면 볼 수도 있겠지만, 현실적으로는 쉽지 않다. 그런데 〈그림 5-11〉은 2014년 8월 9일 14:00 간조시간대에 이어도 상층부에 파도가 이는 모습을 촬영한 사진이다(제주해양경비안전본부 제

〈그림 5-11〉 이어도상층부의 파도

공). 왼쪽에 서 있는 이어도해양과학기지로부터 북방 700미터 되는 곳에 파도가 치는 모습이 카메라에 잡혔는데, 희귀한 현상이다. 당시 제11호 태풍 '할롱'의 영향으로 너울성 파도가 칠 때의 모습을 제주해양경비안전본부 소속의 3006함이 촬영한 사진이다.

이어도 5-10. 이어도 거리측정 기점이 마라도인 이유는?

유엔해양법에 따르면 바다의 섬이나 특정위치를 측정할 때 육상의 기준점을 설정하여 측정하도록 되어 있다. 즉 육지에서 바다의 특정 지점에 대한 측정 거리나 위치를 파악하고자 할 때 또는 배타적 경제수역의 범위를 정할 때 육지의 특정 위치를 결정할 필요가 있다. 유엔해양법은 육지의 기준이 되는 육상 혹은 육지의 조건은 반드시 사람의 거주가 가능한 땅이어야 하며, 조석의 만조시에도 땅이 물에 잠기지 말아야 한다고 규정하고

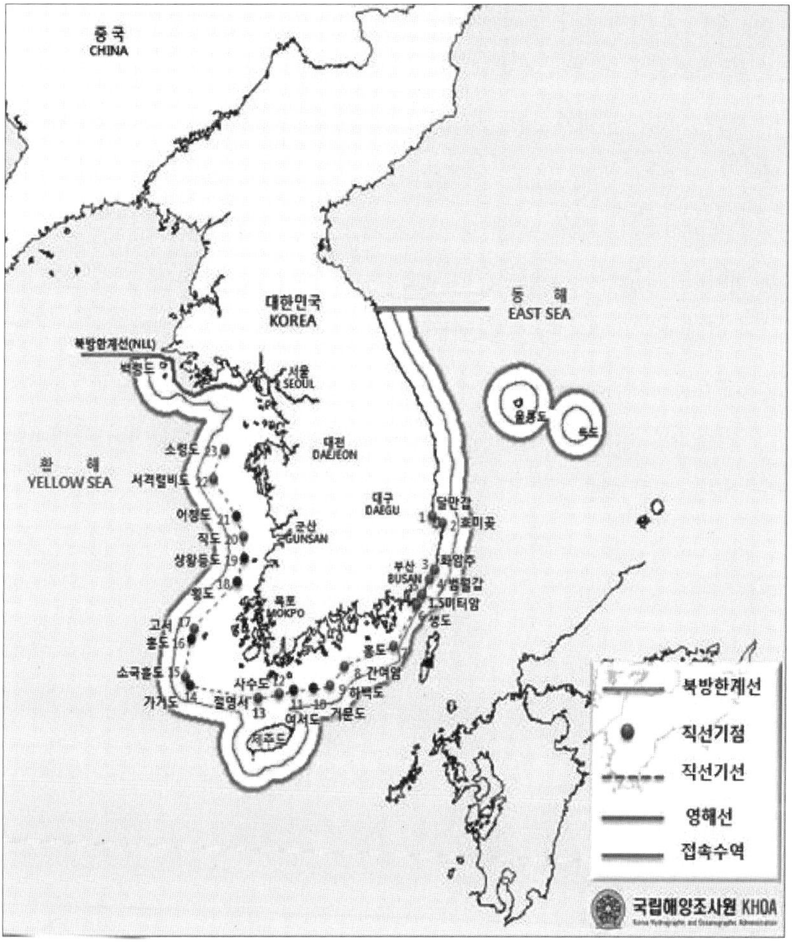

〈그림 5-12〉 한국의 영해기선도

있다.

우리나라의 경우, 제주도 남쪽에 위치한 바다나 특정 위치를 결정하고자 할 때 마라도는 우리나라의 제일 남쪽이면서 유일하게 사람이 거주하는 곳으로 유엔해양법상 육지의 기준점이 될 수 있는 조건을 만족하고 있다.

전문 용어로 마라도가 우리나라의 남쪽 '영해기점'이기 때문이다.

영해기점은 영토의 관할권 확정에 기본이 되는 영해기선을 결정하기 위한 기준점이며, 영해기선의 결정 방법은 '통상기선'과 '직선기선' 두 가지 방법을 사용한다. 통상기선은 해안선의 굴곡이 심하지 않고 육지 부근에 섬이 존재하지 않는 경우, 썰물 때 저조선에 선점된 영해기점을 기준으로 연결한 선이다. 직선기선은 해안선의 굴곡이 심하고 육지 부근에 많은 섬이 산재해 있을 때, 육지의 돌출부 또는 맨 바깥의 섬에 선정된 영해기점을 기준으로 한다.

이런 이유에서 마라도는 우리나라의 최남단 기점으로서 이어도 기지와의 거리를 정할 때도 기준이 되고 있다.

6. 이어도종합해양과학기지

이어도 6-1. 우리나라에는 어떤 해양과학기지들이 있는가?

화석연료의 고갈과 기후변화 대응의 필요성이 점증함에 따라 해양의 가치와 해양연구의 필요성이 커지고 있다. 다양한 해양 및 기상요소에 대한 장기적이고 안정적인 관측과 이를 토대로 한 자료의 축적을 통한 해양정보의 중요성도 갈수록 증대되고 있다.

우리나라는 이러한 해양정보의 중요성에 부응하여 한반도 선단 해역에 종합해양과학기지를 구축하여 해양 및 기상, 대기환경 등에 대한 실시간 모니터링을 수행하고 있으며, 해양 및 기상예보 지원, 원격탐사자료 검정 및 보정을 지원하고 있다. 또한 우리나라의 해양과학기지는 육지의 영향을 배제한 관측 및 연구를 수행하고, 기후변화에 따른 태풍역학 연구와 대기환경에 대한 모니터링 및 연구를 수행하며, 해양생태계의 장기변동 및 해양과

대기의 상호작용 등에 관한 다학제간 연구의 플랫폼으로 활용되고 있다.

우리나라의 종합해양과학기지는 지구환경의 변화, 연안재해에 따른 피해의 증가, 해상교통의 안전 확보 등과 같은 현안 문제를 해결하는 데 필요한 핵심적인 자료를 생산, 제공하는 중요한 역할을 수행하고 있다.

삼면이 바다로 둘러싸인 우리나라에는 주요 해역에 종합해양과학기지를 설치하여 운용하고 있다. 현재 건설되어 운영 중인 종합해양과학기지는 〈그림 5-1〉과 같이 이어도, 가거초, 소청초 등 3개이다.

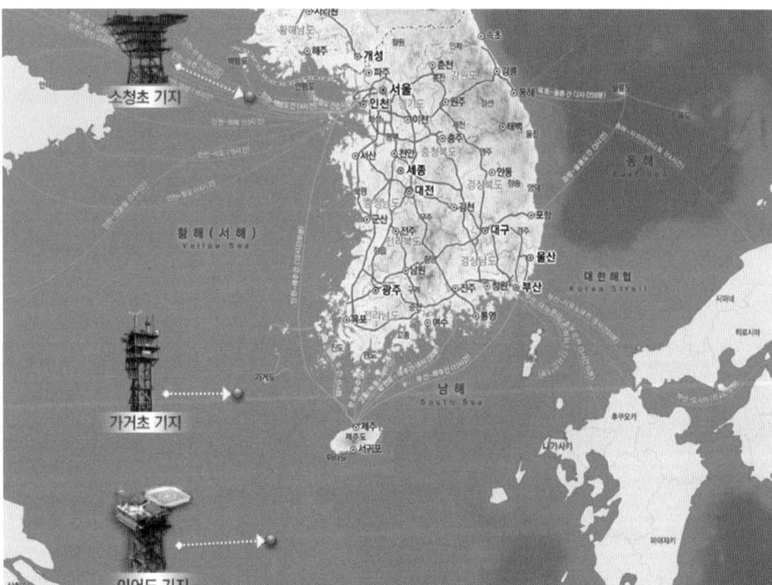

〈그림 6-1〉 우리나라의 종합해양과학기지 위치도

이어도 종합해양과학기지는 1995년에 사업에 착수한 이래 총사업비 212억 원을 투입하여 8년 만인 2003년 완공되었다. 높이는 수중 41m, 수상 36m로 구조물 전체의 높이는 77m에 이르며, 연면적은 약 1,345㎡이고 총중량은 3,400톤에 달한다. 관측 장비는 기상 및 해양관측, 구조물 및 안전성 관측, 환경 관측 등 위해 30여 종의 관측 장비를 갖추고 있다.

해양에 관한 종합적인 연구를 수행할 수 있는 이어도해양과학기지에서는 해양의 수온, 염분, 해류, 조석, 파고, 풍향, 풍속 등을 자동으로 관측할 수 있다. 헬기의 이착륙 시설과 사람이 장기간 상주할 수 있는 여건을 갖춰 해양, 기상 등에 관한 다양한 조사연구를 수행할 수 있도록 하고 있다.

〈그림 6-2〉 가거초(左), 소청초(右) 종합해양과학기지

가거초 종합해양과학기지는 전남 신안군 가거도에서 서쪽으로 47㎞에 위치하고 있으며, 2003년에 사업에 착수한 이래 총사업비 100억 원을 투입하여 6년 만인 2009년 완공되었다. 높이는 수중 15m, 수상 26m로 구조물의 전체의 높이는 41m에 이르며, 연면적은 약 286㎡이으로 이어도해양과학기지의 1/4정도의 규모이고 총중량은 640톤이다. 기상, 해양, 환경 등의 관측을 위핸 30여 종의 관측 장비를 갖추고 있다. 21m 높이의 파도와 평균 풍속 40m/s에 이르는 강한 바람에도 견딜 수 있도록 설계되었다.

소청초 종합해양과학기지는 2009년 사업에 착수, 총사업비 486억 원을 투입하여 5년 만인 2014년 완공되었다. 높이는 수중 50m, 수상 40m로 구조물 전체의 높이는 90m에 이르며, 연면적은 약 2,700㎡이고 총중량은 3,531톤이고, 40여 종의 관측 장비를 갖추고 있다.

이어도 6-2. 이어도해양과학기지가 설치된 위치와 지점은 어디인가?

이어도해양과학기지는 이어도 위에 서 있는 종합양과학기지로, 이어도 정봉으로부터 남쪽으로 약 700m 떨어진 수심 41m에 설치된 고정식 자켓 구조 형식이다.

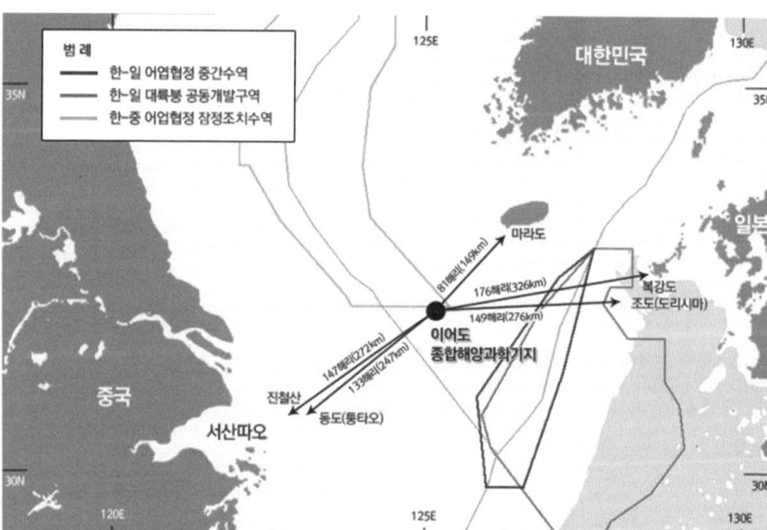

〈그림 6-3〉 이어도해양과학기지의 위치

〈그림 6-4〉 이어도해양과학기지 설치 지점

이어도해양과학기지는 세계적으로도 최고의 악조건 속에 서 있는 해양 구조물이다. 그러나 동중국해의 기상 및 해양 관측과 연구, 조난자 구조 등의 목적 이외에도 중국과 배타적 경제수역이 겹치는 지점에 위치해 있어 우리의 해양 권익을 주장하는데 유리하게 작용할 수 있는 가능성을 가지고 있다.

해양과학기지를 바다에 안전하게 고정, 설치하기 위해서는 기반암의 유무와 수심 등이 매우 중요하다. 이것은 과학기지 설치에 소요되는 예산과도 매우 밀접한 관계가 있다. 수심이 깊고 기반암이 없는 바다에는 과학기지를 설치하는 것이 쉽지 않다. 수심이 얕은 바다 위에, 그것도 기반암까지 있다면 과학기지 건설은 경제적으로 훨씬 유리할 수 있다.

그런데 흥미로운 것은 이어도의 정봉, 즉 수심이 가장 낮은 4.6m 해역에 과학기지를 설치한 것이 아니고, 〈그림 6-4〉와 같이 그보다 수심이 훨씬 깊은 약 77m 수심에 과학기지를 설치했다는 점이다. 그 이유는 이어도의 수심이 낮은 지역은 끝이 뾰족하여 과학기지를 설치하기가 어려웠고, 이어도 정봉으로부터 남쪽으로 700여 m 떨어진 곳은 수심은 깊지만 편편한 암반이 존재하고 있었기 때문이다.

이어도 6-3. 이어도해양과학기지는 어떻게 설계, 시공되었는가?

이어도해양과학기지는 고정식 해양구조물이다. 고정식 해양구조물에는 매립식, 콘크리트중력식, 자켓구조물 등이 있는데, 이어도해양과학기지는 자켓구조물이다. 이 구조물은 해양자원 개발에 선구적인 역할을 하는 해양구조물로서 석유생산 혹은 시추장비, 관측용 장비 등을 설치한 갑판구조물, 그리고 이를 지지하는 자켓과 구조물 전체를 견고히 해저에 고착시키는 기둥으로 구성돼 있으며 수심 1백m이내의 해역에서 주로 설치된다.

이어도 종합해양과학기지의 설계는 수명 50년, 피로수명 100년으로 잡고 최대파고 24.6m, 풍속은 시간당평균 초속 50m, 분평균 초속 60m, 해류나 조류는 초속 2.34m를 견딜 수 있도록 설계되었다. 특히 해양수산부는 과학기지 설계 때부터 구조물 안전에 최대한의 조건을 부여하고자 최근 100년간 내습한 태풍 중 가장 강력했던 태풍의 파고(18.24m, 1998년 셀마)와 풍속(58.3m, 2000년 프라피룬)을 상정해 이보다 강한 태풍에도 견딜 수 있도록 했다. 2003년 건설 이후 수많은, 그리고 강력한 태풍들이 과학기지를 통과했지만 굳건하게 견뎌냄으로써 그 내구성을 입증하고 있다.

이어도해양과학기지 설치 작업의 순서는 먼저 과학기지 설치 위치에 자켓을 설치한 후, 데크를 자켓 상부에 거치하는 방식이다. 이 과학기지는 우리나라에서 처음 세워진 해양관측을 위한 플랫폼 형식의 구조물 시설인 관계로 그 설계에서부터 제작·설치까지 수많은 어려움이 따랐다.

총 8척의 선박이 투입되어 시작된 자켓 설치 공사는 당초 설치기간을

15일로 예상했으나 예상치 못한 기상악화로 예정보다 2배가 넘는 40일이 소요되었다. 자켓 설치 후 6개월이 지난 시점에서 데크를 바지선에 싣고 갔지만 당시의 태풍 '구지라'의 영향으로 제주도로 피신할 수밖에 없었다. 2차 시도에서 8시간의 사투 끝에 와이어로 900톤이 넘는 데크를 들어 데크의 레그를 자켓의 구멍에 끼우는데 성공했다. 이로써 2003년 6월 비로소 대한민국 해양과학기지 제1호, 이어도해양과학기지가 웅장한 모습을 드러내기에 이른 것이다.

〈표 6-1〉 이어도 과학기지 구조물과 설계조건

구조물	자켓(JACKET)	32.5m×12m×50.5m 약 1,258톤
	데크(DECK)	24m×21m×23.2m 등 약 950톤
	파일(PILE)	ø60′; 404.8m, ø72′; 241.2m, 합계 : 1,220톤
설계 조건	구조물 수명	50년 기준
	파 고	24.6m 기준
	풍 속	초속 50m(시간평균), 초속 60m(분평균) 기준
	조 위	3.7m
	해·조류	초속 2.34m

이어도해양과학기지는 그 설계, 제작, 설치 등 모든 과정은 순수 국내 자체기술에 의해 시행하였다는 점에서 우리나라 해양관련 기술이 한 단계 발전할 수 있는 교두보 역할을 했을 뿐만 아니라 동시에 이어도가 21세기 해양강국으로 가는 전초기지로서 새롭게 태어날 수 있게 하였다.

이어도 6-4. 이어도해양과학기지는 어떤 구조인가?

이어도해양과학기지에는 최첨단 해양, 기상, 환경 관측체계를 갖추고 해양 및 기상 예보, 어장 예보, 지구환경문제 및 해상교통안전, 연안 재해 방지와 기후변화예측에 필요한 자료를 실시간으로 수집, 제공할 수 있도록 최신 기종의 해양·기상 관측 장비와 감시시스템 등 44종 108점이 설치되어 가동되고 있다. 감시카메라와 초음파 센서 등 감시시스템은 기지에 접근하는 대상에 대해 중국어 등 4개 국어로 경고방송을 하도록 구축되어 있다.

이어도해양과학기지는 모두 4층으로 되어 있다. 약 400평 규모인 플랫폼의 상부구조 1층 하부 데크(cellar deck)에는 기계장비 설치 및 디젤 발전기, 모노레일 오폐수 처리시설, 화재 진압시설, 담수기 등이 설비가 되어 있으며, 2층 주 데크(main deck)에는 침실, 화장실, 회의실, 주방, 실험실, 스위치 기어룸, 배터리실이 있다. 3층 지붕 데크(roof deck)에는 등주설비, 풍력발전기, 통신 및 관측시설, 해수 및 담수탱크시설, 공조기(Hvac), 안개경보기 등이, 4층 헬기 이착륙장(heliport)에는 피난 구조 및 비상시 인원 동원을 위한 이·착륙장이 갖추어져 있다.

〈그림 6-5〉 이어도해양과학기지 전경

특히 3층에는 연구와 보수공사를 하는 사람들이 상주할 수 있도록 침실, 화장실, 식당, 회의실, 연구실 등이 있고 냉장고, 세탁기, 에어컨, 난방기, 텔레비전 등의 생활시설이 완비되어 있다. 이 시설에서는 8명이 2주일 동안 외부 지원 없이 숙식할 수 있으며, 전화와 위성방송을 즐기는 것은 물론 인터넷도 할 수 있다.

〈그림 6-6〉 기지 관측실 내부와 기상관측 준비 장면

이어도해양과학기지에는 선박 접안시설과 헬리콥터 이착륙장, 등대시설, 통신 및 관측시설, 실험실과 회의실도 마련되어 있다. 따라서 이어도기지는 아무도 없더라도 모든 활동이 가능하도록 자동무인시스템으로 운영할 수 있으며, 언제든 이어도기지에 머물면서 정기점검을 하거나 각종 연구나 탐사활동을 할 수 있는 최첨단 종합기지로서 역할을 하고 있다.

이어도는 해양과학기지가 세워지면서 신화와 첨단과학이 만나는 현실의 섬이 되었다. 이어도가 21세기 해양강국으로 가는 전초기지로 새롭게 탈바꿈하게 된 것이다. 이어도해양과학기지는 첨단 과학의 요람으로 우리나라 기후·해양 연구 수준을 몇 단계 상승시켰다는 평가를 받고 있다.

이어도 6-5. 이어도해양과학기지는 어떻게 운용, 관리되고 있는가?

이어도해양과학기지는 다양한 관측 장비를 구축하고 있다. 해류의 흐름, 조석 및 조류의 흐름, 수온, 염분, 밀도 등을 조사하기 위한 '해양관측장비', 풍향·풍속·기온·기압·습도 등의 기상관측 장비, 그리고 대기의 먼지를 측정할 수 있는 에어로졸, 방사능을 측정할 수 있는 방사능 측정기 같은 '환경관측 장비'가 설치되어 있다.

관측장비는 아니지만 무궁화위성 안테나, 태양광발전기, 등대장비, 정수탱크, CCTV등이 설치되어 있다. 이어도 해양과학기지는 해양구조물로서 높은 파도, 강풍의 영향을 지속적으로 받기 때문에 구조물로서의 안정성을 지속적으로 확인해야 하는데, 이를 위한 가속도계, 경사계, 변형률계 등도 설치되어 있다.

이어도해양과학기지는 2003년 한국해양연구원(현재의 한국해양과학기술원)이 건설을 완료한 이후 2006년 12월까지 운영을 담당했다. 그러다가 2007년 1월부터 관리 주체가 해양수산부 국립해양조사원으로 이관되었고, 전담 부서와 전용선박(해양누리호)를 통해 일년 365일 내내 관리하고 있다.

국립해양조사원은 바다에 대한 연구 조사와 항해 안전, 해양 개발을 위해 설립된 국가 종합 해양조사기관이다. 국립해양조사원의 모태는 1949년 11월 1일 설립된 해군본부 작전국 수로과이며, 1996년 8월 8일 해양수산부 국립해양조사원으로 이름이 바뀌며 해양관측 등 연구 조사 업무의 비중이 커지게 되었다.

국립해양조사원은 해양관측과, 수로측량과 등 4개과와 해양과학조사연구실, 동·남 서해 3개 지방사무소로 이뤄져 있으며 약 3000~4000톤급 해양조사선 7척을 운용하고 있다. 주요 업무는 해상교통 안전, 해양재해 예

▲ 이어도기상타워

▲이어도 등대

▲ 무궁화위성 수신 장치

▲태양광 발전소

▲ CCTV감시 카메라

▲담수화 시설

〈그림 6-7〉 해양과학기지의 주요 장비

방, 해양영토 수호, 해양과학기술 개발 등이고, 그 외에도 다양한 분야에서 업무를 추진하고 있다. 연구실과 연구선을 활용해 해도와 전자해도를 제작하고 국가해양기본도와 영해기점을 조사한다.

국립해양조사원에서 만든 해도나 전자해도는 군을 비롯해 해운업체, 수산업체에 제공되고 있으며 관측된 해양 정보는 연구소와 산업체의 연구개발에 쓰이고 있다. 또한 홈페이지를 통해 조석, 해류, 조류를 예보하고 바다 갈라짐 현상을 알려주고 있다. 해수욕장이나 항해 안전, 해양레저 정보 등도 제공하며 대국민 홍보를 병행하고 있다. 대외적으로는 국제수로기구에서 동해나 이어도 같은 우리 바다의 이름을 국제적으로 알리는 일을 하고 있다.

이어도 6-6. 이어도해양과학기지는 어떤 역할을 하는가?

이어도해양과학기지가 위치한 곳은 동중국해라고 불리는 바다이다. 동중국해는 한국, 중국, 일본, 대만, 4개국이 접해 있는 바다이다. 따라서 동중국해에서 최근 기후변화에 의한 수온상승이나 태풍에 의한 해일, 지진에 의한 쓰나미 등 다양한 해양 및 기상에 관련된 문제가 발생되면 우리나라 뿐만 아니라 동중국해 주변의 국가들에게 큰 재난이 발생될 수 있다.

특히 우리나라의 경우에는 주요 태풍이 한반도에 상륙하기 전에 지나는 해역으로서 태풍을 사전에 관측하고 예측하는데 있어서 매우 중요한 곳이다. 그럼에도 불구하고 지속적으로 관측이나 연구를 할 수 있는 해양관측소가 없었다. 이런 문제를 해결하고자 2003년 동중국해의 해양 및 기상에 종합적인 연구 수행이 가능한 이어도 종합해양과학기지를 설치한 것이다.

사실, 이어도에는 항행 안전 차원에서도 무언가 필요했다. 1900년 이어도가 소코트라암초로 불리게 된 배경도 그곳에 영국의 산선 소코트라호가 좌초된 것이 계기가 되었다. 역사를 거슬러 올라가면, 제주 어민들이 고기잡이나 무역거래를 위해 주변해역을 항해하다가 이어도 암초에 좌초되어 난파하는 경우가 적지 않았다. 이는 제주에서 오래 전부터 전래되어 오는 이어도 설화 속에 끊임 없이 등장했던 스토리이다.

이러한 역사적 배경 속의 이어도를 찾기 위해 제주 지역에서는 몇 차례의 이어도 탐사가 있었고, 마침내 전설 속의 섬, 그러나 현실에서는 수심 4.6m 아래의 암초를 발견했다. 우리 정부는 이어도로 인한 해양사고를 방지하고, 주변해역에 대한 해양 관측을 목적으로 부이를 설치하여 운영하기 시작했다. 그러나 부이만으로는 해양관측을 제대로 시행할 수 없어 종합해양과학기지를 건설하기로 하여 오늘에 이르고 있는 것이다.

이어도해양과학기지의 일차적 역할은 해양과학 연구를 위한 플랫폼 역할이라고 할 수 있다. 과학기지를 통해서 생산되는 이어도 바다에 대한 관측자료들은 실시간으로 인공위성을 통해 국립해양조사원으로 전송돼 해양예보, 기상예보, 어장예보, 지구환경문제, 해상교통안전, 해난재해방지 등의 연구에 활용되고 있다. 또 태풍, 악기상 등과 관련된 연구 실험도 수행되고 있다. 특히 태풍의 강도에 큰 영향을 미치는 수온변화와 바람의 세기, 파도, 기압 등의 데이터는 태풍예보의 정확도를 높여주고 재해를 예방하는데 유용하게 사용된다. 기후변화에 영향을 미치는 해류를 관측할 수 있는 중요한 길목에 위치해 있어 우리나라를 비롯한 북서태평양지역의 기후변화와 해양환경 특성을 파악하고 예보하는데 중요한 연구자료를 생산한다.

지금도 이어도해양과학기지에는 매초마다 풍향, 풍속, 기압 등 기상자료와 파고, 수온 등 해상상태를 관측하고 무궁화 위성을 이용해 정보를 제공하고 있다. 우리나라에 많은 피해를 주는 태풍 관측 외에 여름철 장마를 일으키는 장마전선의 이동, 대기 중 방사능 농도, 대기와 해양의 기후변화 원인물질인 이산화탄소 관측 등 정밀한 관측장비를 이용해 육지에서는 하기 힘든 다양한 조사를 하고 있다.

이어도해양과학기지는 또 다른 중요한 역할을 수행하고 있다. 이어도에 해양과학기지가 세워짐으로써 이어도 주변해역의 관할권에 대한 우리 주장의 정당성은 한층 고양될 수 있게 되었기 때문이다. 물론 이어도해양과학기지의 설치 자체만으로 주변해역의 관할권을 주장할 수 있는 해양법적 근거가 될 수는 없다.

그렇지만 과학기지가 설치됨으로써 추상적이고 관념적인 수준에서의 관할권 주장을 넘어, 과학기지라는 실체를 매개로 우리의 관할권 주장을 펼칠 수 있게 되었을 뿐만 아니라 그에 대한 국민적 관심을 유도하는 데도 중요한 상징적 실체로 기능할 수 있게 되었다.

국제적으로도 이어도해양과학기지의 역할은 적지 않다. 해양과학기지의 본래 목적, 즉 해양·기상·대기 환경 등에 대한 실시간 모니터링 수행 및 해양·기상예보·원격탐사 등의 지원, 그리고 기후변화의 영향과 해양생태계의 장기변동 연구 등을 위해 이어도해영과학기지가 다각도로 활용됨으로써 세계적 이슈의 연구에 적지 않게 기여하고 있다. 지구적 환경 문제 해결을 위한 실마리를 찾는 데 우리의 이어도해양과학기지가 중요한 자료와 정보를 산출해 냄으로써 그 존재 의의를 더하고 있는 것이다.

이어도 6-7. 이어도해양과학기지의 태풍, 기후변화 연구를 위한 역할은?

태풍은 열대 해상에서 발생하는 전선을 갖지 않는 대류권내 저기압성

순환을 열대저기압으로 총칭한다. 태풍은 북태평양 서부에서 발생하는 열대저기압 중에서 중심 부근의 최대풍속이 17㎧ 이상의 강한 폭풍우를 동반하고 있는 것을 말하는데, 폭풍우는 반드시 태풍에만 동반되는 것이 아니라 온대저기압에서도 발생하는 경우도 적지 않다.

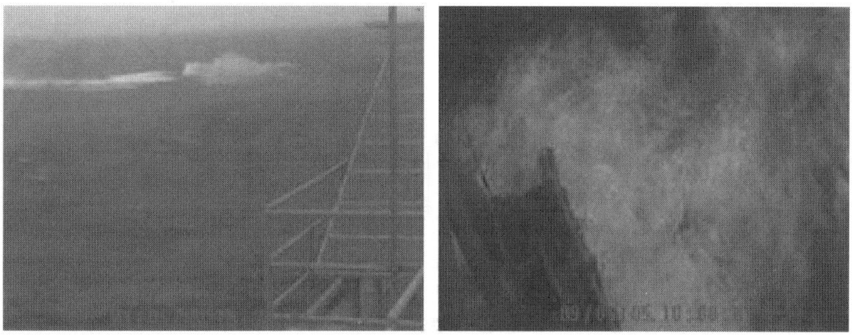

〈그림 6-8〉 이어도해양과학기지에서 촬영된 태풍 메기 내습시 해상 상황

태풍이 이어도를 지나는 경우 대부분 우리나라에 영향을 주고 있으며 통계 수치를 통해서 이를 확인할 수 있다. 1950년부터 2008년까지 59년간 미국 합동태풍경보센터(Joint Typhoon Warning Center, JTWC)의 태풍자료를 이용하여 한반도에 상륙한 태풍 중에 이어도해양과학기지를 통과한 태풍을 조사한 결과에 따르면, 이어도 과학기지 반경 150 km 이내를 통과한 태풍은 59년간 총 58개에 달한다. 그리고 한반도에 상륙한 태풍의 54%가 이어도해양과학기지를 근접하여 통과한 것으로 나타났다.

소방방재청에 따르면 우리나라에서 발생하는 자연재해 피해 중 태풍으로 인한 강풍, 호우, 파랑 피해는 전체 자연재해의 63% 이른다고 한다. 특히 2012년까지 태풍으로 인한 재산순위 10위 이내의 태풍(루사, 매미, 올가, 볼라벤, 셀마, 산바 등)들은 거의 대부분 이어도 해역을 통과했다. 예컨대, 태풍 루사와 매미로 인한 재산피해액은 각각 약 5.1조원, 4.2 조원에 이른다.

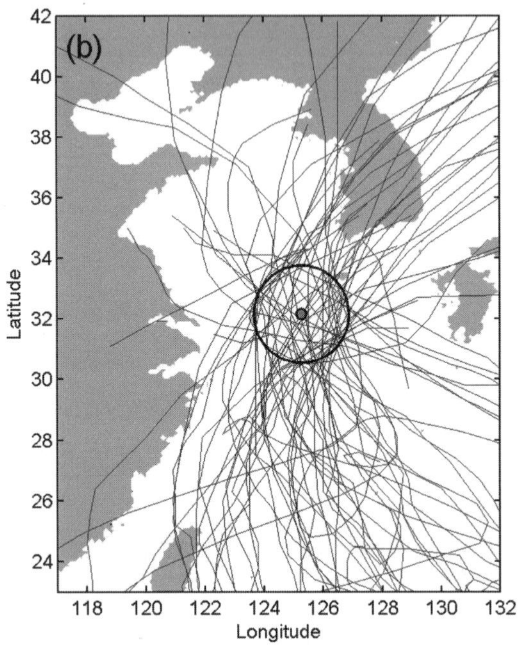

〈그림 6-9〉 이어도해양과학기지 주변 태풍의 진로

이어도해양과학기지 구축 직후 우리나라를 내습한 태풍 '매미'의 경우, 이어도 기지에서 우리나라에 상륙하기 약 8시간 전에 태풍 정보를 실시간으로 기상청 등으로 이어도 해역의 해양-기상 정보를 제공함으로써 태풍 대비에 적지 않게 기여했다.

태풍이 이어도해양과학기지를 지나가는 경우 해양의 표층과 저층에서는 급격한 수온변동이 일어난다. 연구 결과를 보면, 태풍이 지나가면서 저층의 해수와 표층의 해수가 급격히 혼합되어 표층의 수온이 갑자기 하강하는 것을 볼 수 있다.

수온의 하강은 최대 12℃까지 관측되었는데 이 정도의 급격한 수온변동은 세계적으로도 보고된 바 없었으며, 우리나라에 영향을 주는 태풍의

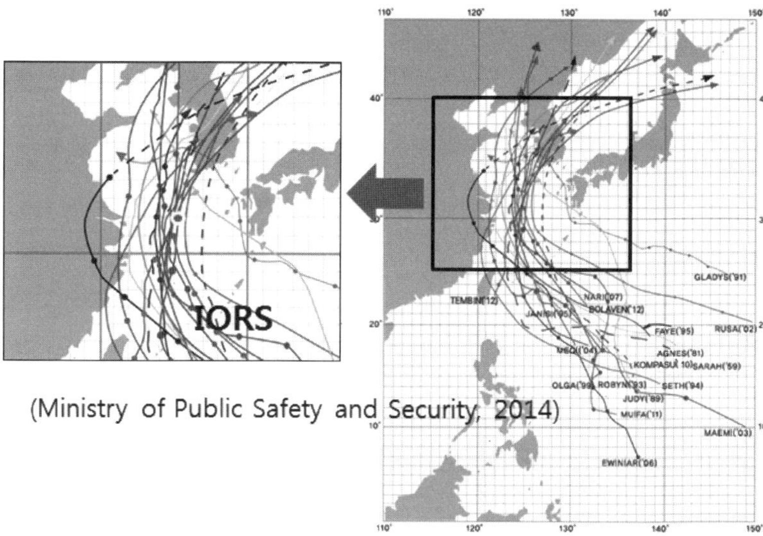

(Ministry of Public Safety and Security, 2014)

〈그림 6-10〉 한반도에 영향을 주는 주요 태풍의 경로

세기를 결정짓는데 결정적인 영향을 미친다. 뿐만 아니라 태풍이 접근하기 전에 바람의 세기와 방향 그리고 습도, 기압 등 기상관측자료와 해양의 파고 등 태풍의 진로와 강도에 영향을 주는 다양한 정보를 실시간으로 제공하여 태풍을 정확하게 예측하는데 크게 기여하고 있다. 그리고 태풍예측모델을 개선하고 보정하는데 필요한 핵심자료들을 만들어 제공하고 있다.

최근 지구온난화로 인한 태풍 강도와 피해 증가는 여러 연구결과로 밝혀지고 다. 그러나 아직 우리나라에 영향을 주는 태풍에 대해서는 명확히 연구되지 못하고 있다. 이어도해양과학기지에서 수행되고 있는 장기간의 관측과 이를 바탕으로 한 연구는 우리나라에 영향을 주는 태풍의 진로와 강도를 결정하는 요인을 더욱 명확히 밝히는데 기여할 것이다.

한편, 지구온난화로 대표되는 기후변화는 최소 10~30년 이상의 시간 규모를 가진다. 따라서 기후변화를 파악하기 위해서는 수 십 년 이상의 지

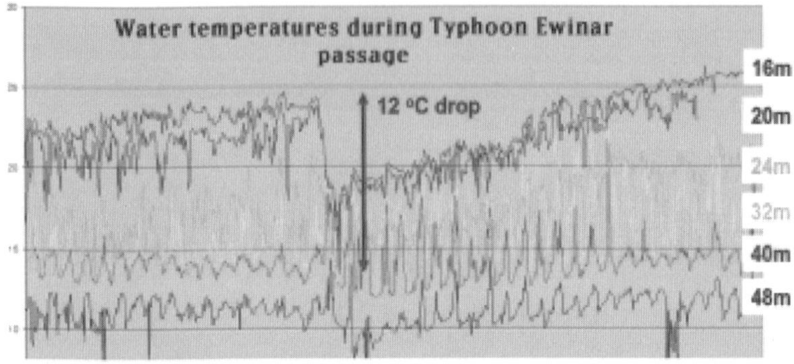

〈그림 6-11〉 태풍 에위니아 통과시 관측된 수온변화

속적이고 정밀한 관측이 필요하다.

이어도해양과학기지는 50년 이상 100년까지 장기관측 수행이 가능하기 때문에 기후변화 연구를 위한 기본적인 조건을 갖추고 있다. 뿐만 아니

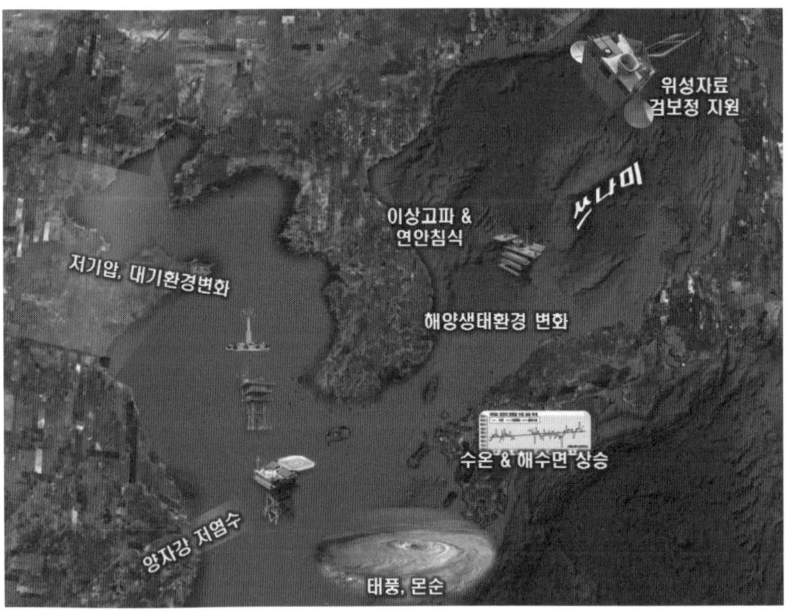

〈그림 6-12〉 기후변화와 이어도해양과학기지의 위치

라 이어도과학기지는 최근 전지구적인 해양환경 변화와 관련하여 중요성이 높은 쿠로시오해류의 영향을 받고 있으며, 주변에 육지가 없어 순수한 해양–기상 정보를 획득하여 기후변화 연구를 수행할 수 있다.

여기에 기후변화 주요인자인 수온, 기온, 해수면, 파랑, 해상풍, 온실기체 등을 관측하기 위한 첨단 관측 장비들을 탑재하고 관측 장비와 관측정보를 전문적으로 관리하고 분석하기 위한 전문 연구자들이 연구개발을 수행하고 있다.

이어도해양과학기지는 전지구적인 기후변화의 영향이 우리나라의 해양환경에 미치는 영향을 파악하고 국제적으로 그 성과를 공유하여, 각 해양영역에서 발생하는 기후변화를 이해하는데 기여하고 있다.

이어도 6-8. 이어도해양과학기지는 해양법적으로 인정되는 구조물인가?

해양공학기술의 발전에 따라 선박 이외에 '인공섬(artificial island), 해양시설(offshore installation), 해양구조물(offshore structure)' 등이 새로운 해양 이용수단으로 등장했다.

'인공섬 등'은 내수 및 영해에서 배타적 경제수역(이하에서 'EEZ'이라 함), 대륙붕, 공해 및 심해저에 이르기까지 광범위하게 분포되어 있다. 특히, 향후에는 지구온난화의 결과로 나타나는 해수면 상승으로 수몰되는 소도서 국가의 영향을 최소화하기 위하여 인공섬 등의 건설이 그 대안으로 주목을 받을 것으로 예상되고 있다. 최근에는 중국이 해양관할권분쟁이 촉발되고 있는 남중국해에 인공섬을 건설하고 이를 바탕으로 해양관할권 주장을 강화하려고 한다는 보도가 있어, 인공섬 건설의 법적 효과가 다시 한 번 국제적 관심사가 되고 있다.

국제법적으로 이어도는 섬이 아니라 수중 암초이다. 따라서 이어도는 해양법 상 섬으로서의 지위를 인정받지 못하는 것은 자명하다. 그런데 이어도가 비록 수중암초이기는 하지만, 그 위에 해양과학기지를 설치했기 때문에 섬에 준하는 해양법 상의 지위를 기대하는 경우도 있다. 다시 말하면, 수중 암초 위에 인공 구조물을 건설한 경우에는 영토로서의 지위를 인정받거나 해양 관할권 설정을 위한 근거로 삼을 수도 있다는 기대를 하는 경우가 있을 수 있다는 것이다.

실제로, 해저나 간출지(干出地, low tide elevation=썰물 때 드러나고 밀물 때 잠기는 땅) 위에 건설된 인공구조물을 섬으로 인정하여 해양수역을 가질 수 있도록 할 것인가 하는 문제는 오랫동안 논란의 대상이 되어 왔다. 하지만 인공구조물에 대해서는 해양수역을 인정하지 않는 것으로 이미 법제화되어 있다. 어떠한 지형이 국제법적으로 섬의 지위를 획득하기 위해서는, 유엔해양법협약 제121조 1항에서 언급하는 바와 같이, "자연적으로 형성된"(naturally formed) 것이어야 한다. 뿐만 아니라 해양과학기지는 기둥에 의해 해저에 고착되어 있을 뿐 진정한 의미에서 해저와 연결되어 있다고 보기도 힘들다.

이러한 의미에서 인공섬과 해상구조물은 구분되어야 한다. 인공섬은 바닥이 해저에 완전히 고착되어 있는 것이고 해상구조물은 기둥에 의하여 고착되어 있거나 해상에 떠있으면서 닻에 의해 고정되어 있는 것이다. 따라서 이어도해양과학기지는 해저에 완전히 고착되어 있는 것이 아니므로 해상구조물이라고 하는 것이 적절할 것이다. 이어도가 인공섬이 되기 위해서는 해저에 고착되고 해면 위로 돌출될 수 있도록 콘크리트를 이용하여 육지지역과 같은 영구적인 구조물을 건설하여야 한다.

현재의 유엔해양법협약 상으로 이어도는 주변을 매립하여 인공적으로 수면 위로 돌출시키면 '인공섬'이 될 수는 있을 것이다. 그러나 국제법적인 효력을 가지는 '섬'이 될 수는 없다. 결국 현재 우리 정부가 이어도에 종합해양과학기지를 건설하여 운용 중에 있지만, 이로써 우리의 영토가 새롭게 구축되거나 해양관할권이 확장될 수 있는 것은 아니다.

그런데 이어도해양과학기지가 국제법적 근거가 없는 구조물이 아니라는 점은 분명히 할 필요가 있다. 유엔해양법협약은 연안국에게 배타적 경제수역에서 생물·무생물 등 천연자원의 탐사, 개발, 보존 및 관리와 해수·해류·해풍을 이용한 에너지 생산과 경제적 개발과 탐사에 대한 주권적 권리를 인정하는 동시에, 인공 섬 설치 등에 대한 관할권을 부여했다. 그에 따라 이어도해양과학기지와 같은 인공 시설물에 대해 법률적 권리를 창출할 수 있는 독자적인 지위를 인정하고 있지는 않지만, 연안국의 시설물로서 보호받는 재산권의 객체가 되며, 정당한 재산권의 행사에 필요한 범위 내에서 연안국은 필요한 권리를 행사 할 수 있도록 규정하고 있다.

한편, 이어도해양과학기지 설치의 국내법적 근거는 「배타적경제수역법」 제3조(배타적 경제수역에 있어서의 권리)와 제5조(대한민국의 권리행사 등)이다. UNCLOS 상으로 대한민국은 배타적 경제수역에서 인공섬·시설 및 구조물의 설치와 사용에 관한 관할권을 가지고 있다(동법 제3조 제1호). 이러한 권리를 행사 또는 보호하기 위하여, 인공섬·시설 및 구조물에서의 법률 관계에 대해서도 대한민국의 법령이 적용된다(동법 제5조 제1항) 그리고 대한민국의 배타적 경제수역에서 대한민국의 법령을 위반한 혐의가 있다고 인정되는 자에 대해서 관계 당국은 UNCLOS 제111조의 규정에 의한 추적권의 행사, 정선·승선·검색·나포 및 사법 절차를 포함하여 필요한 조치를 취할 수 있다(동법 제5조 제3항). 이러한 권한은 대한민국과 관계국간에 별도의 합의가 없는 경우라도 대한민국과 관계국의 중간선까지 행사할 수 있다(동법 제5조 제2항).

이어도 6-9. 이어도해양과학기지의 안전을 보호하는 '안전수역'이란?

유엔해양법협약에 의하면, 우리나라는 이어도해양과학기지를 '안전수역(safety zone)'으로 선포할 수 있다. 이 규정에 따르면, 한국은 항행의 안전과 시설 및 구조물의 안전을 보장하기 위해 그 주위에 최대 500m의 안전수역을 설치·선포할 수 있고, 모든 선박은 이를 존중해야 한다. 유엔해양법협약은 이에 대해 다음과 같이 규정하고 있다.

제60조 배타적경제수역에서의 인공섬, 시설 및 구조물

4. 연안국은 필요한 경우 항행의 안전과 인공섬·시설 및 구조물의 안전을 보장하기 위하여 이러한 인공섬·시설 및 구조물의 주위에 적절한 조치를 취할 수 있는 합리적인 안전수역을 설치할 수 있다.
5. 연안국은 적용가능한 국제기준을 고려하여 안전수역의 폭을 결정한다. 이러한 수역은 인공섬·시설 또는 구조물의 성격 및 기능과 합리적으로 연관되도록 설정되고, 일반적으로 수락된 국제기준에 의하여 허용되거나 권한 있는 국제기구가 권고한 경우를 제외하고는 그 바깥쪽 끝의 각 점으로부터 측정하여 500미터를 넘을 수 없다. 안전수역의 범위는 적절히 공시한다.
6. 모든 선박은 이러한 안전수역을 존중하며 인공섬·시설·구조물 및 안전수역 주변에서 일반적으로 수락된 항행에 관한 국제기준을 준수한다.
7. 인공섬·시설·구조물 및 그 주위의 안전수역은 승인된 국제항행에 필수적인 항로대 이용을 방해할 수 있는 곳에 설치할 수 없다.

이어도해양과학기지는 국내법으로도 보호받을 수 있다. 운항중인 선박 및 해상구조물에 대한 위해행위를 방지함으로써 선박의 안전한 운항과 해상구조물의 안전을 보호함을 목적으로「선박 및 해상구조물에 대한 위해행위의 처벌 등에 관한 법률」이 제정되었는데, 동법은「항행안전에 대한 불법행위 억제협약(SUA협약)」 및 이에 대한 국내 이행법률이라는 점에서 국제법에 근거하고 있다.

이 뿐만 아니라 2009년에는 영해 밖에 설치된 해양시설 주위에 보호수역을 설정하여 일반선박의 접근을 차단할 수 있도록 하는「해사안전법」을 제정했다. 동법 제8조에서는 해수부장관으로 하여금 해양시설 부근 해역에서 선박의 안전항행과 해양시설의 보호를 위한 '보호수역'을 설정할 수 있게 했다. 또 보호수역에 입역(入域)하기 위해서는 해수부장관의 허가를 받도록 규정하고 있다.

이어도해양과학기지와 같은 해상구조물의 안전을 위험하게 할 목적으로 자행되는 온갖 행위들, 즉 폭행·협박·상해·살인, 선박납치, 선박 등 손괴, 선박운항관련 기기·시설의 손괴, 위험물건 설치·탑재, 허위정보전달, 선박납치등살인·치사와 상해·치상 등을 처벌하는 명백한 국제법적·국내법적 규정이 존재하고 있다.

이처럼 이어도해양과학기지의 안전을 보호할 수 있는 '안전수역' 또는 '보호수역' 선포가 가능함에도 아직까지 우리 정부는 이를 유보하고 있다. 아마도 이어도해양과학기지의 합법적 관리·유지를 위해 '안전수역' 또는 '보호수역' 선포가 필요하지만, 그로 인해 한·중간 외교적 마찰을 불러올지도 모른다는 우려 때문에 소극적인 것으로 보인다.

국제법상 배타적 경제수역 내에서는 항행의 자유가 인정되므로, 중국의 군함이나 해양감시선 등이 우리 측 배타적 경제수역 내에서 항행하는 것은 가능하다. 이 때문에 중국 해양감시선이 일방적으로 이어도 주변에서 해양과학조사를 벌이거나 해양과학기지 주변을 돌며 위협하는 행동을 할 가능성을 방지하기 위해서 우리나라가 이어도에 안전수역을 설정해야 할 필요성이 있다.

이어도를 둘러싸고 중국과의 관계에서 고려해야 할 변수들이 많겠지만, 이어도 문제의 본질에 입각한 근본적 대응 수단은 이어도해양과학기지에 '안전수역' 또는 '보호수역'을 선포함으로써 그 기지의 운영·관리에 관한 합법성을 확고하게 다져야 할 것이다.

이어도 6-10. 이어도해양과학기지를 볼 수 있는 방법은?

오늘날 이어도는 전설의 섬이나 환상의 섬이 아니다. 이어도해양과학기지가 건설되면서 현실 속에서 우리에게 성큼 다가와 있다. 국립해양조사원

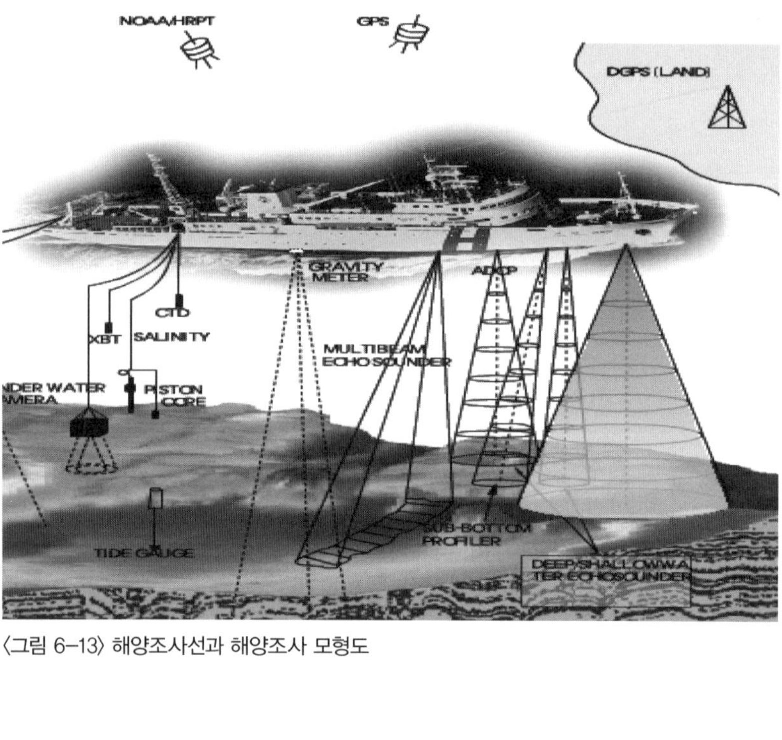

〈그림 6-13〉 해양조사선과 해양조사 모형도

이 이어도해양과학기지를 전담 관리하는 전용 해양조사선인 '해양누리호'를 2011년 11월 취항시키면서 이어도해양과학기지까지 가는 데 걸리는 시간은 훨씬 단축되었다.

'해양조사선(Research Vessel)'은 해양관측장비를 탑재하고 해양조사 업무(수심, 해저 지형, 해류, 바닷물의 온도, 해류의 방향과 속도, 암초, 해양생물 등)를 수행하는 선박을 가리킨다.

이어도해양과학기지는 부산에서 배를 타고 가면 23시간, 가까운 서귀포에서도 8시간 걸린다. 그러나 '해양누리호'는 최대 속도가 35노트(시속 65㎞)에 달해 기존 선박으로 10시간 이상 걸리던 제주도와 이어도기지 항로를 3시간에 주파할 수 있게 되었다. 길이 33m의 해양누리호는 안전운항을 위해 충돌방지용 레이더, 자동항법장치, 전자해도 시스템 등 항해장비 뿐 아니라 다중음향측심기, 수중 장애물 탐사기 등을 탑재해 긴급 해양탐사도 가능하다.

우리나라는 해양과학기지에 이어 전담 해양조사선을 보유함으로서 이어도해양과학기지의 체계적 관리가 가능해졌고, 자원의 보고인 이어도 주

〈그림 6-14〉 이어도해양과학기지 전용 해양조사선 '해양누리호'

〈그림 6-15〉 이어도해양과학기지의 실내뷰와 항공뷰

변 수역을 탐사하여 여러 가지 과학적·경제적 성과를 거두고 있다.

이어도해양과학기지는 일반인들에게 개방되어 있지 않다. 그러나 네이버(Naver)에서 항공뷰 및 거리뷰로 생생하게 볼 수 있게 했다. 이용자들은 현장을 방문하지 않고도 과학기지의 전경과 내부의 모습을 방문한 것처럼 생생하게 둘러볼 수 있게 됐다.

국립 해양조사원은 네이버와 함께 첨단 장비로 촬영한 기지의 전경과 내부 모습을 파노라마 영상으로 제공해 서비스 이용자가 실제 기지에 있는 것처럼 현장 모습을 둘러볼 수 있도록 하고 있다. 또한 무인 항공기를 활용해 이어도해양과학기지의 모습을 촬영함으로써 다양한 위치와 각도에서 수중의 이어도와 이어도해양과학기지를 관찰할 수 있게 했다.

7. 유엔해양법

이어도 7-1. 바다의 국제법인 유엔해양법은 어떻게 탄생했는가?

해양법은 바다에 관한 국제법으로 영해, 배타적 경제수역, 대륙붕 등과 같은 해양경계에 관한 법적 내용을 규정하고 있을 뿐만 아니라 국제 해양질서의 유지 및 해양 분쟁의 평화적 해결의 법률적 근거가 되고 있다. 해양법은 제3차 유엔해양법회의에서 만들어진 유엔해양법협약(United Nations Convention on the Law of the Sea: UNCLOS)을 통해 일반화되었다. 이 법은 국가간 협의를 거쳐 1982년 4월 30일 채택되고 1994년 11월 16일 발효되었다.

해양법의 역사는 항행의 자유와 자국 연안의 관할권을 강조하는 논쟁을 통해 발전해 왔다. 항행의 자유는 바다가 무역을 위한 필수적인 통로였기 때문에 국제무역의 발달과 더불어 강조되어 왔다. 네덜란드의 휴고 그로

티우스(Hugo Grotius)는 '자유해양'(Mare Liberum, 1609)을 주장하여 바다를 항행하는 것은 모든 사람의 자유임을 강조했다.

영국의 존 셀던(John Selden)은 '폐쇄해양'(Mare Clausum, 1635)을 주장하여 그로티우스의 주장을 공격했다. 셀던은 주로 성경과 역사적 관행 등을 근거로 하느님의 법이 바다의 사유(私有)를 허용한다는 것과 역사적으로 많은 나라들이 인접 바다를 소유하고 지배했다고 주장했다. 그러나 그 후 영국은 우월한 해군력을 기초로 막강한 해양국가로 부각됨에 따라 입장을 바꾸어 다시 해양의 자유를 주장하게 된다.

항행의 자유와 연안국 관할권을 둘러싼 논쟁은 제2차 세계 대전 직후인 1945년 트루먼 선언이 발표되면서 본격화되었다. "미국 연안 대륙붕의 모든 천연자원은 미국에 속한다"는 트루먼 선언 이후, 연안국들이 자국 영해 바깥의 인접 해양자원에 대한 배타적 권리를 일방적으로 선언하면서 '해양 자유의 원칙'을 제한하는 움직임을 불러일으켰다. 이에 따른 국제 규범의 필요성이 제기되었으며 유엔 차원에서 해양법을 제정하기 위한 방안이 구체적으로 논의되기에 이르렀다.

성문 해양법의 초석을 놓은 것은 1945년 설립된 국제연합 산하 국제법위원회였다. 국제법위원회는 1950년부터 해양법의 성문법화를 준비하였고 1956년 해양법 초안을 유엔총회에 제출했다. 이후 제1차 유엔해양법 회의는 1958년에, 제2차 유엔해양법회의는 1960년에 행해졌다. 제3차 유엔해양법 회의는 160개국이 참가한 가운데 1973년부터 1982년까지 진행되었고, 최장기 국제회의라는 기록을 남겼다. 유엔해양법협약은 1982년 4월 30일 채택되고 1994년 11월 16일 발효되면서 국제법으로 자리 잡기 시작했다.

해양법은 가장 기본적이면서도 상호 대립되는 국가주권(territorial sovereignty)의 원칙과 공해자유(freedom of high seas)의 원칙 간의 상호작용의 결과로서 시대의 요구에 따라 두 원칙 간의 계속적인 갈등과 타협의 산물로 형성되어 발전해왔다. 특히 해양법은 해양을 육지의 연장으로 간주하고, 해양에 대한 국가의 주권적·경제적 권리를 대폭 강화했으며, 내륙 국가들에게도 공해에 대한 권리를 인정하여 해양을 인류의 공동자산으로 인정했다.

유엔해양법협약의 발효로 국제사회에는 새로운 해양질서가 성립하게 되어 해양문제가 경제는 물론 외교·안보적 차원에까지 중대한 영향을 미치게 되었다. 이에 따라 각국은 해양이익의 극대화를 목표로 자국에게 유리한 해양관할수역을 확보하기 위해 정치적·외교적·법적으로 다양한 노력들을 경주하고 있다.

제3차 유엔해양법 회의를 통해 도출된 유엔해양법협약은 가장 포괄적인 해양 관련 성문법으로 '해양에 관한 헌법'이라고 불리고 있다. 유엔해양법협약의 외형상 특징은 우선 그 조문 구성의 방대함을 들 수 있을 것이다. 전문과 본문 17부 320개조, 9개 부속서, 6개 특별 부속서, 4개 특별 결의로 구성되며 영해, 배타적 경제 수역, 대륙붕, 공해, 심해저 등 해양의 모든 영역과 해양 환경, 해양 과학 조사, 해양 기술 이전, 분쟁 해결 제도 등을 주된 내용으로 하고 있다. 이러한 유엔해양법협약의 특징을 정리하면 다음과 같다.

첫째, 영해의 범위를 3해리에서 12해리로 확장했다. 유엔해양법협약은 오랫동안 대립했던 영해 문제에 대한 국제적 타협을 이끌어 냈다. 영해에 대해 기본적으로는 연안국의 주권을 인정하면서도, 자유로운 선박의 왕래를 보장하기 위해 수면 위로 통과하는 것만을 허용하는 무해통항권(right of innocent passage)보다 훨씬 강력한 국제해협 통과통항권(right of transit passage)을 신설하여 잠수함과 항공기도 영해를 통과할 수 있도록 했다.

둘째, 200해리(약 370km) 배타적 경제수역 제도를 확립했다. 이로써 연안국들은 이 수역 내에서 독점적으로 활동할 수 있도록 법률적으로 보장받게 되었다. 그에 따라 이전에는 공해였던 바다 면적의 36% 정도가 배타적 경제수역에 편입되었다.

셋째, 대륙붕 제도를 확립했다. 대륙붕협약은 천연자원 개발이 가능한 해저와 그 아래를 해안으로부터 거리에 관계없이 대륙붕으로 인정하고 있어서 과학기술의 진보에 따라 대륙붕이 무제한 확장될 상황이었다. 그러나 대륙붕협약을 통해 수심 200미터까지로 하던 대륙붕의 범위를 수평 200해리(최대 350해리)까지로 제한했다.

넷째, 국가 관할권 밖에 새로운 법 제도를 확립했다. 심해저와 그 자원을 '인류 공동 유산'으로 규정했으며, 국제해저기구(International Seabed Authority)를 설립하여 심해저 자원의 개발을 관리·규제하게 되었다. 그리고 마지막으로, 해양 분쟁의 평화적 해결을 위해 국제해양법재판소(International Tribunal for the Law of the Sea: ITLOS)를 설립할 것을 규정했다.

이어도 7-2. 유엔해양법에서는 해역을 어떻게 구분하는가?

해양영토란 한 국가의 영토 주권이 미치는 관할 해역을 의미한다. 해양영토는 12해리의 영해에 국한되지 않는다. 영해라는 범위를 넘어서 넓게는 배타적 경제수역과 대륙붕 수역에까지 이른다.

유엔해양법협약은 해양자원의 이용 및 채굴이 가능하도록 일정 면적에 대한 연안국의 관할권을 부여했다. 이 때문에 화석연료의 고갈 및 각종 해양자원의 경제적 효과가 커짐에 따라 배타적 경제수역과 대륙붕 등 해양경계획정 문제는 곧 국익과 직결된 문제로 간주되었다. 그리고 연안국이 배타적 경제수역과 대륙붕에 대한 관할권을 행사할 수 있는 수역을 육상 영토 개념과 등치시켜 '해양영토'로 지칭하고 있는 것이다.

오늘날에 와서는 이러한 틀에 박힌 법조문 상의 정의도 넘어서고 있다. 한 국가가 접하고 있는 관할 해역을 넘어서, 개별 국가가 독점적 탐사와 개발권을 확보한 심해저와 과학기지를 운영 중인 극지까지도 해양영토로 간주되고 있다.

유엔해양법협약은 내수, 영해, 접속수역, 배타적 경제수역, 대륙붕, 공해, 심해저 등으로 관할 영역을 구분하고 있다. 해양영토의 범위는 '기선'(baseline)이라고 하는 가상의 선으로부터 결정된다. 〈그림 7-1〉과 같이, 모든 국가는 '기선'에서 12해리 범위 내에서 '영해'의 폭을 결정할 수 있다. 기선으로부터 24해리까지 영해의 바깥쪽 바다는 '접속수역'에 해당한다.

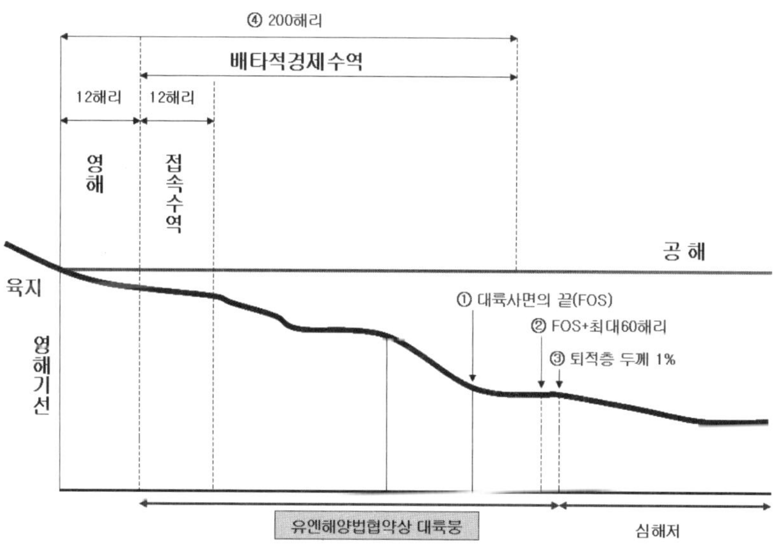

〈그림 7-1〉 해양영역 개념도

또한 기선에서 200해리까지 '배타적 경제수역'을 선포할 수 있다. 배타적 경제수역은 바다가 가진 다양한 잠재력으로 최근 그 중요성이 급격히 부각되고 있다. 대륙붕 수역은 육지 영토의 자연적 연장이 기선부터 200해리 미만인 경우 200해리, 200해리를 넘는 경우 최대 350해리까지 설정되는 수역이다.

〈표 7-1〉은 유엔해양법협약이 규정하고 있는 해양영역들의 관할권을 구분한 것이다.

〈표 7-1〉 유엔해양법협약의 해역 구분

구 분	관할권	조문
내 수 (internal waters)	영해기선의 육지측 수역으로, 영토와 마찬가지로 연안국의 주권이 미치는 영역	2조, 8조
영 해 (territorial sea)	영해기선으로부터 12해리를 넘지 않는 수역으로, 연안국의 주권이 미치는 영역 ※ 내수와 달리, 외국 선박의 무해통항권이 인정	2조, 3조
접속수역 (contiguous zone)	영해기선으로부터 24해리를 넘지 않는 수역으로, 연안국이 관세·재정·출입국·위생 목적으로 관할권을 행사할 수 있는 영역	33조
배타적 경제수역 (Exclusive Economic Zone)	영해 밖의 인접한 수역으로서 영해기선으로부터 200해리를 넘지 않는 수역으로, 연안국이 일정한 주권적 권리 및 관할권 보유 ※ 연안국의 권리: ①상부수역, 해저 및 하층토의 생물, 무생물 등 천연자원의 탐사·개발·보존·관리에 관한 주권적 권리, ②인공섬·시설·구조물의 설치 및 사용, 해양과학조사, 해양환경보호 등에 관한 관할권을 행사	55조~57조
대륙붕 (continental shelf)	①육지 영토의 자연적 연장으로서 대륙변계의 바깥 끝까지, 또는 ②영해기선으로부터 200해리까지의 해저지역의 해저와 하층토로서, 연안국이 대륙붕 탐사 및 천연자원 개발에 관한 주권적 권리 행사	76조~77조
공 해 (high seas)	특정 국가의 EEZ, 영해, 내수 등에 속하지 않는 바다의 모든 부분으로서, 모든 국가에 대해 개방되며, 자국기를 게양한 선박에 대해 해당 국가가 관할권을 행사하는 기국주의가 원칙적으로 적용	86조, 87조, 94조

심해저 (the area)	국가관할권 한계 밖의 해저·해상 및 그 하층토로서, 심해저와 그 자원은 인류의 공동유산으로써 어떠한 국가도 주권이나 주권적 권리 행사 불가	1조, 136조, 137조

이어도 7-3. 해양경계의 기준선인 '영해기선'이란?

해양 자원에 대한 가치와 중요성이 커짐에 따라 해양 경계 획정을 둘러싼 국가 간의 경쟁은 날이 갈수록 치열해지고 있다. 해양 경계는 어떤 기준에 따라 설정되는가에 따라 한 나라의 해양경계가 달라질 수 있는데, 그 기준이 영해기선(baseline of the territorial sea)이다.

기선은 모든 해양관할권의 출발선으로 대축적지도상에 연안의 저조선(低潮線, low—water line), 즉 가장 낮은 수위의 조류에 의해 형성되는 해안선을 따라 긋는 것이 보통이다. 유엔해양법협약 체제에서 기선은 단지 영해의 경계를 획정하는 데뿐만 아니라 접속수역이나 배타적 경제수역, 그리고 대륙붕에 이르기까지 여러 가지 중요한 해양 관할수역의 범위를 획정하는 핵심 기준이 된다. 따라서 기선의 설정으로 자국이 관할하는 해역이 정해지기 때문에 연안국들에게는 매우 민감하고 중요한 사안으로 인식되지 않을 수 없다.

그런데 해안선의 모습이 일정하지 않고 매우 다양하기 때문에 영해기선을 일률적으로 제정하기는 어렵다. 그래서 유엔해양법협약에서는 영해의 폭을 측정하기 위한 기선을 통상기선(normal baseline)과 직선기선(straight baseline)으로 구분하고 있다. 통상기선은 해안선이 단조로운 곳에 적용되며, 해안의 저조선으로 하고 있다. 그러나 해안선의 굴곡이 심하고 섬이 많은 경우에는 직선기선 적용이 어렵다. 이 경우에 직선기선이 적용되는데, 해안의 가장 외곽에 자리한 섬과 섬을 직선으로 연결한다.

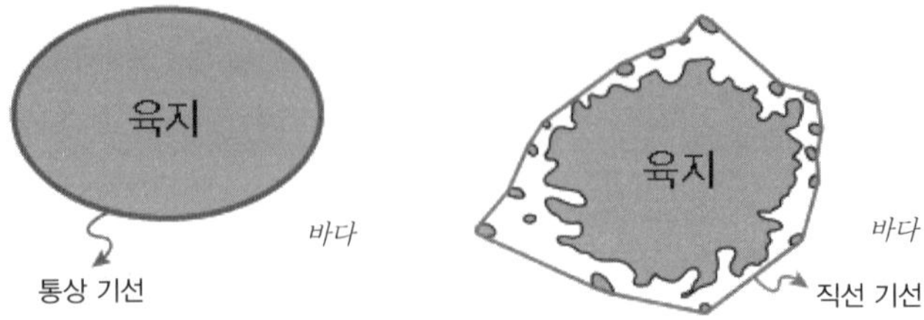

〈그림 7-2〉 통상기선과 직선기선

군도(群島), 즉 많은 섬들로 이루어진 섬나라, 즉 군도국가에서는 또 다른 기준을 적용할 수 있다. 군도국가는 군도의 가장 외측 섬과 간조 시 수면상에 있는 암석의 가장 외측 점을 연결한 직선의 기선을 그을 수 있는데, 이것을 군도기선(archipelagic baselines)이라고 한다.

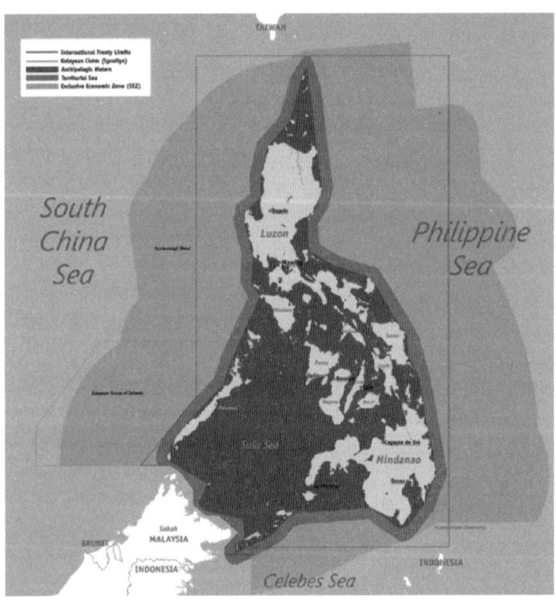

〈그림 7-3〉 군도기선에 의한 필리핀의 영해

해양경계획정을 둘러싼 갈등에서 문제가 되는 것은 직선기선의 적용에 관해서이다. 경계획정을 위한 기선 설정을 어떻게 하는가에 따라 해양영토의 크기가 달라질 수 있기 때문이다. 유엔해양법협약에서는 '통상기선'을 해양의 경계획정에서 기준선으로 삼고 있으며 '직선기선'의 적용을 엄격히 제한하고 있다. 그러나 일부 국가들에서 자국의 이익을 위하여 무리하게 '직선기선'을 사용하고 있다. 특히 한국의 인접국가인 중국과 일본은 모두 무리하게 직선기선을 사용하여 배타적 경제수역을 선포한 대표적인 국가로 분류할 수 있다.

이어도 7-4. 유엔해양법이 정의하는 '영해'와 '접속수역'이란?

영해는 육지와 동등한 주권이 미치는 바다의 공간이다. 영해는 바다에 접해 있는 연안국이 주권적 권리를 행사할 수 있는 배타적 관할 구역이다. 영해의 폭은 연안국의 주권이 미치는 범위이므로 연안국에게 매우 중요하다다.

시대적 변천에 따라 영행의 범위는 변해 왔다. 과거 18세기에는 착탄 거리설(cannon–shot rule)을 기초로 연안으로부터의 포탄 사정거리인 3해리를 영해의 폭으로 인정했었다. 그러나 기술 발전으로 대포의 사정거리가 늘어나면서 다른 의견들이 제시되기도 했다. 그렇지만 적어도 20세기 초반까지 영해 3해리 원칙은 국제 해양법 체제의 중요한 원칙이었다.

유엔해양법협약에서는 "모든 국가는 본 협약에 따라 결정된 기선으로부터 12해리를 초과하지 않는 한계까지 영해의 폭을 설정할 권리를 갖는다."라고 명시했다. 영해에 대하여 연안국은 다음과 같은 권리를 갖는다.

먼저, 법률 및 규칙 제정권으로, 연안국은 영해내 통항과 관련하여 항행의 안전, 해저전선(海底電線) 및 송유관의 보호, 생물자원의 보존, 해양과학조사 및 수로(水路)측량, 어선 보호 및 연안질서유지 등에 관한 법률과 규칙을 제정할 수 있는 권리가 있고 이에 대응하여 외국선박은 통항권을 행사함에 있어서 그러한 법률과 규칙을 준수해야 할 의무가 있다.

다음으로 항로 지정 및 통항분리제도 시행권으로, 연안국은 항행의 안전에 필요한 경우에 무해통항권을 행사하는 외국선박(특히 유조선, 핵추진선박, 핵 또는 위험 또는 유독물질 수송선박)에 대하여 지정된 항로(Sea Lane)나 통항분리제도(Traffic Separation Scheme)를 따르도록 요구할 권리가 있다. 항로대와 통항분리제도를 지정하여 시행함에 있어서 연안국은 권한 있는 국제기구의 권고를 참작해야 한다.

연안국은 영해에 대한 권리와 함께 다음과 같은 의무도 함께 지게된다. 먼저 방해금지의무로, 연안국은 외국선박의 영해 통항을 방해해서는 안 된다. 다음은 위험공시(公示)의무로, 연안국은 자국 영해 내에서 탐지한 항행상의 위험을 적절히 공시해야 할 의무가 있다. 마지막으로, 과징(過徵)금지의무로, 연안국은 영해를 단순히 통과만하는 외국선박에 대하여는 부과금 즉 이른바 통항세를 징수할 수 없다.

우리나라는 「영해 및 접속수역법」에 의해 기선으로부터 12해리까지의 해역을 영해로 설정하고 있다. 섬이 많은 서해와 남해에서는 가장 바깥 섬에서 12해리까지의 바다를 영해로 삼고 있다. 울릉도와 독도에서는 이들 섬의 해안으로부터 12해리, 대한해협에서는 일본과의 협소한 거리를 고려하여 가장 바깥 섬에서 3해리의 수역이 영해로 설정되어 있다.

한편, 접속수역은 영해와 달리 배타적으로 주권적 권리를 행사할 수 있는 해양 영역은 아니다. 그렇지만 영해 바깥쪽으로 이어지는 일정 범위, 즉 기선으로부터 최대 24해리까지의 수역으로, 연안국이 자국의 권익을 침해

받지 않기 위해 설정할 수 있는 공간이다.

접속수역은 영해에서 연안국의 주권 행사를 보완하기 위하여 관세, 재정, 출입국관리 및 위생법규 등과 같은 부분에 대해 연안국의 관할권을 행사할 수 있는 수역이다. 이러한 권리는 12해리 영해만으로는 빈번히 발생되는 특정 위반사항에 대하여 연안국이 효과적으로 대응하여 자국의 국익을 효과적으로 보호하기가 현실적으로 어렵기 때문에 영해 밖의 일정 수역에 대해서도 연안국의 권한행사가 이루어 질 수 있도록 설정된 기능적 수역이라고 볼 수 있다.

접속수역은 본래 18세기에 영국에서 시행되었던 「배회법(Hovering Act)」에서 기원한다. 이 법은 공해 자유 원칙의 예외로서 영국의 영해 외곽을 배회하면서 밀수를 행하던 외국 선박을 단속할 목적으로 제정된 것이었다. 영국은 이 법에 근거하여 관세를 효과적으로 부과하고자 영해에 인접한 일정한 범위의 수역에 한해 관세 통제권을 행사했다. 미국에서는 독립 초기였던 18세기 후반, 밀수와 노예무역을 억제하고자 영국에서와 비슷한 관할권을 행사했다. 19세기 유럽에서는 여러 국가들이 접속수역을 설정하게 되면서 점차 관습법으로 정착되었고, 20세기 초에는 이미 접속수역에 대한 법적 개념이 확립되었다.

그런데 배타적 경제수역이나 대륙붕과 같은 개념들이 등장함에 따라 전통적인 접속수역 설정의 필요성은 감소하고 있다. 해양영토를 결정하는 해양경계 문제에서 논란의 대상이 되는 것이 바로 배타적 경제수역과 대륙붕이기 때문이다.

이어도 7-5. 배타적 경제수역 관할권을 가진 국가의 권리는?

연안국들은 해양경계의 기준이 되는 '기선'으로부터 200해리까지 배타적 경제수역을 설정할 수 있다. 배타적 경제수역 내에서는 연안국이 생물 및 비생물 자원의 탐사나 경제개발 등에 관해 주권적 권리를 향유할 수 있다.

그 외에도 몇 가지 중요한 권리가 연안국들에게 부여되었다. 연안국들은 배타적 경제수역 범위 내에서 인공섬이나 해상 시설물의 설치와 이용, 해양오염의 방지 및 해양의 과학적 조사에 대한 관할권을 가질 수 있다. 또 배타적 경제수역 안에서는 전통적인 어업 자유가 부인되고 연안국이 전면적으로 어업활동을 관리하게 되었다.

그러나 공해와 같이 모든 국가가 항행의 자유, 상공비행의 자유, 해저전선 및 도관 부설의 자유, 그리고 이들 자유와 관련된 해양 사용의 자유도 향유할 수 있도록 했다. 이와 같이 몇 가지 제한을 제외하면 배타적 경제수역은 사실상의 연안국 영토로 볼 수 있기 때문에 각국에서는 배타적 경제수역을 주권적 차원에서 관할하고 있는 것이다.

1958년에 제네바에서 개최된 제1차 유엔해양법 회의에서는 「영해 및 접속 수역에 관한 협약」, 「공해에 관한 협약」, 「어업 및 공해의 생물 자원 보존에 관한 협약」, 「대륙붕에 관한 협약」 등 4개 조약이 채택되었다. 그러나 국가 간 이해가 첨예했기 때문에 영해와 어업 수역에 대해서는 합의점을 찾지 못했었다.

해양에 대한 연안국의 권리가 점차 확대되는 상황에서 「대륙붕에 관한 협약」이 체결되었음에도, 대륙붕에 대한 법적 정의가 모호했기 때문에 세계의 모든 해저가 연안국들에 의해 분할될 수도 있는 상황에 봉착하게 되었다. 또한 과학기술의 발달로 3해리만으로는 더 이상 연안국의 권리를 지키기 어렵게 되자 영해를 12해리 또는 그 이상으로 확대하려는 움직임도 나타나기 시작했다. 이런 상황에서 배타적 경제수역에 관한 본격적인 국제적 논의도 함께 나타나기 시작한 것이다.

배타적 경제수역에 관한 논의는 연안국의 자원 확보라는 경제적인 요구와 개발도상국의 이익 보호라는 정치적인 요구, 그리고 자원 보존과 관리, 환경보호 등 국제사회가 추구하는 새로운 과제를 연안국에 위임한다는 명분까지 결합되면서 전개되었다. 1970년대에 이르러 세계 각국은 서로 배타적 경제수역을 선포했고, 그 결과 전체 바다 면적의 1/3 이상이 배타적 경제수역에 포함되면서 세계의 주요 어장 대부분이 연안국의 배타적 경제수역에 편입되었다.

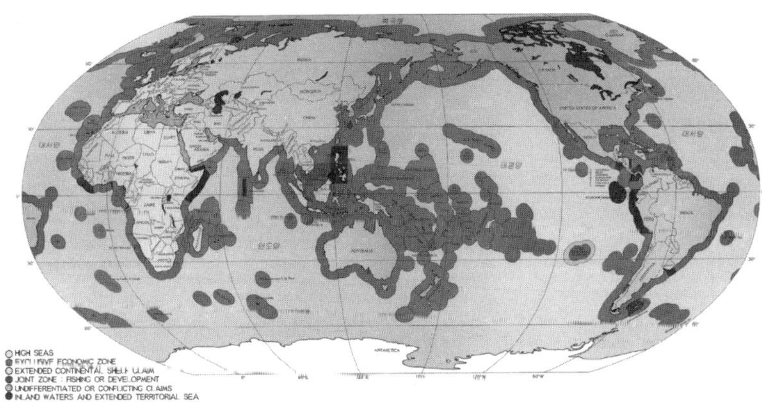

〈그림 7-4〉 전 세계 EEZ의 범위

그런데 바다를 사이에 두고 서로 마주보는 대향국(對向國, opposite states) 상호간 거리가 400해리 미만인 경우, 배타적 경제수역과 대륙붕의 경계획정 방법에 관한 분쟁이 발생할 수밖에 없다. 해양경계획정에 관한 몇 가지 원칙이 있음에도 그것이 보편적이고도 명확한 기준이 되지 못하고 있기 때문이다. 「유엔해양법협약」 제74조는 해양경계획정에 관한 분쟁이 발생할 경우 '형평한 해결'을 위해서 국제사법재판소(ICJ) 규정 제38조에 언급한 국제법을 기초로 '합의'에 의해 획정해야 한다고 원론적인 규정만 두고 있다.

한·중·일이 접하고 있는 황해와 동중국해가 대표적인 사례라고 할 수 있다. 한·중·일 3국에 인접한 해역은 상대적으로 협소하여 배타적 경제수역을 설정하기가 쉽지 않은 것이 사실이다. 또 3국 모두가 서로 자국의 주권적 이익을 확대하려고 하기 때문에 분쟁의 소지는 상존(常存)할 수밖에 없다. 이에 따라 한·중·일 3국은 별도의 해양경계획정을 위한 협정을 통해 상호 간에 분쟁을 해소하는 방법을 탐색하고 있다.

이어도 7-6. 해양자원의 보고라고 불리는 '대륙붕'이란?

대륙붕은 본래 해안에서 수심이 비교적 얕고 경사가 완만한 해저 지형으로, 육지가 자연적으로 연장된 해저 지형을 뜻한다. 지질학상으로는 수심 약 200m까지 완만한 경사를 이루는 지역을 대륙붕이라고 한다. 이어 경사가 급해지는 지대는 '대륙사면'(continental slope)이고, 다시 완만한 경사가 나오는 곳을 '대륙융기'라고 부른다. 이들 3가지를 더해서 '대륙변계'(大陸邊界, Continental Margine)라고 지칭한다.

1945년 미국의 트루먼 대통령이 '대륙붕 선언'을 한 것이 사실상 국제사회에서 처음으로 대륙붕에 대한 권리를 주장한 사례이다. 당시 연안국들이 대륙붕에 존재하는 풍부한 생물 및 비생물 자원에 대한 권한을 주장함으로써 대륙붕이 국제법적 문제로 부각되기 시작한 것이다.

해저에 관한 새로운 관할권의 개념은 이후 1958년 「대륙붕에 관한 협약」을 채택하여 최초로 성문화되었다. 이 협약은 영해 외의 해저에서 수심 200m까지의 해저 또는 그 이상의 심해라 하더라도 천연자원에 대한 개발이 가능한 해저를 대륙붕으로 정의했다.

한편, 유엔해양법협약 제76조 1항은 대륙붕을 "영해 밖으로 영토의 자연적 연장에 따라 대륙변계의 바깥 끝 까지"로 규정하고 있다. 또 "대륙변계의 바깥 끝이 200해리에 미치지 않는 경우에는 영해기선으로부터 200해리까지의 해저지역의 해저와 하층토"가 대륙붕이 된다고 규정하고 있다. 여기서 '대륙변계의 바깥 끝'이란 '대륙사면의 끝(foot of the continental slope: FOS)으로부터 퇴적암 두께가 1%인 고정점' 또는 '대륙사면의 끝으로부터 60해리를 넘지 않는 고정점'을 연결한 선을 뜻한다.

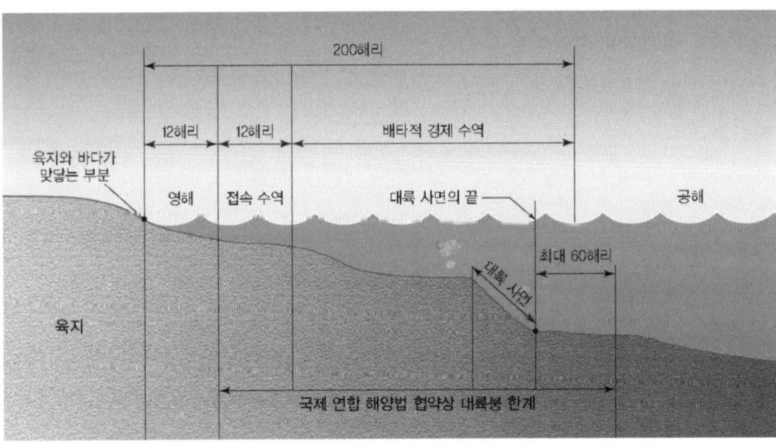

〈그림 7-5〉 대륙붕 개념도

연안국들은 유엔해양법협약 제76조와 2 부속서에 근거해, '영토의 자연연장'에 따라 200해리~350해리까지 대륙붕을 연장할 수 있는 권리를 부여받게 된 것이다. 그리고 77조에서는 연안국으로 하여금 대륙붕 탐사 및 해저와 하층토의 광물, 무생물자원, 정착성 생물자원 등 천연자원 개발에 주권적 권리를 향유할 수 있게 했다.

그런데 대륙붕의 경계를 정하는 일은 쉽지 않은 문제이다. 유엔해양법협약 상 '해양 관할권으로서의 대륙붕'과 '지질학적 대륙붕'은 그 정의가 다르다. 지질학에서 대륙붕은 해안에서 수심 200m 깊이의 지점까지 이르는 해저 지형을 뜻하지만, 해양법에서는 해안에서 단절 없이 완만한 경사를 이루며 확장된 해저 지형을 의미한다. 여기서 또 다시 문제에 봉착하는데 해양관할권의 범위로 인정될 수 있는 '대륙변계'의 한계를 어떻게 정할 것인가 이다.

이처럼 대륙붕의 한계를 정하는 과정에서 발생하는 문제를 다루기 위해 만들어진 것이 국제심해저기구(ISA)의 한 기관으로 설립된 대륙붕한계위원회(Commission on the Limits of the Continental Shelf: CLCS)이다. 이 위원회는 연안국이 200해리 이원의 대륙붕 외측한계에 관해 제출한 자료를 검토, 권고하고 이를 기초로 연안국은 대륙붕의 한계를 정할 수 있다.

대륙붕은 배타적 경제수역과 일정한 차이를 보인다. 배타적 경제수역은 거리(200해리)로 정의한 데 비해, 대륙붕은 자연연장(natural prolongation) 또는 거리(200해리)로 정의함으로써 200해리 이원으로 확장될 수 있는 여지가 존재한다는 데서 차이를 보인다. 또한 배타적 경제수역은 해저와 하층토 외에 상부수역의 생물·무생물자원 개발에 대한 연안국의 주권적 권리를 인정하는 데 비해, 대륙붕은 해저와 하층토의 무생물 자원(단, 정착성 생물자원은 포함) 개발에 대한 연안국의 주권적 권리를 인정한다는 데서도 차이가 있다.

이어도 7-7. 바다의 경계선인 해양경계는 어떻게 획정하는가?

영해의 경계획정(boundary delimitation)에 관해 유엔해양법협약은 다음과 같이 규정하고 있다.

> **제15조 대향국간 또는 인접국간의 영해의 경계획정**
> 두 국가의 해안이 서로 마주보고 있거나 인접하고 있는 경우, 양국간 달리 합의하지 않는 한 양국의 각각의 영해 기선상의 가장 가까운 점으로부터 같은 거리에 있는 모든 점을 연결한 중간선 밖으로 영해를 확장할 수 없다. 다만, 위의 규정은 역사적 권원이나 그 밖의 특별한 사정에 의하여 이와 다른 방법으로 양국의 영해의 경계를 획정할 필요가 있는 경우에는 적용하지 아니한다.

대륙붕과 배타적 경제수역 경계획정의 원칙은 시대에 따라 변해 왔다. 1958년 「대륙붕에 관한 협약」은 대륙붕 경계획정의 원칙으로 등거리선 원칙을 규정했지만, 그 후의 국제 판례는 그보다는 형평의 원칙을 강조하는 방향으로 변화되었다. 그러한 과정에서 자연연장론이 등장하기도 했다.

대륙붕과 배타적 경제수역의 경계획정 문제는 제3차 유엔해양법회의에서 진행된 협의 중 가장 어려운 과제였다. 이 회의에서 해양경계획정 문제에 관해 크게 두 가지 견해가 대립되어 있었다. 해저의 지리형상학, 지질학, 생물자원을 포함한 각종자원 등을 고려한 형평의 원칙(equitable principles)과 「대륙붕에 관한 협약」 제6조에 따라 등거리선 원칙(equidistance principles)으로 경계를 획정하여야 한다는 주장이 팽팽하게 맞섰던 것이다.

제3차 유엔해양법회의의 협의 과정 중 이 두 견해를 지지하는 양 그룹은 계속적으로 대립했다. 그러다가 회담 막바지에 나온 대 타협안이 나왔다. 어느 한 쪽에만 유리한 방향으로 가서는 타결이 요원했기 때문에, 결국 애매모호하지만 절충안이 제시된 것이고, 이것이 채택되었다. 이 절충안 내용의 특징은 경계획정의 기본원칙으로 중간선 원칙이나 형평의 원칙 어느 쪽도 우선적인 지위를 인정하지 않고, 대신에 국제법에 따라 '합의'에 의해 결정하도록 한 것이다.

그런데 해양경계획정의 기본 원칙을 제시함에 있어서 국제법에 따라 정한다고 규정하는 것은 아무런 규정도 하지 않은 것과 다르지 않을 것이다. 그래서 좀 더 구체적이고 규범적인 기준을 찾게 되었다. 그리하여 1981년 해양법협약 공식 초안에 채택된 것은 '국제사법재판소 규정 제38조에서 규정된 국제법'이라는 삽입구이다. 그리고 이들 절충안은 결국 유엔해양법협약에 채택되어 제74조에 다음과 같이 규정되었다.

제74조 대향국간 또는 인접국간의 배타적 경제수역의 경계획정

1. 서로 마주보고 있거나 인접한 연안을 가진 국가 간의 배타적 경제수역 경계획정은 공평한 해결에 이르기 위하여, 국제사법재판소규정 제38조에 언급된 국제법을 기초로 하는 합의에 의하여 이루어진다.
2. 상당한 기간 내에 합의에 이르지 못할 경우 관련국은 제15부에 규정된 절차에 회부한다.
3. 제1항에 규정된 합의에 이르는 동안, 관련국은 이해와 상호협력의 정신으로 실질적인 잠정약정을 체결할 수 있도록 모든 노력을 다하며, 과도적인 기간 동안 최종 합의에 이르는 것을 위태롭게 하거나 방해하지 아니한다. 이러한 약정은 최종적인 경계획정에 영향을 미치지 아니한다.
4. 관련국간에 발효 중인 협정이 있는 경우, 배타적 경제수역의 경계획정에 관련된 사항은 그 협정의 규정에 따라 결정된다.

또한 대륙붕의 경계획정을 규정한 유엔해양법협약 제83조도 일부 자구만 다를 뿐 배타적 경제수역 경계획정과 동일하게 규정했다. 그런데 규정이 동일하다고 해서 실제 획정 과정에서도 동일한 원칙이 적용되는 것은 아니다. 배타적 경제수역은 거리, 즉 200해리로 정의한 데 비해, 대륙붕은 자연연장 거리뿐만 아니라 자연연장을 추가하여 정의했기 때문에 200해리 이원으로 확장될 수 있는 여지가 존재하기 때문이다.

이어도 7-8. 해양영토를 둘러싼 분쟁에는 어떤 것들이 있는가?

영토분쟁은 국제분쟁을 야기하는 다른 사안들에 비해 양보나 타협보다 무력시위나 충돌 같은 군사적 대응으로 발전할 가능성이 높으며, 분쟁 해결 이후에도 재발 가능성이 높은 경향이 있다고 알려져 있다. 1994년 유엔해양법협약의 발효 이후 영토분쟁은 해양에서 훨씬 더 첨예한 양상으로 나타나고 있다.

일반적으로 해양영토분쟁은 영역 분쟁, 영역 내 권한에 관한 분쟁, 각국의 관할권 범위 외측 해역의 권한에 관한 분쟁, 그리고 비 해양적 요인으로 인해 발생하는 분쟁 등으로 구분할 수 있다. 이 중에서도 가장 빈번하고 심각한 분쟁이 영역 분쟁이라고 할 수 있다.

영역 분쟁으로서의 해양영토분쟁에는 도서 영유권 분쟁과 대륙붕과 EEZ 등의 해양경계와 관련된 관할권 분쟁으로 구분할 수 있다. 해양에서 영유권과 관할권에 관한 분쟁은 국가이익 차원에서 그 손익이 가장 분명하고, 따라서 갈등과 분쟁이 명백하게 드러나면서 관련 당사국들에 가장 직접적인 위협으로 작용하는 대표적인 해양분쟁 유형이라고 할 수 있다.

우선, 도서영유권을 둘러싼 분쟁은 섬이라는 구체적 실체를 대상으로 벌어지는 분쟁이다. 해양에서 섬이라는 것은 단순한 섬이 아니라 그 섬을 중심으로 한 12해리 영해와 200해리의 배타적 경제수역, 그리고 나아가 대륙붕에 대한 권원까지 포함된다. 유엔해양법협약 체제의 등장으로 섬의 가치를 새롭게 인식하여 각국은 해양영토를 경제적, 전략적 그리고 안보적 측면에서 양보할 수 없는 국가이익의 대상으로 인식하고 있다.

해양경계획정 문제도 해양을 둘러싼 국가 간 갈등의 원인이 되고 있다. 해양경계 획정을 둘러싼 문제는 인접국이나 마주 보고 있는 국가 사이에서 빚어진다. 영해의 한계(제15조)와 배타적 경제수역(제74조), 대륙붕의 경계 획정 원칙(제83조)을 규정한 유엔해양법협약이 이에 대해 명문의 규정을 두고 있다. 문제는 이 같은 규정에도 불구하고, 나라마다 워낙 이해 다툼이 심한 탓에 적지 않은 해양경계 분쟁이 현재화되고 있는 것이다.

동아시아 해역에서 해양영토분쟁은 도서영유권과 해양경계획정 분야 모두에서 심각한 수준에 이르고 있다. 동아시아 해역에 산재한 많은 섬과 암초들은 오랜 역사를 거치면서 지배권이 서로 바뀐 경우가 허다하며 해양영토에 대한 지배권의 변화는 분쟁의 잠재적 불씨에 해당된다고 할 수 있다. 더구나 유엔해양법협약의 발효와 함께 이러한 섬들이 갖는 특수한 지위와 에너지 자원의 매장 가능성 때문에 각국은 자국의 해양영토를 한 치라도 더 확보하고, 더 확장시키려는 노력을 경주하고 있으며 이로 인해 인접국 가간 갈등과 대립을 겪고 있는 것이다.

현재 동북아에는 3개의 도서 영유권 분쟁이 있다. 한·일간 독도를 둘러싼 분쟁, 중·일간 조어도 분쟁, 그리고 러·일간 남부 쿠릴 분쟁이 그것이다. 이들 분쟁은 반 세기 이상의 오래된 분쟁임에도 불구하고, 최근 들어 점차 격화되고 있다.

동 아시아 지역의 동중국해와 남중국해는 해양경계획정을 둘러싼 분쟁이 오랫동안 지속되어 온 해역이다. 필리핀, 중국 등 6개국이 도서영유권 분쟁을 벌이고 있는 남중국해에서는 2009년 3월 10일 필리핀 아로요 대통령이 자국 영해기선법에 서명함으로써 중국, 베트남과의 갈등이 불거졌다. 대륙붕 한계연장을 위한 영해기선을 획정하면서 중국, 베트남 등과 영유권 분쟁중인 남사군도 8개 도서를 포함하고 있어 문제가 된 것이다.

한국을 중심으로 남·서해 지역은 한·중·일 간의 해양경계획정 이슈, 특히 배타적 경제수역 획정 문제 등 적지 않은 현안이 잠재되어 있는 지역이다. 특히 한·중간 이어도 주변해역의 해양경계획 역시 중요한 해양영토분쟁 이슈가 되고 있다.

이어도 7-9. 해양영토분쟁을 해결하는 방식에는 어떤 것들이 있는가?

해양분쟁을 해결하는 방식은 크게 강제적 해결과 평화적 해결로 대별되고, 평화적 방식은 다시 외교적 방식과 사법적 방식으로 구분할 수 있다. 국가 간의 분쟁 해결은 어떠한 경우라도 평화적인 방법으로 해결되어야 한다.

국제 사회에서 '국제분쟁의 평화적 해결 원칙'은 국제법상의 기본 원칙으로 확립되어 있다. 이 원칙은 1907년 '국제 분쟁의 평화적 처리 협약'을 통해 최초로 구체화되었고, 1899년의 제1차 헤이그 평화 회의에서 최초로 체결되어 1907년 제2차 헤이그 평화회의에서 개정되었다. 유엔해양법협약에 규정된 분쟁 해결의 기본 원칙도 분쟁의 평화적 해결 의무이다. 즉 협약의 해석이나 적용에 관한 협약 당사국 간의 모든 분쟁은 평화적 수단에 의해 해결해야 한다는 것이다.

그러나 항상 평화적으로 국제분쟁이 해결되는 것이 아님은 주지의 사실일 것이다. 국제사회의 보편적 원칙으로서 평화적 해결 방식이 강조되고 있음에도 종종 등장하는 방식이 무력 동원을 통한 방식이다. 분쟁지역에 대한 국가의 심리적·전략적·경제적 가치가 높게 평가되는 경우, 그리고 평화적 해결 수단으로는 자국에 유리한 결과를 기대하기 힘들다고 판단하는 경우에 무력을 동원한 문제 해결 방식이 이용되는 경우가 많다.

평화적 방식의 하나로서, 외교적 방식은 정치적으로 교섭, 타협, 절충 등을 통해 영토 문제를 해결하는 방식이다. 유엔헌장 제33조 1항에는 국제적인 분쟁해결의 수단들에 대해 구체적으로 명시하고 있다. 즉 ① 분쟁 당사자들의 직접적인 외교적 접촉의 방법으로 정상외교나 외교 채널 등을 통해 이루어지는 '교섭', ② 제3자, 특히 국제사실심사위원회가 분쟁 원인에 대한 사실을 명확히 하여 해결을 용이하게 하는 방법인 '심사', ③ 제3자가 분쟁당사자간의 교섭에 개입하고 심지어는 해결책을 제시하는 방법인 '주선 및 중개', ④ 심사와 중개의 결합 형태로서 제3자가 분쟁을 심사하여 해결 조건을 제시 하는 '조정' 등이 있다.

그리고 또 다른 평화적 방식의 하나인 사법적 방식은 외교적 방식을 통한 문제 해결이 실패할 경우에 해당 사안을 국제사법재판소, 해양법재판소, 중재법원 등과 같은 국제적인 재판기관에 사법적 판단과 결정을 맡기는 방식이다. 이 경우 실효적 점유와 이해 관계국의 태도가 사법적 판단의 주요 기준이 된다고 할 수 있다. 그러나 사법적 방식은 그 편의성에도 불구하고 일방의 당사자에게만 전적인 권리를 귀속시키는 제로섬(zero—sum)의 결과를 낳을 수 있다. 이러한 우려 때문에 많은 국가들이 사법적 방식을 회피하는 경향이 있는 것도 사실이다.

이러한 세 가지 방식의 영토분쟁 해결방식들은 분쟁 당사자의 경우 어느 것 하나 빼 놓을 수 없는 고려 대상이라고 할 것이다. 외교적 방식에 의해 해결이 가장 바람직하지만, 이를 위한 교섭, 타협, 절충 등의 방식이 교착

상태에 빠지고 사법적 방식으로의 전환이 불가피할 경우를 상정하지 않을 수 없을 것이다.

또한 사법적 방식의 경우도 분쟁 당사자 모두의 동의 하에 이루어지지 않고 한 당사자가 다른 당사자에 대해 힘으로 문제를 해결하려할 가능성도 배제할 수 없다. 즉 강제적 방식이 최종적인 영토분쟁의 해결방식으로 이용될 수도 있는 것이다. 따라서 영토분쟁 해결방식의 다양성을 고려할 때, 외교적 방식에 의한 분쟁해결을 중심으로 사법적 방식에 대한 대비는 물론 강제적 방식에 대한 대비까지도 있어야 할 것이다.

이어도 7-10. 해양분쟁을 다루는 국제사법기관에는 어떤 것들이 있는가?

국가 간 해양경계획정 문제로 충돌할 경우 선택할 수 있는 해결 방안은 다양하다. 그렇지만 당사국 간의 외교 채널도 제3자에 의한 중재나 조정도 통하지 않을 때는 종종 구속력 있는 결정을 내리는 강제 절차를 선택하는 경우가 있다. 유엔해양법협약의 당사국들은 분쟁 해결을 위해 국제해양법재판소, 국제사법재판소, 중재재판소, 특별중재재판소 등과 같은 국제적인 사법기관들 중에서 선택하여 분쟁 이슈를 제소할 수 있다.

여기서는 가장 대표적인 국제사법기관인 국제사법재판소와 국제해양법재판소를 살펴본다. 먼저 국제사법재판소(International Court of Justice: ICJ)는 유엔 산하에 있는 핵심적인 국제사법기관으로, 국가 간의 분쟁과 함께 해양과 관련된 분쟁들도 다루고 있다. ICJ는 유엔헌장에 입각하여 창설된 국제사법기관으로, 1945년 네덜란드 헤이그에 있으며, 유엔 총회와 안전보장이사회가 공동으로 선출하는 15인의 판사로 구성된다.

유엔헌장 제93조에 따라 모든 유엔 회원국들은 ICJ 규정의 당사국이며, 유엔 회원국이 아닌 국가는 안전보장이사회의 권고에 의해 유엔 총회가 각 경우에 결정하는 조건으로 ICJ 규정의 당사국이 될 수 있다. ICJ는 당사국 간의 합의 하에 모든 국제분쟁을 다룰 수 있으며, 강제적 관할권은 가지고 있지 않다. 따라서 어느 일방 당사자의 청구만으로는 해당 분쟁 사안을 재판할 수 없다.

ICJ의 판결은 해당 사건에 대해서만 구속력을 가지며, 재판은 단심제이며 상소할 수 없다. 판결의 집행 방법은 재판에서 이긴 국가에 의해 직접 집행되거나 유엔 안전보장이사회에 의해 집행된다. ICJ의 해양분쟁에 관한 대표적인 판결로 1948년 코르푸 해협사건, 1951년 영국과 노르웨이의 어업분쟁 사건, 1969년 북해 대륙붕 사건, 1995년 에스타이호 나포 사건 등이 있다.

한편, 국제해양법재판소(International Tribunal for the Law of the Sea: ITLOS)는 1982년 유엔해양법협약에 의해 1995년 8월 창설된 국제사법기관이다. 유엔해양법협약의 해석 및 운영에 관한 회원국 간의 분쟁을 해결하기 위한 사법기관으로 독일의 함부르크에 위치하고 있다.

ITLOS는 배타적 경제 수역 또는 대륙붕 경계에 관한 국제분쟁 등 유엔해양법협약에 근거하여 회부된 해양분쟁 사건들을 관할한다. 재판관의 임기는 9년이며 재선이 가능하고, 총 21인으로 구성된다. 재판관은 2인 이상의 동일 국적자가 동시에 선출될 수 없을 뿐만 아니라 지리적 공평성을 고려하여 아시아, 아프리카, 동유럽, 라틴아메리카, 서유럽 및 기타의 5개 지역 단위별로 각각 3인 이상의 재판관을 선출하도록 규정하고 있다.

ITLOS는 재판 외에도 해양법의 발전을 위한 개발도상국 전문가 훈련과정 운영, 지역 워크숍 개최 및 해양법 단기 아카데미 연수과정 운영 등과 같이 유엔해양법에 대한 국제사회의 이해를 증진하기 위한 다양한 활동을 수행한다.

ITLOS의 재판은 단심제이기 때문에 분쟁 국가들로부터 재판 결과에 따르겠다는 다짐을 받아야 재판이 진행된다. 분쟁의 당사국들이 서로 합의한 상태에서 제소를 하여 재판이 이루어는 경우도 있고, 한 국가가 일방적으로 제소했을 때 제소당한 국가가 응하여 이루어지기도 한다. 재판 절차는 분쟁이 발생하면 분쟁국 간에 협의 의무 이행 후 제소, 선결적 항변, 소송 참가, 서면 절차, 구두 절차, 판결 순으로 진행된다. 분쟁 당사국들은 ITLOS의 판결을 따라야 한다.

2010년까지 ITLOS에서 다루는 사건은 대부분 어업 관련 분쟁이었으나, 최근에는 대륙붕 문제, 해양 경계 획정 문제와 해양 과학 조사 관련 문제 등 다루어지는 사건이 다양화되고 있는 추세이다.

〈표 7-2〉는 국제해양법재판소와 국제사법재판소를 비교한 것이다.

〈표 7-2〉 국제해양법재판소와 국제사법재판소의 비교

구분	국제사법재판소(ICJ)	국제해양법재판소(ITLOS)
법적 지위	유엔헌장에 의해 설립된 유엔의 6대 주요 기관 중 하나	유엔해양법협약에 의해 설립된 특별 국제 사법 기관
설립 일자	1946. 4. 3.	1996. 10. 1.
위치	네덜란드 헤이그	독일 함부르크
재판관의 구성	15명 (아시아 3명, 아프리카 3명, 중남미 2명, 동유럽 2명, 서유럽 및 기타 5명)	21명 (아시아 5명, 아프리카 5명, 동유럽 3명, 중남미 4명, 서유럽 및 기타 4명)
인적 관할 범위	국가(유엔 회원국 및 비회원국)	– 유엔해양법협약 당사국 – 해양법 관련 조약 당사국 – 심해저 활동 관한 분쟁당사자(국가, 국제기구, 사업체, 국영 기업, 자연인, 법인)
물적 관할 범위	당사국이 제소하는 모든 사건과 유엔헌장 및 현행 제 조약에 규정한 모든 사항	유엔해양법협약에 관한 모든 분쟁 및 재판소에 관할권을 부여하는 기타 조약에 의하여 정해진 모든 사항

8. 유엔해양법과 이어도

이어도 8-1. 해양경계획정에서 '섬'이나 '암석'은 어떤 영향을 미치는가?

유엔해양법협약 체제의 형성 이후 '섬'은 해양영토 분쟁의 주요 이슈로 등장했다. 도서의 영유권을 둘러싼 많은 분쟁의 선례들이 있는데, 그러한 분쟁들은 쉽게 해결될 기미를 보이지 않고 있다.

섬과 관련된 해양법상의 분쟁은 대체로 세 가지 정도로 요약된다. 첫째, 섬 자체의 영유권에 관한 분쟁, 둘째 해양경계획정에서 섬의 효과와 관련된 분쟁, 셋째 영해·배타적 경제수역·대륙붕 등 해양관할 수역을 갖는 섬의 자격과 관련된 분쟁 등이 이에 해당된다. 이처럼 섬과 관련된 분쟁이 많은 이유는 유엔해양법협약이 섬과 관련된 국제 분쟁에 대해서는 구체적으로 규정하지 못했기 때문이다.

연안국들은 본토 및 부속 도서에 접속한 일정 범위의 수역에 대해 영해를 설정할 수 있으며, 나아가 섬(island) 주변에 주권적 권리 내지 관할권을 향유할 수 있는 접속수역, 배타적 경제수역, 대륙붕 등의 수역을 설정할 수 있다.

해양에 있어서 자연적으로 형성되는 지형들에는 섬 이외에도 다양한데, 소도(islets, isles), 암석(rocks), 산호초(reefs), 사주(砂洲, sand bank) 등이 수면 위에 나와 있는 자연적인 지형으로 규정될 수 있는 것들이다. 그러나 유엔해양법협약은 '섬'에 대해서만 "수면으로 둘러싸이고 만조 시에도 수면 위에 있는 자연적으로 형성된 육지지역을 의미한다"라고만 정의하고 나머지에 대해서는 규정을 두지 않거나 관련된 부분에서 언급하고 있는 정도에 불과하다. 그렇다면 해양법상 도서로서의 법적 지위를 인정받을 수 있는 해양의 육지지역이란 어떠한 형태이며, 나머지 지형들은 섬과 어떻게 비교되며, 또한 어떠한 법적 효과를 인정받을 수 있는가가 중요한 문제로 떠오른다.

유엔해양법협약상 섬의 법적 개념에는 두 가지의 중요한 요건이 포함되어 있다. 하나는 자연적으로 형성된 육지지역이고, 다른 하나는 만조 시에도 수면 위에 나와 있어야 한다는 점이다. 이러한 섬의 요건에 의하면 인공적으로 모래, 자갈, 암석 등을 퇴적시켜 조성한 인공섬이나 콘크리트나 철강 등의 소재를 사용하여 설치한 구조물은 섬로서의 지위를 가질 수 없게 된다. 그리고 항상 수면 아래로 잠겨 있는 암초도 섬으로 인정되지 않으며 간조시에만 수면 위로 나오는 간출암(干出岩, Low-tide Elevations)도 섬으로 시의 법적 지위를 갖지 못한다

유엔해양법협약은 도서로서의 조건을 만족하고 있더라도 사람의 거주 또는 독자적인 경제생활을 지속할 수 없는 암석은 배타적 경제수역 또는 대륙붕을 가질 수 없다고 함으로써 섬의 법적 지위에 차이를 두고, 사람이 거주할 수 있는 일반적인 섬과 무인도인 암석을 구별하고 있다. 따라서 자연적으로 형성된 섬이라 할지라도 사람의 거주 또는 독자적인 경제생활을 지속

할 수 없는 암석의 경우에는 단지 영해 및 접속수역만을 설정할 수 있다.

유엔해양법협약체제 형성 이후 섬은 해양영토분쟁의 주요 이슈로 등장했다. 섬을 둘러싸고 벌어지는 분쟁은 대체로 3가지 정도로 요약할 수 있다. 첫째, 섬 자체의 영유권에 관한 분쟁, 둘째 해양경계획정에서 섬의 효과와 관련된 분쟁, 셋째 영해·EEZ·대륙붕 등 해양관할수역을 갖는 섬의 자격과 관련된 분쟁 등이다. 그런데 유엔해양법협약은 섬과 관련된 국제적 분쟁에 대해서는 구체적으로 규정하지 못했다. 이 때문에 섬을 둘러싼 분쟁이 끊이지 않고 있는 것이다. 유엔해양법협약은 단지 무엇이 섬인지, 섬은 어떤 관할수역을 갖는지 등을 규정하고 있을 뿐이다.

그런데 유엔해양법협약 제121조의 규정처럼 "인간이 거주할 수 없거나 독자적인 경제활동을 유지할 수 없는" 암석의 경우가 새로운 해양영토분쟁의 이슈로 부상하고 있다.

일본은 중국과 EEZ 설정 문제로 갈등을 빚고 있는 태평양 상의 암석에 항만을 건설해 주권을 확보하기로 하면서 해양영토분쟁의 이슈로 싹트고 있다. 이 암석은 일본 도쿄에서 1,470km 떨어져 있는 가로 2m 세로 5m 해면에서 높이 70Cm에 불과한 오키노도리시마(沖ノ鳥島)로 명명된 산호초이다.

〈그림 8-1〉 오키노도리시마

일본은 이 암석에 항만을 건설하여 사람이 거주할 수 있는 도서로 인정받아 배타적 경제수역을 확보하고자 하고 있다. 만약 오키노도리시마가 섬으로 인정되어 일본이 이를 중심으로 배타적 경제수역을 설정할 경우, 일본 전체 면적 38만㎢를 웃도는 40만㎢의 EEZ를 확보할 수 있다고 한다.

〈그림 8-2〉 남중국해 스프래틀리군도의 파이어리 크로스 암초

중국에도 비슷한 경우가 있다. 최근 중국은 남중국해에서 7곳에 인공섬 축조 공사를 진행했다. 중국은 인공섬 건설을 통해 군사용 이착륙장이 있는 전진 기지로 변모시켰다. 작은 암초가 축구 경기장 14배에 해당하는 75,000㎡의 인공섬으로 변신한 것이다. 여기에는 2개의 항구와 헬리콥터 이착륙장 등이 건설된 것으로 알려져 있다.

이처럼 도서도 아닌 암석이 해양 분쟁의 새로운 불씨가 되고 있다는 것은, 관련 당사국들 모두 암석 역시 중요한 전략적 자원으로서의 가치를 인식하고 있기 때문이다.

이어도 8-2. 오키노도리시마처럼 이어도도 '섬'이 될 수 있는 가능성은?

이어도는 물속 4.6m에 있는 수중 암초이다. 해양의 가치와 중요성이 갈수록 높아지고 있는 상황에서 이어도가 국제법적으로 인정받는 섬이 될 수 있고, 특히 그에 대해 영유권을 주장할 수 있다면 우리의 해양주권이 미치는 범위는 엄청나게 확대될 수 있을 것이다. 일본이 오키노도리를 섬으로 만드는 도서화를 추진하고 있고, 또 중국이 남중국해에서 산호초를 도서화하고 있는 이유가 이를 방증하고 있다.

국내의 일부 학자들도 이어도를 도서화하자고 주장하는 경우가 있다. 그렇다면, 오키노토리시마처럼 이어도 같은 수중암초도 섬이 될 수 있을까?

오키노토리시마는 북위 20도 25분 동경 136도 05분에 위치해 있는 산호초이다. 이어도가 국제 해도 상에 소코트라암초로 명명되었듯이, 16세기에 최초로 발견될 당시 이를 발견한 사람의 이름을 따 '더글라스암초'(Douglas Reef)라고 명명되었다.

이 암석은 도쿄로부터 남쪽으로 1,740㎞, 오가사와라로부터도 약 900㎞ 떨어져 있으며, 본래는 5개의 암석이 있었으나 파도 등에 의한 침식으로 1982년에는 4개, 1987년에는 현재와 같이 히가시코지마(Higashikojima)와 기타코지마(Kitakojima) 두 개가 되었다.

히가시코지마는 만조시 대략 트윈 침대의 크기이며, 해수면 위로 6cm 정도 올라와 있고, 기타코지마는 스몰침대 크기이며, 높이가 히가시코지마보다 두 배 정도 높다. 1888년 이전까지 오키노도리시마에 대한 일본내의 공식 언급은 없었다. 1931년 도쿄시의 관할지역 하에 보닌군도(Bonin Islands)의 일부로 일본의 영토로 선언했다. 그리고 2차 세계대전 이후 오키노도리시마를 포함한 보닌군도는 1968년에 일본에 반환될 때까지 미국의 신탁통치하에 있었다.

열대지역과 태풍의 경로에 위치한 오키노도리시마는 고조시에 표고가 수십 센티미터에 불과한 데다 파도에 의한 침식, 해수면 상승 및 자체적인 섬의 침강이 진행됨에 따라 향후 반세기도 못 가서 침식될 위험에 노출되어 있다.

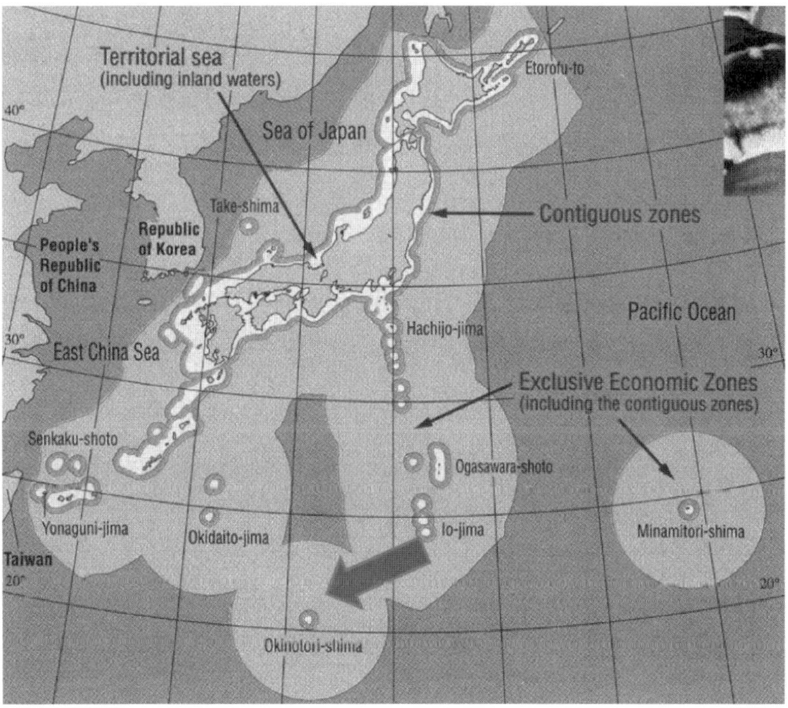

〈그림 8-3〉 일본의 접속수역을 포함한 EEZ와 오키노도리시마의 위치

이에 따라 일본 정부는 1987년부터 1989년에 걸쳐 철제 소파블록과 콘크리트 호안으로 암초 주위를 둘러싸는 공사를 실시했다. 이 공사를 담

당한 건설성은 파도에 의한 침식을 막기 위해 총 285억 엔을 들여 암초 주변에 철제 소파블록을 설치하고 지름 50cm의 원형 벽을 쌓아올려 그 내부에 콘크리트를 부었다. 1998년부터 1999년에는 약 8억 엔을 들여 티탄제의 보호 네트를 설치했다. 최근에는 국토교통성 산하 해상보안청이 오키노도리에 무인 등대를 설치하여 2007년부터 운영하고 있다. 현재 오키노도리는 일본의 행정구역상 도쿄도에 소속되어 있으나 1999년 6월 해안법 개정에 따라 국토교통성 하천국이 직접 관할하고 있다.

일본 정부의 이러한 행태는 오키노토리시마를 섬으로 둔갑시켜 유엔해양법협약에서 규정된 섬의 권리를 갖고자 하기 때문이다. 산호섬 주변 해역은 니켈, 마그네슘, 코발트, 구리와 같은 금속성 미네랄 등이 잠재적으로 풍부한 것으로 알려지고 있다. 일본은 이러한 풍부한 자원을 가진 오키노도리시마를 침식 위험을 제거하기 위한 보강 공사를 하여 일본의 영토보다 더 넓은 40만㎢의 EEZ과 대륙붕에 대한 관할권을 행사하고자 하고 있다.

그러나 유엔해양법협약 제121조 제1항에서 "섬은 만조시 수면 위에 존재하는, 물로 둘러싸인, 자연적으로 형성된 육지지역"으로 규정하고 있으며, 동 협약 제80조 제8항에서는 "인공섬과 시설물 및 구조물은 섬의 지위를 가지지 못"하며, "자체의 영해를 가지지 못하여 배타적 경제수역이나 대륙붕의 경계획정에 아무런 영향을 주지 않는다"고 규정하고 있다.

이러한 규정대로라면 오키노토리시마를 섬으로 보기에는 여러 면에서 부적합한 측면이 많다. 그런데 분명한 것은, 섬도 아닌 암석이 해양영토분쟁의 새로운 불씨가 되고 있다는 것은, 암석 역시도 섬에 못지않은 중요한 전략적 자원으로서의 가치를 인정받고 있다는 것에 다름 아니다.

한·중간 해양경계획정의 중심에 놓여 있는 이어도 문제도 유사한 맥락에서 이해할 수 있다. 수층 암초인 이어도 역시 암초에 인공구조물을 설치한다고 해서 섬으로서의 지위를 인정받기는 어렵다. 특히 이어도는 수중 암초라는 점에서 오키노도리시마와는 또 다른 이슈이다. 그러나 일본이 사람이 거주하면서 경제적 생활을 할 수 없는 바위에 불과한 오키노도리시마를 항만을 건설하고 도서로 인정받고자 하는 공세적 해양경계 확장 노력은 중국과의 해양경계획정을 위한 협상에 임하고 있는 우리에게도 시사하는 바가 적지 않다.

이어도 8-3. 이어도의 해양법적 지위는?

이어도의 해양법적 지위와 관련해서는 몇 가지 중요한 문제가 있다. 특히 일반인들의 인식을 기준으로 할 때 다음과 같은 의문들을 가질 수 있을 것이다. 즉 이어도는 간출암인가? 이어도도 영해가 있는가? 배타적 경제수역과 이어도는 어떤 관계가 있는가?

첫째, 이어도는 간출암이 아니라 수중 암초이다. 이어도는 높은 파도가 칠 경우 간헐적으로 그 모습을 드러내는 경우도 있다. 그렇기 때문에 간출암이 아닐까 생각하는 경우가 있을 수 있다. 간출지(low-tide elevation, 干出地)란 저조(低潮)시, 즉 바다에서 조수가 빠져나가 해수면이 가장 낮아진 상태에는 수면으로 둘러싸여 수면 위에 있으나, 고조시, 즉 해수면이 가장 높아진 상태에는 물에 잠기는, 자연적으로 형성된 육지 지역을 말한다. 유엔해양법협약 제13조는 '간출지'의 지위와 관련하여 다음과 같이 규정하고 있다. 즉 간출지의 전부 또는 일부가 본토나 섬으로부터 영해의 폭을 넘지 아니하는 거리에 위치하는 경우에 그 간출지의 저조선은 영해기선으로 사용할 수 있다는 것이고. 그러나 간출지 전부가 본토나 섬으로부터 영해의 폭을 넘는 거리에 위치하는 경우에는 자체의 영해를 가지지 않는다고 규정하고 있다. 이러한 규정에도 불구하고 이어도는 파도가 심한 경우 암초가 보일 수도 있으나 거의 대부분 수면 아래에 있는 수중 암초일 뿐만 아니라 제주도와의 거리도 멀기 때문에 영해의 기점으로 사용될 수도 없다.

둘째, 이어도는 영해가 있을 수 없다. 어떤 해양 융기물이 인간이 거주할 수 있고 자체적인 경제생활을 할 수 있는 해양법상 섬으로 인정되면 그 섬을 중심으로 12해리 영해, 24해리 접속수역, 200해리 배타적 경제수역 등을 갖는다. 그러나 이어도는 해양법상 섬도 암석도 아닌 수면 아래에 존재하는 수중암초에 불과하므로, 당연히 영해도 가질 수 없다.

셋째, 이어도는 한국과 중국의 연안으로부터 모두 200해리 내에 위치하기 때문에 양국 모두의 배타적 경제수역에 포함된다고 할 수 있다. 즉 이어도가 있는 바다가 한국과 중국의 해안선을 기준으로 400해리가 되지 않기 때문에 양국의 배타적 경제수역이 중첩되는 곳에 위치하고 있다. 그러나 중첩되는 배타적 경제수역에 중간선을 그을 경우 중국보다 우리 쪽에 훨씬 가깝게 위치하고 있다. 그렇기 때문에 우리나라는 이어도가 우리의 배타적 경제수역에 포함될 수 있도록 다양한 노력을 기울여야 한다. 현재 한·중간에 해양경계획정 협상이 진행 중이므로 바람직한 것은 협상을 통해 명확히 우리 측 수역에 포함될 수 있도록 하는 것이고, 이를 통해 향후 한·중 간에 해양경계를 둘러싼 잠재적 갈등요인을 해결해야 한다.

이어도 8-4. 한국과 중국이 주장하는 해양경계획정의 원칙은?

한·중 양국 사이에 도서 영유권 분쟁은 없다. 그러나 양국의 해안으로부터 멀리 떨어진 곳에 존재하는 작은 섬들과 수중 지형물들을 기점으로 삼을 수 있느냐의 여부를 놓고 의견 차이를 보이고 있으며, 서해와 동중국해에서 경계획정의 문제가 존재한다.

한국과 중국의 배타적 경제수역이 겹치는 수역에 위치한 이어도는 한·중 간의 가상 중간선에서 한국 쪽으로 28해리에 위치해 있다. 만약 배타적 경제수역의 경계를 '중간선 원칙'으로 확정할 경우, 이어도는 중국의 관할 범위에 속할 수 없다. 그 때문에 중국은 이러한 원칙에 근거한 경계획정을 수용하지 않고 있다. 대신에 중국은 해저지질학적 요소와 해안선의 길이 등에 근거한 '형평의 원칙'을 주장하고 있다.

한·중 양국은 양측의 가장 가까운 지점에서 측정했을 때 400해리가 안 되는 수역이 존재하는 문제를 해결하기 위해 1996년부터 공식협상을 시작해 왔으나 아직까지 경계획정 원칙에 대한 합의도 하고 있지 못하고 있다.

한국은 서해상에서 '중간선 원칙'을 주장하는 반면, 중국은 '형평의 원칙'과 '자연연장 원칙'을 되풀이 주장하고 있다. 한국 측은 우선 잠정적인 중간선을 먼저 그은 후에 필요한 경우 세세한 부분들에 대한 조정을 하자는 입장이다. 하지만 중국은 먼저 고려요인들을 모두 따진 후 이들 간의 균형을 맞추는 것이 급선무이고, 그런 이후에야 구체적인 경계선에 합의할 수 있다는 입장이다.

〈표 8-1〉 한·중의 해양경계획정 협상 원칙과 주장

구분	한국	중국
경계획정 원칙	중간선 원칙	형평의 원칙, 자연연장 원칙
경계획정 절차	잠정적 중간선 긋기 → 필요한 경우 세세한 부분들에 대해 조정 → 구체적 경계선 합의	모든 요인들 고려 → 요인들 간 균형 맞추기 → 구체적 경계선 합의

그런데 한 가지 흥미로운 사실은, 다른 경계획정 사례에서 한·중 양국 모두가 기존의 원칙만 주장하지는 않았다는 점이다. 중국은 이미 북한과의

발해만 경계획정과 베트남과의 통킹만 경계획정 과정에서 중간선 원칙에 동의한 경험이 있다. 한국 역시 마찬가지라고 할 수 있다. 현재 중국 및 일본과 경쟁하고 있는 동중국해의 북쪽 지역 대륙붕 문제에서는 형평의 원칙이 오히려 한국 측에 유리하기 때문이다. 동중국해 대륙붕 경계획정에서 한국은 형평해결의 원칙을 견지하고 있다. 그 이유는 한반도 대륙붕의 자연적 연장이 최남단 섬인 마라도로부터 280해리 떨어져있는 오키나와 해구까지 미치고 있는 반면, 일본의 경우 오키나와 열도의 자연적 연장은 100해리 정도에 걸쳐 오키나와 해구에서 끝나기 때문이다.

이처럼 상호 얽혀 있는 이해관계로 인해 해양경계획정 문제를 단기적으로 쉽게 해결되기 어렵기 때문에 한·중·일은 배타적 경제수역 확정 이전까지 임시협정이라고 할 수 있는 어업협정을 체결해 어업과 관련된 각국의 권리를 임시로 정하고 있다. 중·일어업협정은 1997년 11월에, 한·일어업협정은 1998년 11월에, 그리고 한·중어업협정은 2000년 8월에 각각 체결됨으로써 배타적 경제수역과 관련된 갈등이 당장 표면화되는 것을 막을 수 있는 제도적 장치가 마련되었다.

그러나 이러한 협정은 어디까지나 잠정적 조치일 뿐이며, 한국과 중국 간에는 합의된 배타적 경제수역이 존재하지 않는다. 따라서 배타적 경제수역이 겹치는 지역에서의 각종 해양 활동에 대해서는 항상 논란이 발생하고 있기 때문에 당사국간 합의에 의해 배타적 경제수역과 대륙붕의 경계를 확정해야 하는 과제를 안고 있다.

이어도 8-5. 중국이 주장하는 해양경계획정 기준인 '자연연장 원칙'이란?

해양경계를 획정하는 몇 가지 원칙이 있다. 어떤 원칙에 따라 경계획정을 회담을 추진해 나가는가에 따라 해양경계는 크게 달라질 수 있다. 우선, 자연연장 원칙이 있다. 이 원칙은 중국이 이어도 해양경계획정의 기준이 되어야 한다고 주장하는 원칙 중의 하나이다.

1945년 트루먼 선언에서 시작되어 대륙붕협약에 의해 구체적으로 규정된 대륙붕의 국제법적 정의는 해안으로부터 인접한 수심 200m 또는 개발가능한 수심을 기준으로 정해졌다. 그리고 개발 가능한 수심 기준은 200m를 넘어서 대륙붕이 해양 쪽으로 무제한 확대될 가능성을 내포했기 때문에, '지리학 내지 지질학상의 인접성' 기준이 중시되었다. 이처럼 대륙붕의 개념은 원래 지형학 내지 지질학적인 개념이었는데, 해저자원의 개발과 함께 각국의 실행에 의해 국제법적 정의가 내려진 것이다.

그런데 자원개발의 기술 및 형태가 발전, 변화되면서 새로운 대륙붕의 정의가 필요하게 되었다. 대륙붕의 경계획정과 관련된 1969년 '북해 대륙붕 사건'의 국제사법재판소의 판결에 따르면, 대륙붕은 육지 영토의 자연적 연장이다. 이 원칙은 인접하거나 마주한 국가 간의 대륙붕의 경계획정에 큰 영향을 주었다. 이에 대해 중재재판소는 육지 영토의 연장인 대륙붕에 관해 타고난 권한을 가진다는 원칙은 대륙붕에 관한 가장 기본적인 원칙이며, 특정 국가의 대륙붕은 그 국가의 육지 영토의 연장이 되어야 하고, 다른 국가 육지 영토의 연장을 침해해서는 안 된다는 국제사법재판소의 판결을 그대로 인정했다.

이후 관련국은 국가 간 대륙붕 경계획정 및 공동개발협정 체결시 육지 영토의 자연적 연장을 고려하여 협상을 타결했다. 그 예로는 네덜란드, 서

독, 덴마크 간 북해 대륙붕 경계획정(1969), 한·일 간 남부 대륙붕 공동개발협정(1974), 호주·인도네시아 간 대륙붕 공동개발협정(1974) 등이 있다.

그런데 중재재판소의 결정을 면밀히 분석해 보면, 육지 영토의 자연적 연장이라는 개념을 적용하는 것은 경우에 따라 다를 수 있다. 즉 이웃하거나 마주보는 국가 간에 대륙붕의 경계가 지질학적으로 명백하기 때문에 이 개념의 적용에 큰 무리가 따르지 않는다. 그러나 그렇지 않은 경우, 즉 대륙붕의 경계가 지질학적으로 명백하지 않은 경우에는 이 개념을 적용하여 경계를 획정하는 것은 논란의 여지가 있을 수 있다.

대륙붕 경계획정은 둘 이상의 국가 사이에 대륙붕의 귀속을 결정하는 문제이다. 인접하거나 마주보는 국가 간의 대륙붕 경계는 당사국간의 합의, 특별한 사정, 중간선 또는 등거리원칙에 따라 결정된다. 그런데 '북해 대륙붕 사건' 판결을 계기로 자연연장 원칙이 해양경계를 획정하는 규칙이 되었다. 대륙붕 경계획정 시에는 중간선 및 등거리원칙, 자연연장원칙, 형평의 원칙이 적용되고 관계국간 유효한 협정이 있으면 해당 협정에 따라 결정한다(제84조 제2항).

대륙붕의 경계획정에 대한 많은 판결들은 경계획정에 대한 기준으로 자연연장 개념을 강조하였다. 육지 자연 연장론은 형평의 원칙, 관련사정 등과 함께 경계획정에 있어서 중요한 개념으로 연안국에 의해 원용되었다. 특히 제3차 유엔해양법회의에서 많은 국가들은 이러한 육지의 자연 연장 기준에 의해 대륙붕의 정의를 내려야 한다고 주장했다. 연안국들은 그때까지의 대륙붕협약에서 정하는 기준으로는 만족하지 못하였기 때문에 해양기술의 발전에 따라 더 광범위한 대륙붕에 대한 주권적 권리를 행사하려고 했다.

1985년 리비아-몰타 대륙붕 사건에서 몰타는 해안선으로부터 거리 개념을 적용할 것을 주장한데 비해, 리비아는 육지 영토의 자연연장 원칙의 적용을 주장했다. 리비아는 양국 간 대륙붕이 두 개로 나누어지므로 그 나누어지는 구역에 따라 대륙붕 경계의 획정을 주장하였다. 국제사법재판소(ICJ)는 해양법의 발전에 따라, 해안으로부터 200해리 이내의 대륙붕에 대해서는 거리 개념을 적용하여, 등거리 원칙에 의거해서 권원을 주장할 수 있기 때문에 200해리 이내에 있는 대륙붕에 대해서는 해저, 해상토의 지형적 특성을 경계획정에서 고려하지 않으면서 자연연장 원칙의 적용을 배제하였다. 이후 대륙붕 경계획정에서 육지 영토의 자연연장 원칙은 크게 주목 받지 못하고 있다.

이어도 8-6. 중국의 또 다른 주장인 '형평의 원칙'이란?

중국이 해양경계획정의 기준으로 주장하는 또 다른 원칙으로 '형평의 원칙'이 있다. 이 원칙은 1969년 북해 대륙붕 사건에서 그 사법적 영향력을 발휘했다. 북해 대륙붕 경계획정 사건에 있어서 중간선 적용은 인접국 간에 타 지역 영토의 자연적 연장을 구성하는 해저지역을 한쪽의 국가에 귀속시키는 결과를 초래한다고 하여 중간선 원칙의 타당성을 부정한 바 있다. 그 대신 국제사법재판소는 대륙붕의 경계획정은 형평의 원칙에 따라 타 지역 육지영토의 자연적 연장을 침해하지 않는 방법으로 모든 관련사정을 고려하여 합의에 의하여 결정되어야 한다고 판시한 바 있다.

1977년 영-불 대륙붕사건에서 중재법원이나 1982년 리비아와 튀니지 간 대륙붕사건에서 국제사법재판소는 "경계획정은 모든 관련사항을 고려하여 형평의 원칙에 따라 이루어져야 한다."고 판시했다. 경계획정에서 형평을 강조하는 이러한 관습법적 경향은 제3차 해양법회의에서도 나타나 등거리선에 대한 아무런 언급 없이 형평에 맞는 해결을 강조했던 것이다.

1982년 유엔해양법협약은, 배타적 경제수역 및 대륙붕의 경계획정 기준으로 1958년 대륙붕 협약의 등거리선 원칙과 달리 관련사정을 모두 고려하여 형평스러운 경계획정 결과의 도출을 강조하는 새로운 원칙을 규정하고 있다. 특별한 사정과 관련 사정에 대해서는 몇 가지 고려해야 할 사항이 있다.

첫째, 해안선 거리의 비례성이다. 서로 마주보고 있거나 인접한 연안을 가진 두 국가가 해양경계선의 각 점들을 각 국가의 영해 폭의 기선에서 제일 가까운 각 점 간 거리의 고정비례에 의해 경계를 획정하도록 하고 있다. 즉 비례성은 당사국가들 간의 협상에 의해 정한 비례에 따라 결정될 수 있다는 것이다. 국제재판에서 일국의 대륙붕이나 경제수역 등 해양수역 면적과 당사국 해안선의 길이 간 비례성은 형평성에 입각하여 판단하는 것이 일반적이라고 할 수 있다.

둘째, 어족 자원 등의 경제적 요소이다. 국제사법재판소와 중재재판소는 어족자원 접근권을 해양경계획정의 중요한 관련 사정의 하나로 받아들이고 있다. 그러나 석유·가스 등 에너지 자원 개발권에 대하여는 경계획정선과 연관성 정도에 따라 관련 사정으로 수용할 것인가의 여부가 달라지고 있다.

셋째, 섬의 가치를 얼마나 인정해야 하는가 하는 문제이다. 유엔해양법협약은 일반적으로 섬에 관해서 영해, 접속수역, 배타적 경제수역 및 대륙붕 등의 해양관할권을 육지 영토와 같은 정도의 법적 권원을 주는 것을 인정하고 있다. 그러나 중재재판소는 많은 경계획정 판결에서 작은 섬으로 인해 초래될 수 있는 불균형한 효과를 막기 위해 작은 섬에는 부분적인 해양수역 창출효과만 인정하거나 존재를 아예 무시하고 있다.

넷째, 역사적 권리이다. 국가의 행위는 타국과의 관계에서 법적인 결과를 가져올 수 있다는 것이 일반적으로 인정되므로 해양경계에 있어서도 이러한 원칙의 적용은 묵인이나 금지와 같은 양상으로 나타날 수 있다.

형평성의 원칙은 법의 상황을 고려하지 않고 기계적 적용에 따른 한쪽으로 치우치는 것을 방지하고 자율적 역할에 비중을 둔 경계획정 방식이므로 연안에서의 거리, 해안선의 일방적 방향, 해안선의 길이, 섬·암석·해구·등심선 등의 존재여부, 육지지역과 대륙붕 간 지질학적 상호관계 여부, 관상 및 어족자원 분포, 어로 관행, 해양오염, 해양국가간 해양경계에 관한 국제협정 유무, 당사국간 행위 여부 등의 요소를 고려한다.

1982년 채택된 해양법협약은 제74조 1항과 제83조에서 마주보고 있는 국가 및 인접국간의 경제수역(대륙붕)경계획정은 국제사법재판소 제38조 상의 '형평한 해결'을 위하여 국제법을 기초로 한 합의 원칙으로 해결하여야 한다고 하고 있다. 중간선–등거리선에 대해서는 아무런 언급도 없이 형평에 맞는 해결을 경계획정의 목적으로 규정하고 있다. 그런데 해양법협약에는 형평한 해결의 원칙이 구체적으로 무엇인지 언급되어 있지 않기 때문에 해양경계획정 원칙에 관해서는 여전히 모호한 규정이라고 볼 수 있을 것이다.

이어도 8-7. 우리가 주장하는 해양경계획정 기준인 '중간선 원칙'이란?

이어도 주변해역의 해양경계획정 원칙 중에서도 중국과 바다를 마주하고 있는 우리나라가 가장 적합하다고 주장하는 것은 '중간선 원칙'이다. 그리고 유사한 논리로 인접국에 적용될 수 있는 '등거리선 원칙'이 있다.

1958년 제네바 대륙붕 협약 제6조 1항은 동일한 대륙붕의 연안이 서로 해안선을 지닌 인접국 2개국 이상의 국가에 속하고, 대륙붕의 경계에 대한 합의가 없는 경우, 특별한 사정(special circumstances)에 의해 다른 경계선이 정당화되지 않는 경우에는 '중간선'으로 한다고 규정했다. 대향국 간에는 중간선으로 경계를 정하고 인접국간에는 등거리 원칙을 적용한다는 것이다.

중간선이 해양의 경계획정에 사용된 역사는 아주 길다. 1936년 보그스(Boggs)가 중간선을 획정하는 새로운 방법을 고안해 낸 이래 중간선, 등거리선은 해양경계획정에 관한 협상이나 재판에서 자주 사용되어 왔다. 이 방법이 자주 사용되게 된 것은 경계선 획정이 편리하고 단순하여 분쟁의 소지를 없애주기 때문이다. 또한 이러한 원칙에 대해 사람들이 평등하다고 생각하며 대체로 형평에 맞는 경계선을 만들어내는 장점이 있기 때문이다.

이러한 장점과 1958년 대륙붕 협약 규정에도 불구하고, 국제사법재판소(ICJ)는 북해 대륙붕사건, 리비아-몰타, 메인만 사건, 기니-기니비소 사건 등 해양경계획정 사건에서 등거리선 방법의 사용이 국제법상 강제적인 규칙이 아니며 우월한 지위를 갖지 않는다고 판시하기도 했다. 그런데 1982년 유엔해양법협약에 해저지형이나 지질과는 관계없이 오직 거리에 의해 측정되는 배타적 경제수역이 등장하고 대륙붕에도 200해리 거리 기준이 등장함에 따라 해양경계획정에서 등거리선과 중간선 원칙이 다시 중요해지게 되었다.

1985년 리비아-몰타 대륙붕 사건에서 국제사법재판소(ICJ)는 대륙붕의 경계획정에서 해저의 자연적 특성을 고려할 필요가 없고 중간선을 그어 해안선의 길이 및 기타 일반적 지리 현상을 고려하여 그 중간선을 조정하는 판결을 내린 바 있다. 특히 2006년의 바베이도스- 트리니다드 토바고 해양경계획정에 관한 중재사건에서 상설중재재판소(Permanent Court of Arbitration)는 섬의 존재를 무시하고 중간선을 기준으로 획정했다. 이와 같이 배타적 경제수역의 등장과 함께 해양경계획정에서 거리가 중요해지면서 중간선이 중요해졌고, 중간선에 따른 경계획정 방식이 훨씬 강화되었다.

두 국가의 해안이 서로 마주보고 있거나 인접하고 있는 경우에는 기선상의 최단거리 지점에서 등거리에 있는 모든 점을 연결한 중간선을 넘어서 영해를 확장하지 못하도록 하고 있다. 그러나 역사적 권원(관할권)이나 특수한 사정으로 인해 이와 다른 방법으로 두 국가의 영해를 획정하는 것이 필요한 경우에는 중간선 원칙을 적용하지 않는다고 「영해 및 접속수역에 관한 협약」 제15조 제1항에서 규정하고 있다.

1958년 대륙붕에 관한 협약 제6조에서는 다음과 같이 규정하고 있다. "동일한 대륙붕을 서로 마주보고 있거나 인접한 대륙붕의 경우에는, 그 국가 간의 대륙붕의 경계는 당해 국가 간 합의에 의하여 결정된다. 합의가 없고 특별한 사정에 의해 다른 경계선이 정당화되지 않으면 기선의 최단거리에 있는 각 지점으로부터 등거리 원칙의 적용에 의해 결정된다."

그러나 대륙붕 협약에 가입하지 않는 국가가 많을 뿐더러, 내용 자체도 특수 상황과 등거리 중간선의 관계가 불분명하고 여러 가지 모호한 점이 발견되어 경계획정의 기준에 대한 보충 또는 수정이 불가피해졌다. 그렇지만 배타적 경제수역 제도의 등장으로 해양관할권 설정에서는 거리기준이 강화되어 국가 간 협상에 의한 경계획정 시 등거리선·중간선이 경계선으로 사용되어온 것은 사실이다. 1985년 리비아-몰타 사건에서 보듯이 국제사법재판소(ICJ)도 등거리선의 유용성과 형평성을 인정하고 있다.

요약하면, 해양경계획정에서 중간선 원칙은 마주보고 있는 국가, 즉 대향국 간의 해양경계를 획정하는 원칙이고, 등거리선 원칙은 이웃하고 있는 국가, 즉 인접국 간의 해양경계를 획정하는 원칙이다. 따라서 중간선은 서로 마주보는 양방 간 경계기준점으로부터 같은 거리에 위치하는 점들을 연결한 선을 말한다. 또 등거리선은 서로 인접하는 양방 간 경계기준점을 중심으로 같은 거리에 위치하는 점들을 연결한 선을 말한다.

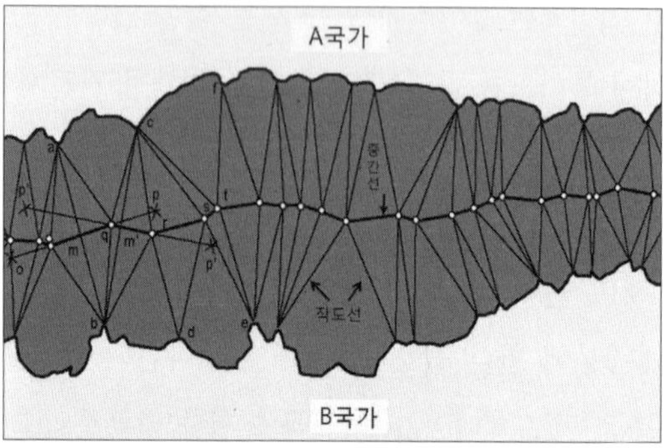

〈그림 8-4〉 대항국 간의 중간선 그리기

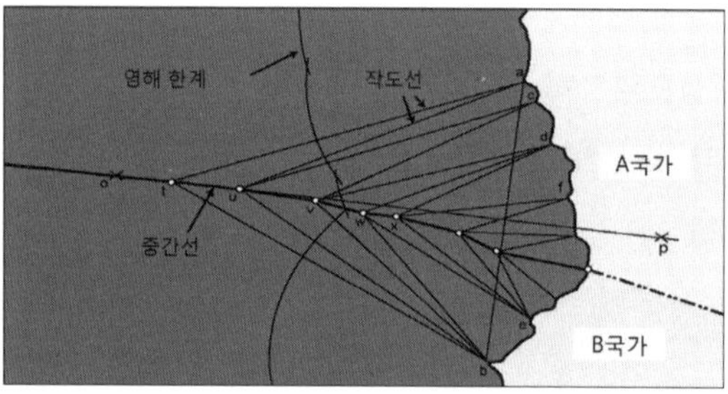

〈그림 8-5〉 인접국 간의 등거리선 그리기

이어도 8-8. EEZ의 중첩으로 인해 체결한 한·중어업협정이란?

'한·중어업협정'은 서해 및 동중국해 배타적 경제수역의 경계에 대하여 한·중 양국이 합의를 하지 못하자, 이 수역에 대하여 경계획정에 합의할 때까지 어업문제에만 적용하도록 합의한 조약이다.

역사적으로 한국과 중국은 황해를 사이에 두고 양국의 어민들이 함께 조업을 해왔으나 각자의 명확한 구역이 불분명하여 일방의 무작위 조업에 따른 어획고갈 등의 피해가 빈번하게 발생했다. 그리고 동북아 해역에서 한·일간 그리고 중·일간에는 대륙붕협정이나 어업협정이 체결되고 있었으나, 한·중 양국 간에는 오랫동안 무협정 상태가 계속되어 왔었다. 특히 한국 연안에서 중국 어선이 한국 영해를 침범하여 무분별하게 어자원을 남획하는 현상이 적지 않게 나타났었고 이로 인해 양국 간에 심각한 어업분쟁이 발생해 왔다.

이러한 문제 때문에 한국은 중국 어선의 영해 침범 및 무분별한 조업을 방지하고 상호간 어획량에 대한 불균형을 시정하며 어족자원에 대한 공동관리의 효율성을 높이기 위해 중국과의 어업협정을 추진해야 할 상황에 놓이게 되었다. 특히 1994년 유엔해양법협약의 발효를 앞두고서도 한·중 양국은 새로운 어업질서의 구축이 필요하게 되었다.

그러나 양국 사이에 있는 황해는 수역의 거리가 최대 280해리에 불과해 유엔해양법협약이 인정하는 배타적 경제수역조차 충족하지 못하는 문제가 발생했다. 이러한 문제에 직면한 한·중 양국은 1993년 12월부터 정부간 어업협정 체결을 위한 실무회담을 시작하여 2000년 협정을 타결했고 2001년 6월 30일 16개 조항 본문과 3개의 부속서 및 양해각서로 구성된 '한·중 어업협정'을 발효했다.

'한중어업협정'으로 양국 모두 '배타적 경제수역'을 가지게 되었으며 황해상 중간 지점에 '잠정조치수역'과 '과도수역'을 설정했다. '잠정조치수역'은 양국이 해양생물자원 보존을 위해 어선 수의 제한 등 공동 관리를 실시하는 곳으로 '배타적 경제수역' 설정을 잠정적으로 유보한 수역이다. '과도수역'은 협정의 발효로 인한 급격한 어장규모 변화에 대비하고 경제적 충격을 완화하기 위해 '잠정조치 수역'과 해당국 연안의 '배타적 경제수역' 사이에 설정한 수역이다.

양국의 어선이 상대국 연안의 '과도수역'에서 조업을 할 경우 어선의 명

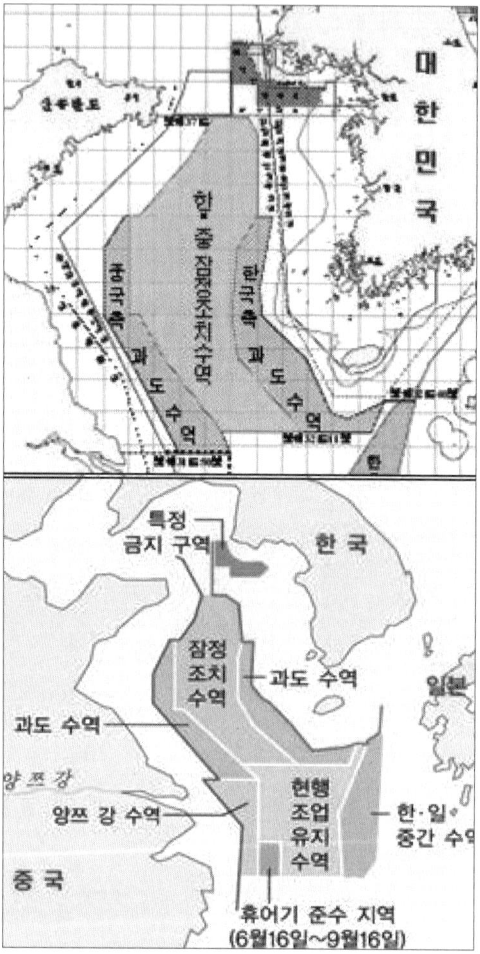

〈그림 8-6〉 한중 어업협정 결과

단을 통보해야 하고 명단에 없는 어선이 조업할 경우 무허가 조업에 해당하여 퇴각 조치하도록 했다. '과도수역'은 협정발효일로부터 4년이 경과하면 자동적으로 연안국의 '배타적 경제수역'으로 편입되도록 했고, 2005년 6월 30일 각각 양국에 편입되어 지금은 존재하지 않는다.

'한·중어업협정'은 한·중 양국이 양국에 속한 배타적 경제수역 전체에 대해 경계획정에 합의할 때까지 적용하기 위한 잠정적 어업체제이다. 그리고 '한·중어업협정'은 특별히 양국 간의 어업 문제만을 다루는 협정으로, 어업 문제를 제외한 배타적 경제수역 또는 대륙붕의 광물자원 개발 등 다른 문제에는 영향을 미치지 않으며, 또한 최종적으로 획정될 배타적 경제수역의 경계에도 영향을 미치지 않는다.

이 협정은 우리나라와 중국 사이에 배타적 경제수역이 서로 겹치는 서해와 동중국해 일부 수역뿐만 아니라 동해와 동중국해의 다른 일부 수역, 그리고 남중국해에 있는 중국의 배타적 경제수역에 대해서도 적용된다. 다만, 한·중은 양국간 배타적 경제수역의 경계를 획정하지 않고 양국의 '배타적 어업수역'(배타적 경제수역) 중간에 '잠정조치수역'을 설정하여 이 수역에서는 배타적 경제수역 제도의 적용을 일정 기간 유보하는 잠정 어업협정 체제를 수립하고 있다.

어업협정상의 배타적 어업수역은 해당 연안국이 어로 활동과 어족자원 보호에 대한 배타적인 권리를 보유하는 수역으로서, 외국 어선의 조업은 연안국이 부여하는 조건(조업방식, 어획량, 어획 가능한 어종 등)에 따라 허가를 받아야만 조업이 가능하다. '한·중어업협정'에 따르면, 이 수역에서는 각 연안국이 위반 어선에 대한 단속 및 재판 관할권을 행사할 수 있다.

이어도 8-9. 한·중어업협정은 이어도와 어떤 관계인가?

'한·중어업협정'은 이어도 주변수역에 대해서 명확한 경계를 확정하지 않은 채 잠정조치수역의 이남에 위치시킨 바 있다. 동 협정에서는 그 관리 방식이 명시되지 않고 있는 수역에서는 현행의 어업질서 및 활동이 유지되도록 규정함으로써, 이어도 주변수역에서는 한·중 양국이 계속하여 과거와 같이 자유롭게 조업할 수 있도록 했다.

이어도 주변수역은 북상하는 쿠로시오해류와 남하하는 황해의 한류, 그리고 중국 대륙의 연안수가 서로 합류하는 지점으로 꽁치, 조기, 멸치, 도미, 북어 등 다양한 어종이 교차하는 황금어장이다. 최근 중국 어선이 이어도 주변 수역에서 무분별한 남획으로 어장을 황폐화시키고 있는 반면, 우리나라는 유가 상승 등으로 수지타산이 맞지 않기 때문에 이어도에서의 조업을 포기하고 있는 실정이다. 해경이 이어도 주변해역에 함정을 배치해 순찰하고 있지만, 중국 어선의 조업 단속보다는 이어도해양과학기지 접근을 막는 것에 그치고 있다. 왜 이런 일이 벌어지고 있는 것일까? 그 이유는 이어도 주변수역이 '현행어업질서유지수역'에 해당하기 때문이다.

2001년 6월 발효된 '한중어업협정'에 의하면 한·중 양국은 배타적 경제수역으로서 '배타적 어업수역', '잠정조치수역', '과도수역', '현행어업질서유지수역'으로 4개의 어업에 관한 법적 공간을 설정했다. 이중 현행조업유지수역(Zone Where Current Fishing Patterns are to be Maintained)에서의 어업행위에 대한 관리는 전적으로 기국, 즉 선박의 국적을 알리기 위해 게양하는 국기가 나타내는 나라에 부여하고 있다. 즉 이어도 수역에서는 상대방의 단속을 받지 않고 자유롭게 어로활동을 할 수 있도록 개방되어 있다. 그렇기 때문에 이어도 주변 어장의 어족자원 관리에 문제점이 노출되고 있는 것이다.

그러나 '현행어업질서유지수역'은 한·중 양국관계에서만 현행의 어업활동이 유지되어지는 수역이다. 양국을 제외한 제3국에 대해서는 각자의 해양관할권이 적용되어지므로 한·중 양국을 제외한 제3국의 어선의 어로활동은 한·중 양국의 사전허가 없이는 조업할 수 없다.

이어도 8-10. 이어도 주변해역을 중국과 공동으로 개발할 가능성은?

다양한 해양영토분쟁 경험을 통해서 볼 때, 중국의 대응전략은 무력 행사나 시위를 통해 분쟁을 해결하기도 하지만 공동개발을 추진하는 경우도 없지 않다.

이른바 중국이 주장하는 '분쟁유보 공동개발'이 최초로 제기된 것은 1978년 당시 국무원 부총리였던 덩샤오핑이 일본과의 평화우호조약 체결을 위해 일본을 방문하여 기자회견했을 때이다. 덩샤오핑은 센카쿠 열도/댜오위다오 문제는 당장 해결할 수 없는 문제이며 향후 10년이든 혹은 그 이상이든 영유권 분쟁은 잠시 접어두자는 입장을 표명했고, 1984년 10월에는 중국공산당 중앙고문위원회에서 센카쿠 열도/댜오위다오 문제뿐만 아니라 남중국해의 난샤군도 문제의 경우에도 '분쟁유보 공동개발'의 원칙에서 문제해결이 가능하다는 입장을 천명한 바 있다.

'분쟁유보 공동개발'은 두 가지 함의를 갖는다고 할 수 있다. 하나는 분쟁해결 방식에서 외교적 협상을 통한 평화적 문제해결 방식을 의미하며, 이는 주변국의 간섭배제는 물론이고 국제사법재판소를 포함한 제3자의 중재에 의한 해결방식도 배제하겠다는 것을 의미한다. 또 하나의 함의는 '공동개발'의 문제로서 중국은 영유권 문제는 후대의 과제로 남기되 자원개발을 먼저 진행하자는 입장이다.

사실, 유엔해양법협약 체제 이후 해양분쟁 이슈들 중에서도 도서영유권과 해양경계획정 문제를 둘러싸고 나타나는 분쟁에서 특정 당사자의 일방적 양보는 기대하기 쉽지 않다. 도서나 암초 그 자체의 영토적 의미보다 섬으로 말미암아 얻을 수 있는 해양 권익이 너무나도 크기 때문이다. 따라서 국익에 충실해야 한다면 도서와 해역을 두고 경쟁하는 관련국들의 분쟁은 물러설 곳도 없고 비켜갈 곳도 없는 마주보고 끝없이 평행선을 달리는 열차와도 같다고 할 것이다.

공동개발 및 협력 방식은 중간선 원칙을 주장하는 한국의 입장과는 거리가 있을 수 있다. 이어도는 한국 측에 훨씬 가깝게 있기 때문이다. 그러나 장기적으로 해양경계획정에 대한 협상이 타결되지 못할 경우, 이러한 중국의 입장을 고려한 대응 또한 필요하다. 분쟁의 성격상 배타적 경제수역 문제는 영유권 문제가 아니라 관할권 문제이고, 그만큼 경제적 측면의 국익 증진이 당사국의 궁극적 목표가 된다.

그리고 배타적 경제수역 역시 해양의 영토로 인식되는 만큼 국민들도 이를 존재론적 갈등 이슈로 인식할 가능성이 높다. 중국 언론들은 종종 이어도를 자국의 영토라고 단정하면서 이어도해양과학기지를 한국 측의 불법 점거라고 보도하는 경우도 있다. 이는 충분히 이어도 문제가 중국내에서 민족주의적 이슈로 전화될 가능성이 있으며, 이것이 장기적인 분쟁 이슈로 지속될 경우, 이어도와 국가적 정체성을 동일시함으로써 한·중간 민족주의적 영토분쟁 이슈로 발전할 가능성도 배제할 수 없다.

장기적인 관점에서 보면 공동개발 및 협력의 가능성에 대비할 필요가 있다. 이에 대한 준비가 되지 않은 상황에서 이루어지는 공동개발 협력은 국익을 증진시키는 데 기여하지 못한다. 2008년 6월 중·일간 동중국해 문제(춘샤오 가스전) 관련 주국 외교부 부부장의 담화를 보면, 공동개발을 위한 두 가지의 중요한 전제를 제시한 바 있다. 하나는 중국 측의 주권적 권리와 관할권을 손상하지 않는 것이며, 다른 하나는 중국 측의 법률적 입장과 주장을 손상하지 않는다는 것이다.

공동개발의 경우 중국은 경계획정과 별도로 추진할 수 있지만, 중국의 법률을 근거로 사업을 진행할 수 있다고 밝히고 있다. 따라서 이어도 관할권 확보를 위한 국제법적 근거와 논리의 확보뿐만 아니라 공동개발 협력의

〈그림 8-7〉 중·일 공동개발구역

가능성을 고려한 협력 방안과 유리한 조건 확보 등을 위해서도 노력해야 할 것이다.

9. 이어도 분쟁

이어도 9-1. 이어도는 전략적으로 어떤 중요성이 있는가?

물류의 혈맥이라고 하는 '해양 수송로'(Sea Lanes of Communication: SLOC)를 둘러싸 경쟁은 해양 갈등을 야기하는 중요한 이슈 중의 하나이다. SLOC는 원유, 원자재 같이 생산활동에 필수적인 물자를 수송하는 해상 통로이다.

우리나라는 지형적으로는 반도국가이지만 지정학적으로는 남북분단으로 인해 육상 진출이 사실상 불가능하기 때문에 해양국가와 다름없다. 그리고 원유 및 원자재 등을 수입하여 이를 가공·수출하는 경제방식을 채택하고 있기 때문에 SLOC는 곧 한국 경제의 동맥과도 같다. 실제로, 우리나라는 국제교역량의 99.7%, 원유수입의 100%를 해운에 의존하고 있는 실정이다.

이러한 자원은 국가 기간산업에 필수적인 동시에, 국내생산만으로는 충당하기 어려워 거의 전량을 해외에 의존하고 있으며 해상운송을 통해 수입되고 있다. 특히 에너지 수입 동향을 보면 원유가 91.4%로 대부분을 차지하고 있으며, 나머지는 석탄, LNG 등이며 지속적인 에너지 수요의 증가로 에너지의 해외수입 의존도는 더욱 심화되고 있다. 그런 만큼 관련 해역이나 SLOC는 '한국경제의 생명선'이라고 할 수 있으며, 항행에 문제가 생길 경우 커다란 타격을 입을 가능성이 높다.

우리나라에게 해상운송의 연결망인 SLOC 보호는 국가의 경제발전뿐만 아니라 국가의 생존과도 직결된 문제로, 사활적인 국익이 걸려 있다고 해도 과언이 아니다. 국내 석유비축계획의 기본 방향은 정부의 직접비축을 60일 이상, 민간 비축을 30일로 하여 90일 이상의 석유를 비축하는 것이다. SLOC가 30일 이상 차단되면 한국경제는 심각한 타격을 입게 될 것이다.

삼면이 바다로 둘러싸여 있고, 분단으로 인해 북측이 막혀 있어 도서국가나 다름없는 우리나라에서는 SLOC가 평상시 경제를 지탱하고 전시 전쟁지속 능력을 보장하는 생명선과 다름이 없는 것이다. 특히 이어도 주변 수역은 연간 25만 척의 배가 통과하는 해상교통의 요충지이다. 한국의 핵심 SLOC가 통과하는 길목일 뿐만 아니라 중국에게도 경제적·전략적으로 중요한 SLOC의 길목이다. 그래서 이 수역은 중국이 '핵심이익'으로 간주하는 제1도련선 내에 포함되어 있다.

한편, 이어도가 위치하고 있는 우리의 서남해는 한·중·일 3국의 해양 경쟁이 치열하게 벌어지는 곳이라고 할 수 있다. 아직까지 서남해는 3국 간의 합리적 행동에 의해 갈등과 분쟁이 휴면상태에 있을 뿐 해양자원의 매장 등 경제적 가치를 고려할 경우 향후 심각한 갈등으로 전화될 소지가 매우 높은 수역이다.

군사적 측면에서도 서남해는 중국이 대양으로 진출하는 길목에 있으면서 양보할 수 없는 '핵심이익'으로 간주되는 제1도련선 안에 있기 때문에 미국이나 중국과의 힘의 대결도 예상되는 수역이다. 이런 맥락에서 서남해에 위치하고 있는 제주도를 위시한 수많은 우리의 도서들, 그리고 특히 이어도는 매우 중요한 군사적 가치를 지니고 있다고 할 수 있다.

중국은 전례 없이 해군력 증강에 박차를 가하면서 동북아 나아가 동아시아 지역 안정성을 흔들고 있다. 2010년을 전후로 한 최근의 추세로 볼 때, 중국은 미국을 포함한 주변 국가들에게 자신의 힘을 직·간접적으로 시위하고 있는 것으로 보인다. 그에 따라 일본, 한국 등 그 주요 주변국들은 중국으로부터 가해질지도 모르는 잠재적인 위험에 대비해 세력균형을 유지할 수 있는 조치, 즉 군비증강에 더욱 박차를 가할 가능성이 농후한 것으로 평가되고 있다.

중국이 이어도 주변수역에 대한 관심의 일단을 보여주는 것이 이어도 부근 중국의 국가세력 출현이다. 중국 관공선이나 항공기가 이어도 인근에 출현하는 횟수는 갈수록 늘어나고 있다. 뿐만 아니라 중국의 해군 소속 군함 및 잠수함도 상습적으로 한국 해군의 이어도 작전구역을 침범하고 있는 것으로 나타나고 있다.

특히 2011년 이후부터 이어도 주변수역에 대한 중국의 관심이 급격하게 증가하기 시작했는데, 이를 방증하는 대표적 사례가 중국의 '방공식별구역'(Air Defense Identification Zone: ADIZ) 선포이다. 2013년 11월 23일 중국은 이어도 상공이 포함된 동중국해 상공의 방공식별구역(CADIZ)을 전격 선포했다.

이어도 수역은 아직까지도 해양 경계가 명확하게 획정되지 않은 상태로, 우리 정부는 이어도해양과학기지 건설과 운용을 통해 자원과 해양주권 확보를 위한 노력을 계속하고 있다. 그러나 중국 역시 이어도에 대한 전략적 가치를 새롭게 인식하고 다방면에서 직·간접적으로 전략적 관심을 표명하고 있다.

이어도 9-2. 이어도 문제는 영유권 분쟁인가 관할권 분쟁인가?

이어도 분쟁의 성격에 대한 이해는 분쟁 이슈의 본질에 대한 이해와 대응을 위해서 뿐만 아니라 국민들의 해양주권 인식 제고를 위해서도 중요한 문제이다. 예컨대, 섬을 놓고 벌이는 분쟁과 해양경계의 획정을 놓고 벌이는 경쟁은, 모두 해양영토를 놓고 벌이는 경쟁에서는 차이가 없지만, 본질적으로 차원이 다른 문제이기 때문이다. 결론부터 말하면, 섬을 둘러싼 분쟁은 영유권(dispute over sovereignty) 문제이고, 해양경계의 획정을 놓고 벌이는 경쟁은 관할권(dispute over jurisdiction)의 문제이다.

영유권과 관할권은 모두 정부의 권한 행사에 관한 것이지만 영유권이 더 강력한 정부권한 행사를 의미한다. '영유권'(領有權)은 '점령'과 '소유'가 결합된 일본식 법률용어로 영토주권을 가지고 있다는 의미를 담고 있다. 영유권은 영토와 영해에서 국가가 행사하는 유일하고 독자적인 통치권한을 말하는 것으로 해석될 수 있다.

반면, '관할권'(管轄權)은 일반적으로 국가의 주권이나 관청의 권한이 미치는 범위를 뜻한다. 이어도 해역은 배타적 경제수역이므로 영해에서 국가가 행사할 수 있는 권한을 모두 행사할 수 없으며 영해에 비하면 제한적인 권한만을 행사할 수 있다. 따라서 이어도를 둘러싼 한·중간의 쟁점은 영유권보다는 관할권을 행사에 관한 문제라고 할 수 있다.

이어도와 독도에 대한 비교를 통해 이 문제를 보다 명확히 이해할 수 있을 것이다. 이어도와 독도는 모두 대한민국이 반드시 지켜야 할 해양영토이다. 독도는 경상북도 울릉군 울릉읍 독도리 1-96번지도 부여받아 엄연한 대한민국의 영토로서의 지위를 확고히 하고 있다. 이는 독도가 항상 바다위에 솟아난 섬이어서 영토로서의 지위를 인정받을 수 있다는 것을 의미한다. 그렇지만 이어도는 수면 밑 4.6m에 있는 수중암초이기 때문에 영토로서의 지위를 부여받을 수 없다.

중국과 일본 간에 일촉즉발의 군사적 충돌 일보 직전까지 갔던 센카쿠 열도/댜오위다오 분쟁도 섬을 둘러싼 분쟁이었기 때문에 영유권 분쟁으로 불린다. 독도나 센카쿠 열도/댜오위다오와 달리, 이어도는 배타적 경제수역이 중첩됨으로써 야기된 문제이다. 이 문제를 해결하기 위해서는 양국간 협상을 통해서 해양의 경계가 획정되어야 한다.

이어도 9-3. 이어도에 대한 한국 정부의 입장은 무엇인가?

우리 정부(외교부)는 해양경계획정에 대해 1996년 유엔해양법협약 발효 이후 한·일, 한·중간 상호 면해 있는 바다의 폭이 400해리 미만인 관계로 중·일과 배타적 경제수역 중복에 따른 경계획정 문제가 발생했다고 인식하고 있다. 그에 따라 "우리는 일본 및 중국과 지속적으로 해양경계획정 회담을 개최하여 우리 배타적경제수역 및 대륙붕을 최대한 확보토록 노력"할 것이라는 기본 입장을 견지하고 있다.

우리 정부는 해양경계획정이 한반도 주변 해양자원의 효율적 활용과 동북아 해양질서의 발전뿐 아니라 역내 평화와 안정 증진에도 중요한 사안임을 강조한다. 그에 따라 1996년 이래 일본 및 중국과 해양경계획정 문제에 대한 협상을 진행하면서, 한반도 주변 수역에서의 해양문제를 궁극적으로 해결하기 위해 노력해 왔다고 밝히고 있다. 현재는 해양경계획정에 관한 원칙 등에서 양측 간 이견이 있지만 지속적인 교섭을 통해 우리의 최대 수역 확보를 위해 노력할 것임을 천명하고 있다.

한편, 우리 외교부는 이어도를 "동중국해 4.6m의 수심에 상시 잠겨있는 수중암초"라는 점을 분명히 하면서 "유엔해양법협약상 '섬'이 아니므로 자체적인 영해나 배타적 경제수역을 갖지는 않으며, 영유권 분쟁의 대상에도 해당되지 않"는다는 점을 분명히 하고 있다. 따라서 "이어도 관련 영토문제는 없으며, 해양경계획정의 문제만 존재"하지만, "이어도 수역은 우리 측에 훨씬 가까운 곳으로, 한·중간 해양경계획정 이전이라도 명백히 우리 측 배타적 경제수역에 속하는 수역"이라는 기본 입장을 천명하고 있다.

따라서 이어도 이슈는 해양경계획정의 문제로서, 현재 진행 중인 한·중간 해양경계획정 회담 타결을 통해 이어도 문제를 근본적으로 해결하고자 정부가 노력하고 있음을 밝히고 있다.

이어도 9-4. 이어도에 대한 중국 정부의 입장은 무엇인가?

이어도에 관해 중국이 문제를 제기하기 시작한 것은 이어도종합해양과학기지 건설 이후부터라고 할 수 있다. 중국 국가해양국(國家海洋局)의 2005년『해양행정단속보고서』(海洋行政執法公報)는 중국이 정부 차원에서 이어도 과학기지에 대한 감시활동을 벌였다는 것을 공식적으로 처음 밝혔다.

이 보고서에 따르면, 중국의 해양감시용 비행기를 이용하여 이어도 종합해양과학기지에 대해 5회의 순항 감시를 했다. 더욱이 이 보고서는 중국이 자국의 해양권 수호를 위해 유엔해양법협약과 중국 영해 관련 국내법을 근거로 관할 해역에 대한 감독·관리와 인접국과의 분쟁이 있는 해역에 대해 순항 감시를 진행했다는 언급을 덧붙임으로써 이어도를 둘러싼 분쟁 가능성을 염두에 둔 감시활동이 이루어지고 있다는 점이 주목을 끌었다.

그리고 2006년 9월 14일 중국 정부는 외교부 차원에서 친강(秦剛) 대변인을 통해 한국 정부의 과학기지를 이용한 해양활동 반대와 함께 그러한 행동의 법률적 효력을 부정하는 공식 발표를 했다. 다음은 기자들의 질문에 대한 답변 요지를 정리한 것이다.

- 쑤옌자오(蘇岩礁: 이어도의 중국 측 명칭)는 동중국해 북부에 위치한 수중 암초로서 중국과 한국 간에는 이에 대한 영토 분쟁이 존재하지 않는다.
- 중국과 한국은 이미 배타적 경제수역의 경계획정에 대한 협상을 진행했다. 쑤옌자오가 위치한 해역은 양국의 배타적 경제수역 주장이 중첩되는 곳이다.
- 중국 측은 한국 측이 쑤옌자오에 해양관측기지를 건설하는 문제에 대해 2000년과 2002년 두 차례에 걸쳐 이견을 제기하여 양국 배타적 경제수역의 주장이 중첩되는 해역에서 한국이 일방적으로 활동하는 것을 반대했다. 한국 측은 쑤옌자오가 양국 배타적 경제수역의 경계 획정에 영향을 끼치지 않을 것임을 밝혔다.
- 쑤옌자오 문제에 대한 중국 측의 입장은 일관되고도 명확하다. 즉 한국 측의 일방적 행동은 어떠한 법률적 효과도 없다는 것이다.

이 성명에서 중국 정부는 양국간 배타적 경제수역 경계설정 문제가 마무리 되지 않은 상태라는 점을 들어 한국이 이어도에 인공 구조물을 세운 것은 문제라고 지적하고 있다. 이와 함께 쑤옌자오는 동중국해 북부의 수면 아래에 있는 암초이기 때문에 과학기지 건설과 이를 이용한 한국의 해양활동은 아무런 법률적 효력도 없는 행위라는 점을 강조했다. 그리고 더 나아가 중국 정부는 쑤옌자오를 둘러싼 해양분쟁을 대화와 협상을 통해 해결하기를 바란다고 공식적인 견해를 표명했다.

이는 2006년 9월 13일 국내 언론들이 2005년『해양행정단속보고서』의 내용에 근거하여 중국해감(中國海監)이 이어도 해역에 대한 감시활동을 벌인 사실을 보도한 직후에 나온 것으로, 이어도에 대한 중국 정부 최초의 공식적 언급이다. 중국 정부의 이어도에 대한 공식적인 대응은 과학기지에 대한 문제제기와 항의로, 일반적인 외교적 대응 수준을 크게 넘어서지는 않았다.

이어도 9-5. 중국 관료와 민간 부문에서는 이어도를 어떻게 보는가?

2007년부터 중국 정부의 일부 관료들을 중심으로 이어도에 대한 보다 적극적인 대응을 주문하는 주장들이 한층 강하게 대두되기 시작했다. 중국해감의 동해총대(東海總隊) 부총대장인 위즈룽(郁志榮)은 한·중 양국 간에 배타적 경제수역이 아직 획정되지 않았음을 강조하면서, 해양과학기지에 게양된 태극기를 빌미로 과학연구 이외의 '다른 의도'가 감춰져 있기 때문에 중국 정부의 보다 강력한 대치를 주문했다.

중국 인민해방군 산하의 난징(南京) 육군지휘학원의 작전지휘교육연구실 소속 천쯔광(陳家光)은 다소 무리한 역사적 논리와 격한 어조로 한국 정부의 이어도 과학기지 건설을 중국의 영토주권을 침범하는 행위라고 강변했다. 역사적으로 이어도 주변이 중국 어민들의 어장이었고, 청나라 말기인 1880~90년에 이미 이어도의 위치가 해도에 표기되어 있었으며, 이어도 해역이 예로부터 중국 고유의 해역이라는 데 대해 한국과 일본이 아무런 이의를 제기하지 않았다는 점 등을 논거로 제시한다.

이처럼 이어도에 대한 억측과 강변은 여기서 그치지 않았다. 2007년 12월 경 해양신식망(www.coi.gov.cn)의 해양문화 코너의 "쑤옌자오"란에 그러한 논리와 주장이 고스란히 반영되었다. 그 내용을 요약하면 다음과 같다.

- 이어도의 중국명 소위 쑤옌자오는 장수(江蘇) 외해의 암석, 해초의 의미이다.
- 이어도 부근 해역은 예부터 중국 어민들이 활동한 어장으로서, 중국 어민들은 이어도를 굽어보며 많은 신화전설을 만들어냈다.
- 중국은 1880~90년대에 쑤옌자오를 인식했으며 이는 청 말 북양수사(北洋水師)의 해도에 명확하게 표기되어 있는 것으로써 증명된다.
- 1963년 유에진(躍進)호 침몰 사건 당시 저우언라이 총리의 지시로 쑤옌자오 부근 해역에 대한 건국 이래 최초의 정밀 탐사를 실시하고 높은 수준의 해도를 만들었다.
- 1992년 5월 중국 북해함대 해양탐사팀이 쑤옌자오 해역을 전면 탐사하여 동경125° 10'45", 북위32° 7'42"에 최후 위치를 확정하고, 쑤옌자오 해역에 대한 측량을 성공적으로 끝마쳤다.
- 쑤옌자오는 한·중 배타적 경제수역의 주장이 겹치는 지역으로서, 그 귀속은 쌍방의 담판을 통해 해결해야 한다.

중국 해양신식망은 중국 국가 기관인 국가해양신식중심(National Marine Data and Information Service)의 웹사이트로서, 이곳에 게시된 이러한 주장은 중국의 공식 입장에 다름 아니라고 할 수 있다.

한편, 민간 차원에서의 이어도에 대한 중국의 관할권 주장도 유의할 만하다. 『아주주간』 2006년 11월 26일자에 따르면, 한국의 이어도 과학기지를 철거시키고 이어도를 중국령으로 확보하는 것으로 목적으로 2006년 중국 사회과학원 대학원생 왕젠싱(王建興)의 주도로 '중화쑤옌자오보위협회'(中華保衛蘇岩礁協會)가 구성되었다. 이 협회는 이어도 문제에 대한 중국인들의 관심을 촉구하고, 한국 정부에 "쑤옌자오 위에 설치한 모든 불법 건축물을 즉각 철거할 것을 강력 요구"하면서 향후 한국대사관에 항의 서한과 함께 이어도에 선박을 보내 암초에 '중국령'이라고 새겨진 동패와 석비를 세울 계획까지 내놓았다.

2006년과 2007년 사이 이어도를 둘러싸고 벌어졌던 중국 민관 부문의 적극적인 대응은 2008년 8월 25일 후진타오(胡錦濤) 국가주석의 한국 방문을 앞두고, 해양신식망의 이어도 관할권 주장은 8월 13일자로 삭제되고, 그 대신에 "이어도는 한·중 양국의 200해리 경제수역이 겹치는 지역에 있다", "귀속문제는 양국간 협상을 통해 해결돼야 한다"는 내용으로 수정 게재했다.

이러한 일부 관료나 민간단체의 과격한 주장, 해양신식망의 이어도 주장에 대한 해프닝 등을 볼 때, 중국 정부는 이어도 문제가 단지 갈등적 이슈로의 확대를 경계한 외교적 입장에서 취해진 전술적 조치일 뿐이고, 전략적인 관점에서 이어도에 대한 관할권 주장은 앞으로도 지속될 것임을 암시하는 것이라고 할 수 있다.

이어도 9-6. 중국의 주장에 대해 국내 학계는 어떤 반론을 제기하는가?

중국은 해양경계의 원칙뿐만 아니라 역사적 근거 등을 자국에 유리하도록 아전인수식으로 해석, 주장하고 있다. 국내 학계에서는 중국 측 주장에 대한 반론을 위한 논거를 찾는 데 많은 노력을 기울여 왔다.

국내 학계에서는 중국이 주장하는 자연연장이론에 대해 다음과 같이 반론한다. 지질학적으로 이어도는 제주도와 같이 생성되어 한반도와 더불어 대륙으로 존재하다가 바다에 잠긴 곳이다. 더욱이, 퇴적토의 어떤 특정한 성분 또는 어떤 지역의 퇴적토가 어디에서 발원된 것인지를 과학적으로 입증하기 어렵다. 따라서 지질학적으로 이어도가 중국에서 비롯된 퇴적층, 즉 실트(silt)인지를 과학적으로 입증하는 것은 어렵다고 국내 학계는 주장한다.

국내 학계는 또 서해와 동중국해 대륙붕은 중국과 한국의 공유 대륙붕(동질적인 연속체로 된 하나의 대륙붕)이면서도 400해리가 안 되는 좁은 대륙붕이며, 1985년 이래 일관되게 성립된 국제판례와 국제법 법리에 의거, 육지 자연연장설은 배제되고 있다(1958년 제네바 대륙붕 협약 제6조 1항)고 주장한다. 1985년 리비아–몰타 대륙붕 사건에 따르면, 200해리 내에 있는 대륙붕에 대해서는 해저, 해상토의 지형적 특성을 경계획정에서 고려하지 않으면서 자연연장 원칙의 적용을 배제했다. 이후 대륙붕 경계획정에서 육지 영토의 자연연장 원칙은 크게 주목받지 못하고 있다.

다음으로, 형평의 원칙에 대한 반론을 보면, 우선 해안선의 길이에 대해 국내 학계는 직선기선으로 보면 이어도를 접하고 있는 중국 해안선이 한국 해안선보다 1.39배 길지만 통상기선으로 보면 이어도를 접한 한국의 해안선이 중국보다1.18배가 길다고 주장한다. 그리고 인구를 해양경계획정의 기준으로 삼는 경우는 없다고 주장한다.

한편, 중국이 내세우는 역사적 근거로 『산해경』이 유일할 뿐 관련된 문화예술에 관한 생활상이나 관습의 예는 찾아보기 어렵다.

국제적으로 해양경계를 획정하는 일반원칙도 '중간선 원칙'이다. 최근

미얀마와 방글라데시 뱅골 만 해역의 해양경계 획정문제가 중간선원칙을 근거로 해결되었다. 2012년 3월 14일 방글라데시와 미얀마 간 벵골만 해역에서의 해양경계획정 사건에 대해 판결했다. 벵골만 해역은 인도양 북동부에 위치한 만으로서 이 해역에 위치한 해저유전의 개발을 두고 방글라데시와 미얀마 간에 분쟁이 격화되고 있었다.

이 사건에서 재판부는 기존의 국제 판례들과 같이 먼저 양국 연안으로부터 잠정적 등거리 선을 그은 후 오목한 해안지형과 같은 관련 사정을 고려해서 조정하는 방법론을 따르고, 400해리 이내의 내대륙붕상의 중첩되는 바다의 경계획정에서는 퇴적층과 같은 지질학적 요소가 고려되지 않는다고 결정했다. 결과적으로 200해리 배타적 경제수역과 상당 부분의 대륙붕 관할권이 방글라데시에 있다고 판결한 것이다. 즉 중국이 전가의 보도처럼 써먹는 '대륙연장설'을 인정하지 않은 것이다. 부연해서 소위 중간선 원칙이 국제 판례의 주도적 경향임을 다시금 확인한 것이다.

이어도 9-7. 이어도와 중국 민족주의의 관계는?

그동안 중국의 민족주의는 종종 대외관계용으로 활용되어 왔다. 1999년 나토군의 유고 주재 중국 대사관 폭격(오폭)에 따른 반미시위, 2000년 후반에서 2001년 초반 일본의 역사교과서 문제로 인한 반일민족주의, 2001년 4월 미국 정찰기와 중국 전투기의 충돌에 따른 반미 민족주의, 2005년 일본의 유엔 안보리 진출 문제 및 역사교과서 왜곡 문제로 인한 반일시위, 2008년 3월 베이징 올림픽 성화봉송 과정에서의 민족주의 표출, 2010년 이후 일본과의 센카쿠 열도/댜오위다오 분쟁의 격화로 인한 민족주의 표출 등에서 보듯이, 1990년대 말 이후 대외 갈등이나 영토분쟁은 중국내 민족주의 시위와 짝을 이루어 전개되고 있다.

2000년대 들어서는 '중화민족의 위대한 부흥(中華民族的偉大復興)'을 기치로 내세우면서 '민족'과 '중화민족'을 공개적으로 언급하기 시작했다. 이는 정부 차원에서 중화민족주의를 대내외에 공식 표명하고 고취하기 시작했음을 보여주는 것이다. 시진핑이 취임사에서 "중화민족의 위대한 부흥"을 언급한 것도 중화민족주의의 적극적인 대외적 표명으로 해석될 수 있다.

중국 정부 및 주요 관료, 그리고 민간단체가 공식·비공식적으로 이어도의 관할권에 대해 표명한 입장들은 다양하다. 이러한 주장들에는 유엔해양법협약을 근거로 비교적 온건한 시각에서 이어도에 대한 한국 정부의 입장에 대해 문제를 제기하고 이어도 과학기지 활동에 대해 항의하는 시각이 있는가 하면, 동북아 지역에서 발생하는 여느 영토갈등들과 마찬가지로 민족주의적 정서를 동원한 감정적 주장이나 극단적인 도발도 만만치 않게 나타나고 있다. 예컨대, 특히 근거가 부족한 역사적 논리를 동원하여 예로부터 중국이 이어도를 관할했다는 주장이나 이어도 과학기지 건설을 중국의 영토주권 침범이라는 강변이 그것이다.

또 이어도와 관련된 중국 홍가(紅歌)가 400만 네티즌들의 지지 하에 최우수 홍가로 선정되었다는 점도 간과되어서는 안 될 문제이다. 다음은 그 홍가의 주요 내용이다.

> 蘇岩礁乃延伸的華夏
> 수옌쟈오(이어도)가 뻗어나간 화하(중화문명)
> …
> 釣魚島上開滿了山茶
> 댜오위다오(센카쿠 열도)에 동백이 가득 피었네
> 朵朵奇葩是西沙

송이송이 아름다운 꽃들이 서사(서사군도)에 피고

…

滔滔江河融滙四海誰能斷

세차게 굽이쳐 흐르는 강물이 사해와 섞이는 것을 누가 막겠는가

多遠都不遙遠

멀긴 멀어도 까마득하진 않구나

中國海血脈相連

중국해의 맥은 서로 연결되어 있으니

최근의 센카쿠열도/댜오위다오 분쟁에서 보듯이, 중화민족주의의 대외적 발현으로 공세적인 해양영토분쟁이 지속·강화될 경우에는 중국과 군사적 대결이라는 극한 상황에 직면할 수 있음도 간과해서는 안 될 것이다. 이어도는 센카쿠 열도/댜오위다오 분쟁에 이은 중국의 다음 대상이 될지도 모른다.

해양영토분쟁이 항상 객관적인 사료와 근거 및 국제법을 기초로 합리적인 협상과 타협에 의해 합의에 도달하는 것은 아니다. 영토분쟁은 국내외의 다양한 요인들과 결부되어 가시화되기도 하고 잠재화되기도 한다. 영토분쟁은 영토 획득 그 자체도 중요하지만 경우에 따라서는 국내의 민족주의적 흐름에 편승하는 경우도 종종 있다.

따라서 이어도 문제에 대한 중국의 논리적 근거와 주장에 대한 보다 객관적이고 합리적인 대응태세의 확립과 함께, 민족주의적 동원 전략에 기반한 중국의 이어도 분쟁 가능성을 염두에 둔 대응전략 마련이 필요하다. 한층 대담하고 공세적으로 진화하는 중국 민족주의에 주목하지 않을 수 없다.

이어도 9-8. 이어도는 중국의 '핵심 이익'에 포함되는가?

중국의 '핵심이익론'은 비교적 최근에 등장한 담론이다. 그동안에는 타이완, 신장(新疆), 티벳 등이 어떠한 상황에도 양보할 수 없는, 물리력의 사용까지 불사하고 지켜내야 할 핵심이익으로 언급되어 왔다. 그런데 최근 중국과 연관된 일련의 직간접적 사건들로 '핵심이익론'을 둘러싼 논란이 벌어지고 있다.

2009년 워싱턴에서 개최된 미·중간 '전략경제대화'(Strategic and Economic Dialogue)에서 중국의 '핵심이익'으로 ① 중국의 기본 국가체제(basic systems)와 국가안보 수호, ② 국가 주권과 영토 보전, ③ 경제사회의 지속적인 발전 등 세 가지를 제시했다.

그리고 2010년 남중국해 분쟁과 관련하여 중국의 외교책임자가 미국에게 중국의 핵심이익을 존중해달라고 요구한 사실이 알려지기도 했다. 또 중·일 간 센카쿠열도/댜오위다오 분쟁, 천안함·연평도 사건 이후 미국 항공모함의 서해 진입과 관련한 중국의 강한 반발 등의 사건들로 '핵심이익'에 관한 논란이 크게 불거졌다.

그에 따라 중국은 2010년 12월 다이빙궈 외교담당 국무위원의 "평화발전노선 견지" 기고문과 2011년 9월 발간한『평화발전백서』등에서 중국의 핵심이익을 국가주권, 국가안보, 영토통합, 국가통일, 중국헌법이 규정한 정치제도와 사회의 안정, 경제사회의 지속가능한 발전으로 정의하였다. 그러나 이러한 정의는 모호하고, 특히 중국의 필요에 의해 언제든 확대 적용이 가능하다. 더 나아가 '핵심이익'의 수호를 위해서는 무력까지 동원할 수 있을 것이라는 점에서 국제사회의 우려를 낳고 있다.

최근에는 핵심이익의 범위가 확대되어 남중국해뿐만 아니라 전략 자원과 해양수송로도 중국의 핵심이익의 범주로 등장하고 있다. 특히 이러한 이슈들이 중국내 민족주의 정서와 결합될 경우 분쟁 이슈로 발전할 가능성은 충분하다. 따라서 중국은 전통적 핵심이익이라고 할 수 있는 육지 영토뿐만 아니라 센카쿠열도/댜오위다오나 남중국해의 남사군도 같은 도서영유권 등과 관련된 해양영토 문제들이 불거질 경우 기존의 관행적 대응을 넘어서 훨씬 더 적극적이고 공세적으로 접근할 가능성이 있다. 2012년 말 18차 당 대회 정치보고에서도 "국가주권, 안보, 발전이익을 수호하고, 어떠한 외부의 압력에도 절대 굴복하지 않을 것"(胡錦濤, 2012)임을 천명했고, 특히 '해양'과 관련해서는 여러 차례 강조했다.

실제로 중국은 최근 들어 해양 문제에 높은 관심을 보이고 있다. 2010년 7월 한·미 양국이 황해에서 예고된 합동군사훈련과 ARF에서 미국의 남중국해 문제에 대한 발언에 대해 중국 정부와 언론들은 '황해의 안전'과 '남해의 주권'은 중국의 양보할 수 없는 핵심이익이라고 주장했다. 과거 중국이 대만, 티베트, 신장 등을 핵심이익이라고 주장했던 데 비해 해양영토까지 핵심이익의 범주에 포함시키고 있다. 육지 영토의 면적이 세계 3위이지만 해양영토 면적은 일본의 1/5도 안 되는 중국에게 해양영토나 해양경계획정 문제는 영토의 보전을 넘어 영토의 확장을 가능케 한다는 점에서 적극적인 대외정책의 대상이 된다.

이러한 맥락에서 이어도 역시 중국의 핵심이익 범주에 포함된다고 할 수 있다. 이어도는 중국의 국가 주권 및 영토 보전과 직접 관련된 문제이기 때문이다. 향후에도 이어도에 대한 중국의 지속적인 관심은 물론, 적극적인 공세의 가능성을 가늠해 볼 수 있을 것이다.

이어도 9-9. 중국의 도련선 전략과 이어도는 어떤 관계인가?

중국은 마오쩌둥 시대까지 광활한 국토로 적을 끌어들여 싸우는 인민전쟁전략을 채택했다. 그러나 1980년대 이후 덩샤오핑의 지시로 국토 밖에서 적을 맞아 싸우는 적극방어전략으로 전환했다. 기존의 '연안방어'(coastal defense) 중심의 전략에서 보다 적극적인 '근해방어'(offshore defense) 전략으로 전환한 것이다. 중국 해양전략의 일대 전환의 중심에는 류화칭(劉華淸) 해군사령관이 있었다. 그의 전략의 핵심은 도련선(島鏈線, island chains) 계획이다.

중국의 도련선 계획은 〈그림 9-1〉과 같이 제1도련선과 제2도련선으로 구분된다. 제1도련선은 쿠릴열도를 시작으로 일본에서 대만, 필리핀, 말라카 해협에 이르며, 제2도련선은 오가사와라, 괌, 사이판, 파푸아뉴기니로 연결되는 해양방어선이다. 따라서 중국의 해양전략에서 해양의 범위는 과거의 연안으로부터 제1도련선에 해당되는 근해, 그리고 제2도련선에 해당하는 외양으로 구분된다.

이러한 해양전략 기조에 따라 중국의 해양전략은 3단계로 구분할 수 있다. 제1단계는 적극적 방어에 기초하여 중국본토로부터 제1도련선 안쪽 해역에 대한 해양 통제를 강화하는 전략이다. 1980년대 중반부터 시작되어 2000년까지 추진된 제1단계는 근해 함대능력을 바탕으로 제1도련선 내의 해역에 대한 적극적인 근해방어가 주목적이다. 제2단계 해양전략 개념은 중거리 전진방어에 기초하고 있는데, 보닌제도, 마리아나제도, 팔라우제도 등 제2도련선까지 해양통제권을 확보하는 것이다. 그리고 제3단계는 신형함정을 바탕으로 제2도련선 밖 해역에 대한 장거리 전진방어를 전략개념으로 채택하고 있다. 제1도련선 전략은 2000년까지 완성되었고, 제2도련선 전략

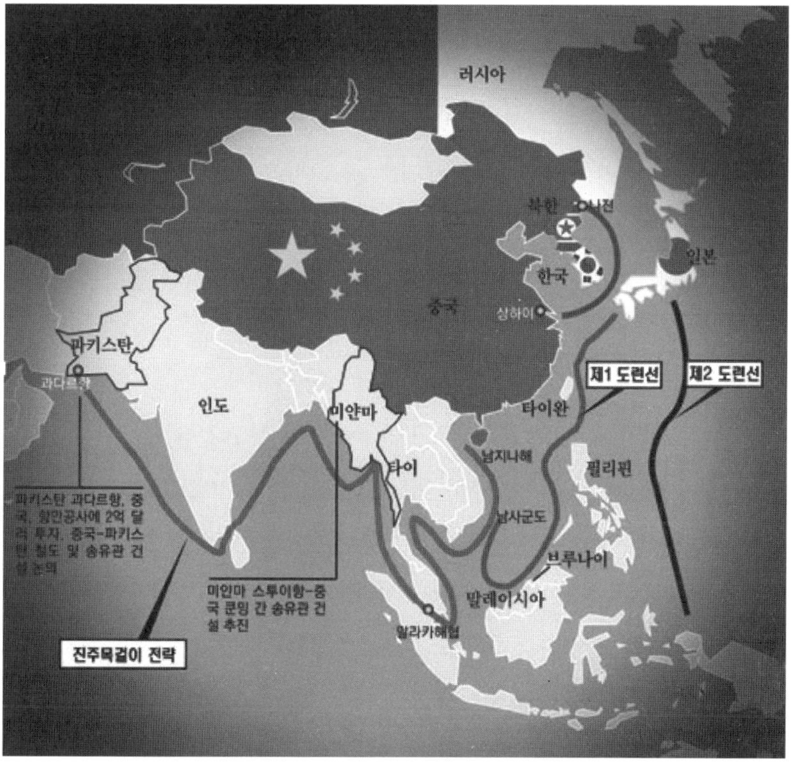

〈그림 9-1〉 중국의 제1, 2 도련선과 진주목걸이 전략

도 2020년을 목표로 추진하고 있다.

〈표 9-1〉 중국 정부수립 이후 해양전략 개념의 변화

구 분	1949~1981	1982~2000	2001~2020	2020~2050
전략개념	연안방어 (coastal)	근해방어 (offshore)	지역전진방어 (regional)	원양전진방어 (blue sea)
방어범위	해안/연안	제1도련	제2도련	원양
작전범위	150nm	150–600nm	1,350–1,500nm	1,500nm이상
전략목표	people's war	area of sea control	area of sea denial	global defense

3단계 해양전략론은 중국 해군의 현대화와 발전의 지침을 제공하고 있다. 비록 2000년까지 목표로 하고 있는 제1도련 내에서의 해양통제권은 확보하지 못하고 있지만, 해적 퇴치를 위해 아덴만(Gulf of Aden)까지 구축함을 파견한 바 있다. 뿐만 아니라 중국은 중동에서 중국 연안을 잇는 해상교통로 주변에 위치한 중요한 연안국가들과 외교적 유대 강화를 통해 이들 국가 내에 중국의 해군기지 혹은 항만시설을 건설하여 중국의 상선과 에너지 수송선 등을 보호하기 위한 진주목걸이 전략(string of pearls)을 추진하고 있다.

2000년대 중반 이후부터 중국 내에서는 근해방어전략을 넘어서는 원해방어(Far Sea Defense) 전략론이 서서히 대두되기 시작했다. 후진타오 국가주석은 2007년 제17차 중국공산당 전국대표대회에서의 연설을 통해 "근해종합작전능력을 향상시킴과 동시에, 서서히 원해방위형으로 전환하여 원해기동작전 능력을 향상시킬 것"을 지시했다. 2011년에 발간된 중국의 『국방백서 2010』은 해군의 근해방어전략 임무를 재강조하면서도, 동시에 원해에서의 작전능력을 개선할 필요성을 지적했다.

중국의 해양전략은, 단기적으로는 제1도련내의 해역에서 해양통제권을 확립하고, 중기적으로는 제2도련내의 해역에서 해양거부권을 행사하며, 장기적으로 전 세계 해양으로 작전범위를 확대할 수 있는 대양해군의 건설을 목표로 하고 있다. 이러한 맥락을 고려하면, 이어도는 제1 도련선의 범주에 포함되며, 중국의 사활적 이해가 걸린 지역에 포함된다. 더욱이, 이어도는 중국의 국가 주권 및 영토 보전과 관련된 핵심이익이 포함된다. 따라서 중국의 입장에서 이어도는 결코 가볍게 볼 수 없는 중차대한 국익 이슈인 것이다.

이어도 9-10. 이어도 상공의 방공식별구역 설정으로 인한 문제는?

'영공'(領空, aerial domain)이란 영토와 영해의 수직 상공, 즉 주권이 미치는 하늘의 공간이다. 영공은 국가공역 중에서 완전하고도 배타적인 주권을 행사할 수 있는 공역이다. 우리나라는 영토 및 영해의 상부공간으로 정의하고 있다. 영공주권의 성격은 절대주권이라는 점에서 일반적인 국제법의 제한을 받지는 않지만, 영공의 통제는 국제적인 추세에 따라 관련 조약, 판례 및 관습 등에 의해 배타적인 주권행사를 할 수 있으며 여기에는 국내법이 동시에 적용되기도 한다.

'방공식별구역'(Air Defense Identification Zone: ADIZ)이란 자국 영공의 방위를 위해 영공의 바깥쪽 공해 상공에 설정되는 가상의 공중 구역을 의미한다. ADIZ는 국가안보를 위해 국제법적 근거 없이 일방적으로 설정한 상공의 경계로, 그 선포와 운용도 국가별로 다양하다.

최근 이어도해양과학 기지의 가치를 확인할 수 있는 사건이 있었다. 2013년 11월말 중국은 이어도 상공을 포함하는 중국 방공식별구역(China ADIZ)를 일방적으로 선포했다. 향후 중국에서 선포한 CADIZ를 비행하는 모든 항공기는 사전에 비행 계획을 중국 정부에 알리도록 한 것이다. 중국의 입장에서는 미확인 비행 물체가 중국의 영공에 매우 빠른 속도로 진입할 경우 이에 대한 대응 시간이 부족하므로 불가피하게 CADIZ를 선포했고, 이를 근거로 미확인 비행 물체에 대한 식별, 감시, 통제를 가함으로서 잠재적인 공격 가능성에 대비하고 중국의 주권과 영공을 수호하기 위한 차원에서 방공 식별 구역의 설정이 필요했다고 주장했다.

중국의 CADIZ 선포는 적지 않은 문제를 야기할 수 있다. 중국을 향하는 항공기뿐만 아니라 단순히 해당 구역을 비행하는 경우에도 적용되기 때문에 공해상에서의 비행에 대한 자유를 침해하게 된다. 또 사전에 주변국들과 협의 없이 이루어진 일방적 선포이기 때문에 주변국들의 ADIZ와도 중첩되는 문제를 초래했다. 더욱이 중국이 동중국해에 설정한 방공 식별 구역은 우리나라의 이어도종합해양과학기지와 일본이 영유권을 주장하는 센카쿠/댜오위다오를 포함하고 있기 때문에 향후 이 지역에서의 긴장을 고조시킬 우려도 배제할 수 없다.

이러한 중국의 일방적 CADIZ 선포 조치에 대응해 우리 정부도 같은 해 12월 8일 이어도를 포함하는 새로운 한국방공식별구역(Korea ADIZ)을 선포하고 12월 11일 발효시킨 바 있다. 우리 정부가 중국의 조치에 적극 대

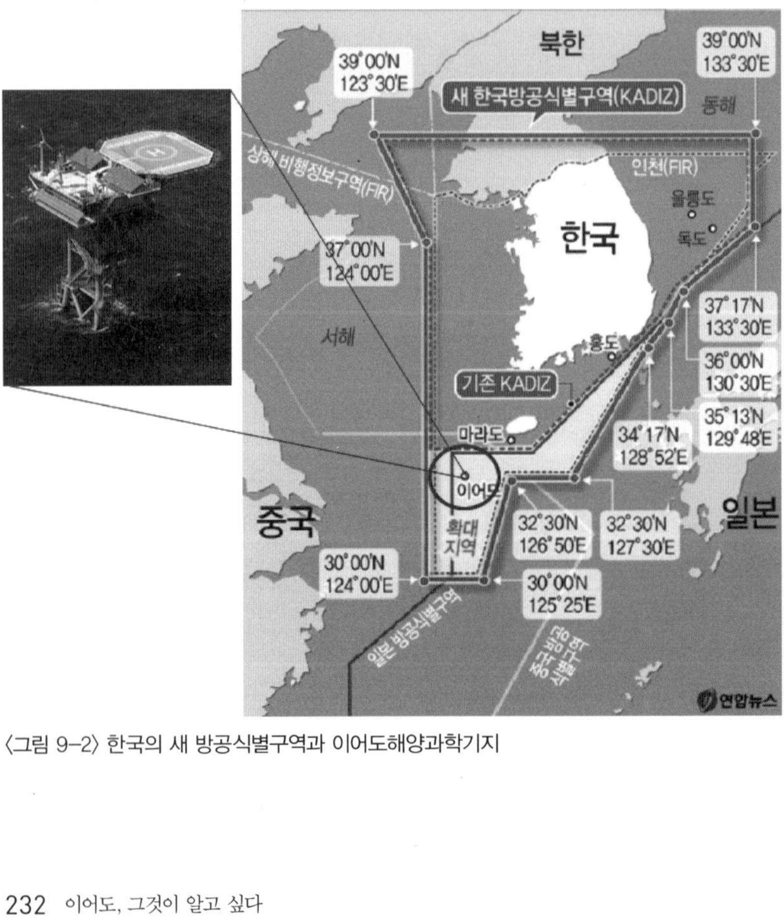

〈그림 9-2〉 한국의 새 방공식별구역과 이어도해양과학기지

응했던 것은 이어도해양과학기지의 존재가 크게 작용했던 것으로 보인다. 이어도해양과학기지가 있었기 때문에 우리 국민들은 이어도 해역에 대해 보다 구체적이고 명확한 관할 필요성에 대한 인식을 가질 수 있게 되었고, 이어도 관할권 확보의 필요성도 분명하세 인식하게 되었다.

10. 이어도와 해양주권

이어도 10-1. 미래에 해양은 우리에게 무엇인가?

오늘날의 해양은 인간이 생활을 영위하는 데 필요한 육지 자원의 고갈로 새롭게 조명 받고 있다. 해양은 자원·에너지·해운·물류·항만 등을 통해 국가발전을 견인하는 원천으로 인식되고 있다. 그에 따라 세계 각국은 새로운 성장 동력원을 찾기 위해 해양으로 눈을 돌리고 있다. 특히 21세기 들어 인류는 화석 연료와 자원 고갈이라는 새로운 문제에 직면하고 있다.

해양의 면적은 약 3억 6천만 ㎢로 지구 표면적의 약 71 %에 해당한다. 해양은 무한한 가치를 가지고 있다. 첫째, 해양은 생명의 근원이다. 해양에는 지구 생물의 90%인 1,000만 종이 서식하고 있다. 아울러 지구 산소의 75%를 공급하고, 이산화탄소의 50%를 흡수한다. 해양은 또한 열(熱)의 수급과 이동을 통해 지구의 기후를 조절하는 기능도 수행한다. 해양은 거대한 담수 공급원이기도 하다. 물을 순환시켜 육지의 생명체가 유지될 수 있도록

해 주는 것이다. 이밖에도 해양은 인류에게 25%의 생물 상품과 16% 이상의 동물성 단백질을 제공하고 있다는 점에서 가치 생명의 근원이라 할 만하다..

둘째, 해양은 자원의 보고이다. 해양은 막대한 광물자원과 무한대의 에너지자원을 보유하고 있다. 더구나 해양의 95%는 아직까지 미개발 상태이다. 금속 매장량의 경우 육상이 110년 어치에 불과한 데 비해 해양은 1만년 어치가 부존하고 있는 것으로 추정되고 있다. 해양의 석유 부존량은 육지의 부존량과 같은 1.6조 배럴에 이르고, 그 중 62%는 미개발 상태에 있다. 뿐만 아니라 해저의 미발견 석유 부존량은 추정조차 어려운 실정이다. 가스하이드레이트는 매장량이 10조 톤 이상으로, 현재 소비량을 기준으로 할 때 앞으로 인류가 5,000년 동안 사용할 수 있다. 해양에너지 자원은 150억kW로 추정되는데, 지구가 사라지지 않는 이상 무한정으로 재생이 가능한 천연자원이다. 이밖에도 열수광상, 망간각, 망간단괴, 해양생물, 해수에 용해되어 있는 광물 등 방대한 자원을 보유하고 있는 해양은 자원의 보고이다.

셋째, 해양은 무역과 운송의 통로다. 오늘날 많은 국가는 경제 성장과 대외 무역의 증가, 그리고 원유 수입량 증가에 따라 해상 무역에 대한 의존도가 높아지고 있다. 해상 무역은 국가와 국가, 지역과 지역의 경제적 상호보완성을 연결해주는 고리가 되고 있으며 국제 무역의 주도적인 수단으로서 막대한 경제적 이익을 창출하고 있다. 해양은 여객과 화물 운송에 있어서도 중요한 역할을 담당하고 있다. 국제 교역의 78%가 바다를 통해 이루어지며 우리나라는 99.8%에 달한다. 해양 없이 무역과 운송은 불가능하며, 해양을 통해 국부(國富)를 살찌울 수 있기 때문에 해양의 권익 확보와 활용은 우리의 생존이 걸린 중차대한 문제이다.

마지막으로, 해양은 다목적 공간이다. 해안 지역은 인류의 주거 공간으로서 과거부터 오늘날까지 그 중요성이 변함없이 지속돼 왔다. 오늘날 전 세계 인구의 약 50%는 해안선으로부터 내륙으로 50 km 이내의 공간에 거주하고 있다. 최근 해양 공간은 단순한 거주 공간을 벗어나 새로운 해양 개발과 건설의 공간으로 변모하고 있다. 또한 여가와 관광 산업이 활성화되면서 해양 공간은 또 다른 변화를 맞이하고 있다. 맑고 청명한 바다를 배경으로 펼쳐진 다양한 수상 레저 공간과 크루즈 산업은 바다 자체가 천혜의 관광 자원으로 활용될 수 있음을 잘 보여준다.

삼면이 바다로 둘러싸인 우리나라에게 해양은 그 어떤 나라보다도 중요한 발전의 동력이다. 해양에서 우리의 권익을 어떻게 얼마나 확보하는 가는 우리의 미래에 다름 아니다. 해양의 미래가치를 확고하게 인식하는 가운데, 해양주권을 어떻게 확보, 강화할 것인가가 앞으로 우리 국가와 국민의 중요한 과제가 될 것이다.

이어도 10-2. 왜 해양영토와 해양주권이 중요한가?

해양의 미래 가치가 높아질수록 한 치라도 더 넓은 해양을 차지하기 위한 국가 간 각축은 불가피하다. 해양은 경계 없이(seamless) 하나로 이루어진 드넓은 세계인 것처럼 보이지만 실제는 그렇지 않다. 눈에 보이지는 않지만 여러 경계선들이 그어져 있다. 그리고 이 경계선이 불확실한 곳에서는 아직도 논란과 갈등, 분쟁이 지속되고 있다. 오늘날과 같은 해양 경계가 획정된 것은 1994년 발효된 유엔해양법협약의 등장 이후이며, 이 국제법이 세계 해양의 경계를 획정하는 기준이 되었다.

그런데 새로운 세계 해양질서를 규율하기 위해 국제사회가 합의하여 만든 유엔해양법협약 체제의 등장이 역설적으로 해양 경쟁을 첨예화 시키고 있다. 배타적 경제수역, 대륙붕같은 핵심 해양 영역을 둘러싼 분쟁을 다루는 명확한 규범을 제시하지 못하고 있기 때문이다. 해양이 품고 있는 막대한 잠재력이 해양을 새로운 갈등의 진원지로 만들 수 있다. 그럼에도 유엔해양법의 규정이 그러한 해양갈등을 해결하기에는 한계가 있다. 따라서 해양은 '양날의 칼'이다. 해양의 가치는 인류의 밝은 미래를 약속하기도 하지만, 높은 가치를 지닌 해양을 둘러싼 갈등은 분쟁과 충돌로 귀결될 수도 있기 때문이다.

그동안 해양에 대한 우리의 인식은 그리 높은 수준이 아니었다. 특히 역사적으로 은둔의 조선이 펼쳐 온 정책 때문이었다. 조선은 섬에 사람이 살지 못하도록 한 공도정책(空島政策)과 일반 백성의 해상활동을 전면 금지한 해금정책(海金政策)을 시행했다. 바다를 멀리하고 어부를 천대하는 경향이 자연스럽게 확산되었다. 이런 풍조는 조선시대 내내, 그리고 이후 근대 식민시대를 거치면서 우리 뇌리 속에 뿌리깊게 박히게 되었다.

육당(六堂) 최남선은 500년 이상 계속된 이러한 분위기를 바꾸는 데 앞장섰던, 그리고 해양에 대한 주권적 인식을 확고하게 가진 선구적 지식인이었다. 육당은 바다에 대해 처음으로 언급한 『해에게서 소년에게』(1908)를 통해 바다가 미래의 도전정신이고 소년이 건너야 할 당면한 현실로 보았다. 또 육당은 1954년 해군본부의 의뢰로 한국 해양 통사인 『한국해양사』(韓國海洋史) 편찬을 주도하면서 쓴 서문에서 대한민국은 해양화의 길을 걸어가야 한다고 힘주어 말했다. 그는 해양화로 갈 때 국운을 개척할 수 있다면서 "해양과 국민생활"(1953)이라는 글을 통해 다음과 같이 힘주어 말했다.

> 우리 민족이
> 바다를 알고 지낸 시기는 영광의 시기이고,
> 바다를 잊어버린 시기는 환란과 시련의 시기였다.

한국을 구원할 자는
바다의 나라로 일으키는 자이고,
한국을 구원하는 것은
바다에 서는 나라로 고쳐 만드는 것이다.

국민·영토·주권은 국가를 구성하는 3요소이다. 이 중에서 영토는 땅·바다·하늘을 포괄하는 국가 구성의 기본 요소이다. '영토'는 한 국가의 주권이 미치는 육지와 섬을 말하고, '영해'는 주권이 미치는 영토 주변을 둘러싼 바다이며, '영공'은 영토와 영해의 수직 상공, 즉 주권이 미치는 하늘의 공간이다. 그런데 이러한 영토 인식은 상당히 소극적인 인식이다. 특히 훨씬 더 광범위한 영역이 특정 연안국가의 관할 영역이 되고 있는 해양영토의 경우가 그렇다.

해양영토를 좁게 해석하더라도, 국가의 영토 주권이 미치는 관할 해역은 영해 이외에도 배타적 경제수역과 대륙붕 수역까지 포함된다. 하지만 직접적인 관할 해역을 넘어 개별 국가가 독점적 탐사와 개발권을 확보한 심해저 및 과학기지를 운영 중인 극지를 포함한 지역 또한 넓은 의미의 해양영토로 볼 수 있다.

영토는 국가와 주권을 상징하며, 그 주체는 바로 국민이다. 해양영토 역시 다르지 않다. 해양에 대한 인식을 확고히 하고 해양을 통해 얻을 수 있는 권익을 지키기 위한 기초는 해양주권에 대한 국민들의 인식에서 출발한다. 해양영토와 관련하여 발생하는 각종 분쟁들은 경제 및 군사안보적 국익을 놓고 벌이는 해양주권과 해양국익을 둘러싼 쟁탈전이다.

이어도 문제 역시 다르지 않다. 해양의 시대에 해양 국익과 해양 주권이 걸려 있는 해양 이슈, 특히 해양영토와 관련된 문제를 국민들에게 이해시키고 관련 인식을 증진시키는 문제가 중요한 과제로 대두되고 있는 것이다.

이어도 10-3. 바다의 국제법인 유엔해양법의 한계는 무엇인가?

유엔해양법협약은 발효 이후 국제 해양질서에 관한 새로운 관습법 형성에 중요한 역할을 담당했을 뿐만 아니라 해양제도에 관련되는 국제관행의 근거와 기준이 되었다.

우리나라는 1983년 세계 122번째로 협약에 서명했고, 1995년 12월 1일 국회의 비준동의를 거쳐 1996년 1월 29일 세계 85번째로 비준서를 유엔에 기탁했으며, 그에 따라 국내에서는 1996년 2월 28일부터 협약이 발효되었다.

그러나 유엔해양법협약은 발효 이후에도 그 내용과 기능에 관한 비판과 반성이 계속되어 왔다. 또 해양영토를 둘러싼 갈등도 끊이지 않고 있다. 따라서 이 협약과 관련된 문제점을 파악하는 것은 해양법 발전이나 해양영토분쟁에 대한 대응 방향을 모색하는 데 중요한 의미를 갖는다.

첫째, 강대국들이 이 협약을 외면하는 경향을 보였으므로 국제사회의 보편적 지지 속에 발효되는 기반을 상실했다고 평가할 수 있다. 따라서 필연적으로 협약 개정론이 대두될 것으로 예상되었다. 왜냐하면 협약의 발효요건을 충족한 60개 비준국 대부분은 개발도상국들로서, 이 국가들이 부담하는 유엔 예산분납비율은 전체 예산의 4.3%에 불과했다. 또한 국제심해저제도의 이행에 관련한 개정 협정이 유엔해양법협약 발효 전인 1994년 7월 28일에 채택되었다. 미국을 위시한 일부 선진 해양국들은 국익에 부합하지 않는다고 판단하여 비준을 기피했다. 그러므로 해양법 규범으로서, 특히 심해저제도의 보편성 확보에 심각한 의문이 제기되기도 했다.

둘째, 새로이 설립된 심해저를 관리, 감시하는 국제해저기구와 해양법협약의 해석 및 운영에 관련된 분쟁을 해결하기 위해 설립된 국제해양법재판소(ITLOS) 등의 협약체계 운용에 수반되는 재정부담 문제가 발생한다. 이것 역시 미국 등 해양 선진국들의 적극적인 참여 없이는 해결이 불가능하므로 장차 국제사회가 이미 유엔 해양법협약에 규정된 심해저 자원의 인류 공동유산원칙을 조화롭게 현실문제와 접목할 것인가가 중요한 과제이다.

셋째, 이 협약을 기준으로 하여 관습법을 형성하는 과정에서 협약의 발효와는 별개로 발생했던 문제로써, 각 연안국이 관할 해역과 대륙붕의 범위를 확장하면서 주변 국가들 간의 경계획정에 관하여 극심한 분쟁이 있었다. 그리고 극동지역 및 남중국해에서는 아직도 갈등이 계속되고 있다.

넷째, 새로운 배타적 경제수역제도를 시행하면서 각 연안국들은 법률적·기술적 측면에서의 미숙함을 드러내었기 때문에 이 제도가 보편적인 국제법 제도로 정착되기 위하여서는 더 많은 시행착오를 거쳐야 가능성도 적지 않다. 따라서 이 제도가 원래 제3차 유엔해양법회의에서 의도한 대로 이상적인 자원 보존, 관리제도로서의 역할에 충실하다고는 보기는 어렵다.

다섯째, 공해생물자원에 대한 보존, 관리제도는 영해와 공해로만 구성된 1958년의 제네바 협약체제를 그대로 전수했기 때문에 제3의 수역인 배타적 경제수역과 조화시키는 문제가 생겼다. 따라서 유엔해양법협약이 발효된 후에도 공해생물자원 보존, 관리제도는 정착되지 못한 채 새로운 관리규범의 확립을 위한 별도의 국제적 합의를 필요로 하게 되었다.

마지막으로, 유엔해양법협약을 통해 공인된 배타적 경제수역 제도와 대륙붕 제도의 도입은 새로운 해양시대를 주도하는 핵심적 역할을 수행해 왔다. 그러나 이들 제도의 실행은 필연적으로 인접국 또는 대향국 간 해양관할권 결정 과정에서 해양경계획정을 둘러싼 분쟁을 발생시켰다. 특히 해양관할권이 상호 중복되는 수역에서는 인접국 또는 대향국이 상호 자기 수역이라고 주장하고, 경우에 따라서는 한 국가의 일방적 활동으로 분쟁도 빈번하게 발생하고 있다. 국제해양질서는 여전히 유엔해양법협약의 제도적 모호성 때문에 혼란 속에 있으며, 무력충돌의 가능성을 잠재하고 있다.

이상과 같이, 유엔해양법협약은 세계 해양문제를 다루는 국제규범이라는 점은 분명하지만, 이것이 모든 해양문제를 해결할 수 있는 만능의 열쇠는 아니라는 점도 분명하게 인식할 필요가 있다. 해양영토를 놓고 벌어지는 국제여론전과 국제사법기관 제소, 민족주의 충돌 심지어는 무력시위와 충돌에 이르기까지 다양한 방식으로 해양분쟁의 양상이 나타난다.

국제적인 해양규범으로서 유엔해양법협약의 규정들을 존중하는 가운데, 이어도 문제가 이슈화될 수 있는 다양한 가능성을 유념할 필요가 있다. 이런 점에서 유엔해양법협약의 한계를 분명하게 인식하고, 국제법적 틀을 넘어서 발생할 수 있는 분쟁의 가능성을 예비하는 것도 중요하다고 할 수 있다.

이어도 10-4. 우리나라의 해양 관련 국제기구에는 어떤 것들이 있는가?

국제해양 활동에서 우리나라의 영향력을 강화하기 위해서는 다양한 해양 관련 국제기구들과의 네트워크 조성이 필요아다. 다양한 국제기구에서 활동함으로써 해양선진국의 경험과 정보를 공유하고 전문가 그룹의 인적 네트워크를 확대하여 국제협력을 증진시킬 수 있기 때문이다.

유네스코 산하의 해양과학 전담 기구인 정부간해양학위원회(IOC: Intergovernmental Oceanographic Commission)는 세계 해양과학 분야의 최고 의사결정기구이다. 우리나라는 1961년 IOC 총회에서 정식 회원국으로 가입하여 1993년부터 10회 연속 집행이사국으로 선출되어 활동하고 있으며 전 서태평양지역위원회 의장국, 현재 정부간해양학위원회(IOC) 의장국, 서태평

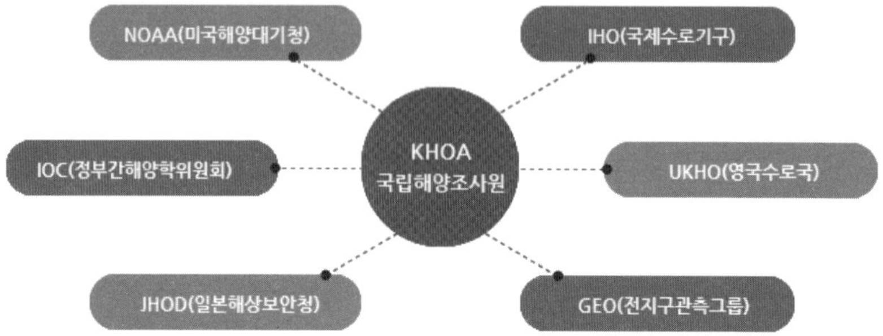

〈그림 10-1〉 우리나라가 교류하고 있는 해양관련 국제기구

양지역위원회 부의장국으로 참여하고 있다.

국제수로기구(IHO: International Hydrographic Organization)는 항해의 안전과 해양환경보호를 지원하는 정부간 협의 및 기술 조직이다. 우리나라는 1957년 회원국으로 가입하여 5년마다 열리는 국제수로회의에 참가하고 있다. 국제수로기구에는 다양한 위원회와 워킹그룹이 있는데 특히 대양수심도 운영위원회(GGC:General Bathymetric Chart of the Oceans Guiding Committee) 산하 해저지명소위원회(SCUFN:Sub—committee on Undersea Feature Names)에 우리나라 위원이 참여하여 매년 우리말 해양지명을 국제기구에 등재하고 있다. 우리나라 인근 해역을 비롯해 태평양, 남극에 우리나라가 제안하여 국제기구에 등재된 다양한 우리말 해저지형이 있다.

이어도 10-5. 이어도해양과학기지의 '안전수역' 선포는 왜 필요한가?

최근 이어도 상공이 한·중·일 간 첨예한 군사적 이슈로 부상하면서 긴장을 고조시킨 바 있다. 2013년 11월 23일 중국이 이어도 상공이 포함된 동중국해 상공의 '방공식별구역'(CADIZ)을 전격 선포했기 때문이다. 최근까지도 이어도 상공은 일본의 방공식별구역(JADIZ) 안에 들어가 있었지만, 중국의 CADIZ 선포를 계기로 우리 정부도 〈그림 10-2〉와 같이 12월 8일 '한국 방공식별구역'(KADIZ) 조정안을 제시, 선포했다.

이어도 상공은 이제 한·중·일 3국의 ADIZ가 중첩됨으로써 우발적인 충돌 사태가 발생할 개연성은 더욱 커지게 되었다. 관련국간 우발적 충돌을 방지하기 위한 실무적 방안 논의가 필요한 상황이다. 이러한 최근의 사태를

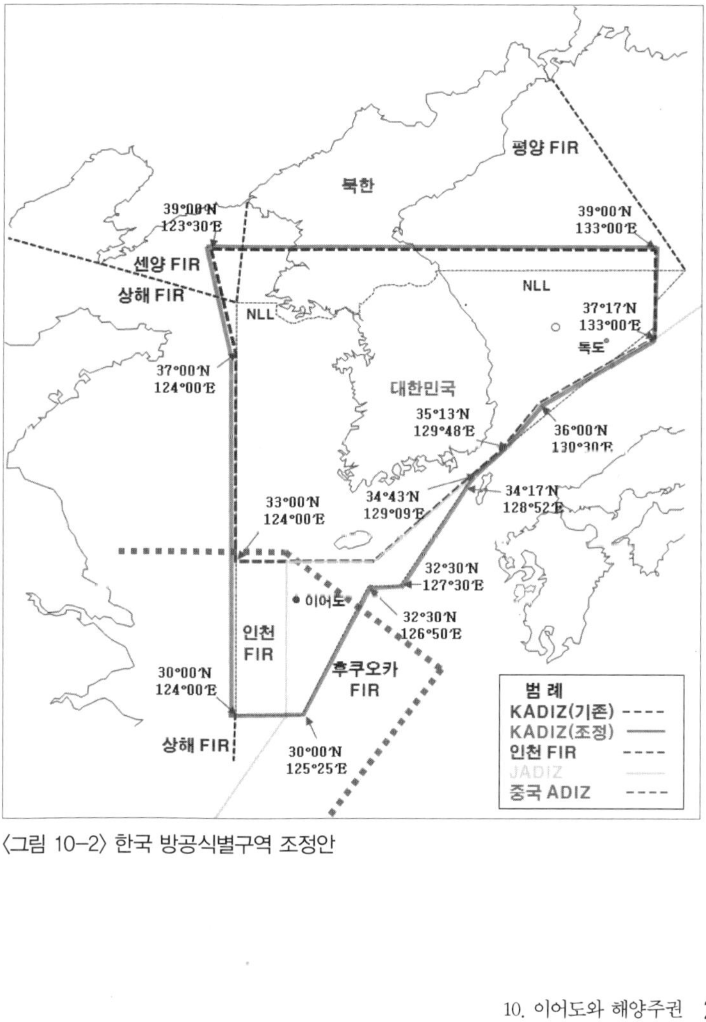

〈그림 10-2〉 한국 방공식별구역 조정안

보면서, 시급하게 추진해야 할 또 다른 중요한 문제를 제기할 수 있는 것이 바로 이어도해양과학기지의 안전수역/보호수역의 선포이다.

유엔해양법협약은 제60조 5항에 따르면, 이어도해양과학기지를 건설·운영하고 있는 한국은 "적용 가능한 국제기준을 고려하여 안전수역의 폭을 결정"할 수 있으며, 그것이 없을 경우에는 과학기지의 "바깥쪽 끝의 각 점으로부터 측정하여 500미터" 범위 내에서 안전수역을 설정할 수 있다. 그리고 "안전수역의 범위는 적절히 공시"하도록 규정하고 있다.

이어도해양과학기지는 국내법으로도 보호받을 수 있다. 운항중인 선박 및 해상구조물에 대한 위해행위를 방지함으로써 선박의 안전한 운항과 해상구조물의 안전을 보호함을 목적으로 「선박 및 해상구조물에 대한 위해행위의 처벌 등에 관한 법률」이 제정되었는데, 동법은 「항행안전에 대한 불법행위 억제협약(SUA협약)」 및 이에 대한 국내 이행법률이라는 점에서 국제법에 근거하고 있다. 이 뿐만 아니라 2009년에는 영해 밖에 설치된 해양시설 주위에 보호수역을 설정하여 일반선박의 접근을 차단할 수 있도록 하는 「해사안전법」을 제정했다.

이어도해양과학기지와 같은 해상구조물의 안전을 위험하게 할 목적으로 자행되는 온갖 행위들, 즉 폭행·협박·상해·살인, 선박납치, 선박 등 손괴, 선박운항관련 기기·시설의 손괴, 위험물건 설치·탑재, 허위정보전달, 선박납치등살인·치사와 상해·치상 등을 처벌하는 명백한 국제법적·국내법적 규정이 존재하고 있다.

이처럼 이어도해양과학기지의 안전을 보호할 수 있는 '안전수역' 또는 '보호수역' 선포가 가능함에도 아직까지 우리 정부는 이를 유보하고 있다. 아마도 이어도해양과학기지의 합법적 관리·유지를 위해 '안전수역' 또는 '보호수역' 선포가 필요하지만, 그로 인해 한·중간 외교적 마찰을 불러올지도 모른다는 우려 때문에 소극적인 것으로 보인다.

그런데 문제는 배타적 경제수역 경계획정을 위해 한·중 양국이 수 차례 회담을 했고, 여전히 지속되고 있지만 이렇다 할 진전은 거의 없는 상태이다. 이런 상황에서 우리 정부가 원하는 방향이 과연 무엇인지에 따라 향후의 행동 방향은 달라질 필요가 있을 것이다. 경계획정을 무기한 미루면서 현상이 유지되기를 바란다면 굳이 중국을 자극하는 등의 외교적 마찰은 필요 없을 것이다. 그러나 조속히 경계획정 협상을 마무리하고자 한다면, 다소 외교적 마찰이나 대립을 감수하면서라도 수면상태에 있는 경계획정 협상에 탄력을 가할 수 있도록 적극적으로 '안전수역' 또는 '보호수역' 선포를 고려해 볼 수 있을 것이다.

주지하듯이, 국제법상 배타적 경제수역에서는 항행의 자유가 인정되는 만큼 해양경계 획정을 위한 협상이 타결된다고 해도 중국의 군함이나 해양감시선 등이 우리 측 배타적 경제수역 내에서 항행하는 것은 가능하다. 배타적 경제수역의 군사적 이용에 대해서는 논란이 많은데, 군함이나 해양감시선이라 하더라도 기본적으로는 항행의 자유를 인정받는다. 다만, 무기 발사, 군사훈련, 군함 기동, 항공기의 발진 및 착함, 군사 장비의 설치 등과 같이 그 성격상 명백한 군사활동에 대해서는 논란이 되고 있다.

이와 관련하여 이어도해양과학기지는 인공 구조물이므로 독자적인 영해를 갖지 못하지만, 연안국이 그 주위에 안전수역을 설치하는 등 적절한 조치를 취할 수 있다. 한국이 이어도해양과학기지에 '안전수역' 또는 '보호수역'을 설성하였음에도 불구하고 중국 해양감시선이 일방적으로 이어도 주변 500m 내에서 해양과학조사를 벌이거나 이어도해양과학기지 주변을 돌며 위협하는 행위를 한다면, 이는 유엔해양법협약과 SUA협약을 위반하는 것이다.

이어도를 둘러싸고 중국과의 관계에서 고려해야 할 변수들이 많겠지만, 이어도 문제의 본질에 입각한 근본적 대응 수단은 이어도해양과학기지에 '안전수역' 또는 '보호수역'을 선포함으로써 그 기지의 운영·관리에 관한 합법성을 확고하게 다져야 할 것이다.

이어도 10-6. 이어도를 수호하기 위해서는 해군력 강화가 필요한가?

최근 중국이 센카쿠/댜오위다오 영유권을 둘러싸고 증강되고 있는 해·공군력을 바탕으로 일촉즉발의 충돌 위기에 이를 만큼 적극적이고 공세적인 태도를 견지하고 있다. 그러나 중국이 공세적인 태도를 전면적인 군사력 사용으로 확대시킬 수 없는 것은 이 주변지역에서 중국의 해군력이 일본보다 월등하지 못하기 때문이다.

그러나 장기적으로 중국의 국력 부상과 함께 해·공군력에 대한 지속적인 증강이 이루어지는 반면, 미국의 국력이 쇠퇴하고 서태평양 지역에서 미군의 군사력이 감소할 경우 센카쿠 열도/댜오위다오를 둘러싼 중·일 양국의 무력 충돌 가능성은 훨씬 커진다고 볼 수 있을 것이다. 2020년 이후 중국 해군의 영향권이 괌–사이판–팔라우 군도를 잇는 제2도련선으로 확대되고 미·일 동맹의 약화와 함께 미국의 해양우위가 균형으로 바뀌게 되면, 상황은 더욱 낙관할 수 없게 될 것이다.

한국 해군은 동아시아에서 북한 해군을 제외하면 아직도 가장 약한 해군으로 평가되고 있다. 해군력 증강에 대해서는 국방부는 물론 국회에서도 그 필요성이 인정된 바 있다. 이미 2012년 예산으로 한국 해군의 해상전략 증강을 위한 연구용역을 발주, 이를 방위사업청에서 수행한 바 있다. 문제는 해군력 증강과 관련하여 어느 정도의 수준이 되어야 할지이다. 방위사업청의 연구는 중국 및 일본의 해군력과 동등한 수준의 해군력을 확보하여 대칭적으로 대응하는 것이 어렵다는 전제 하에 중국이나 일본 등 주변국 해상전력의 30%가 투입될 경우를 대비한, 즉 제한적 근해우세를 목표로 해군전력 확충을 제안한 바 있다. 이는 유사시 중·일에 맞설 수 있는 최소한의 해군력이라고 할 수 있다.

특히 주목할 것은 독도·이어도 분쟁에 대비한 해군전력 증강의 일환으로 제기된 '기동함대' 창설론이다. 기동함대는 해군이 보유한 전력을 필요한 지역으로 신속히 파견해 작전을 수행하는 함대로, 보통 3개의 기동전단으로 구성된다.

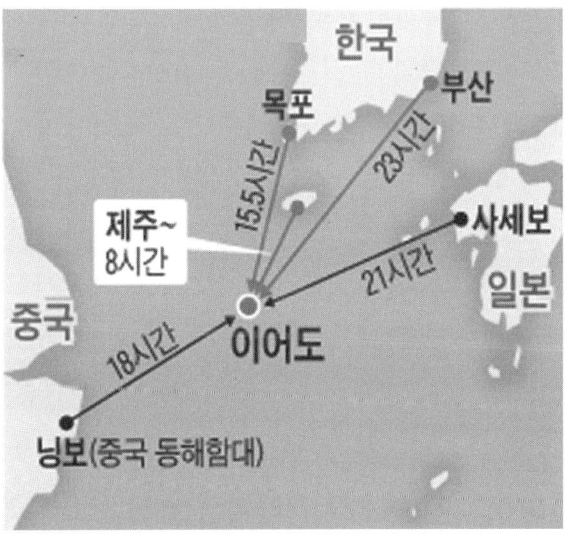

〈그림 10-3〉 한·중·일 해군기지에서 이어도까지의 거리 비교

기동함대의 창설은 이어도 분쟁에 대한 우리 해군의 대응력을 크게 진작시킬 것이다. 그동안 제기되었던 비판 중의 하나는 〈그림 10-3〉에서 보듯이, 접근성에서의 절대적 열세였다. 우리 해군이 부산 해군기지에서 이어도까지 접근하는 데 23시간(507㎞)이 걸린다. 그러나 중국 닝보에서는 18시간

(398㎞)밖에 걸리지 않는다. 심지어 일본 사세보에서도 21시간(450㎞)이 소요된다. 그래서 제주 남방 교통로 확보와 주변국 견제, 대북전력 우위 등을 위해 제주해군기지 건설의 필요성이 제기된 것이다. 제주해군기지 건설로 이어도까지의 거리가 176㎞로 대폭 단축되어 8시간 만에 닿을 수 있게 되었다. 적어도 기동성 면에서는 중국을 훨씬 압도할 수 있게 될 전망이다.

사실, 이러한 해군전력 확보 계획은 중국의 이어도 위협에 대한 '제한적 근해우세'가 낮은 수준으로 달성되는 수준이라면 점에서 이어도 해양안보의 필요충분조건은 아니다. 최소한의 억지력을 유지할 수 있는 수준의 전력 확보 계획이다. 이러한 전력은 유사시 출동시켜 사용할 수 있는 전력이기도 하지만, 영토분쟁에서 무력은 꼭 직접적인 충돌 이외에도 시위의 효과가 있다. 즉 우리의 해 공군력을 직접 사용하지는 않더라도 언제든 유사시에는 군사력을 사용할 수 있다는 전제 하에 대중 외교전에 나설 경우 훨씬 더 높은 협상력을 가질 수 있다.

결국 이어도 분쟁에 대비하여 해군력을 확보함으로써 무력시위 및 충돌시의 대응력을 높일 필요가 있다. 이를 위해서는 국방예산의 제약을 고려, 중장기 계획 하에 단계적으로 꾸준히 추진해 나갈 필요가 있다.

이어도 10-7. 한·중 해양경계획정 회담은 어떻게 진행되고 있는가?

한국과 중국 양국은 서해에서 배타적 경제수역(EEZ)의 일부가 중첩되어 있다. 바로 그 사이에 이어도가 있다. 이어도는 한국과 중국이 협상을 통해 해결해야 할 중요한 해양 이슈이다. 이어도에 대해 우리는 중국보다 한국에서 훨씬 가까운 만큼 우리 수역이라는 입장이지만, 중국은 중국 측 기점으로부터도 200해리 안에 있기 때문에 협상을 통해 해양경계가 획정되기 전에는 한국 측의 일방적 행위를 자제해야 한다고 맞서 왔다.

한국과 중국은 오랫동안 해양경계 획정 회담을 진행해 왔다. 양국은 1996년 유엔해양법협약 가입 이래 2008년까지 14차례 국장급 협상을 해왔으나 진전이 없었다. 협상이 자꾸 결렬되는 이유는 한·중 양국이 주장하는 해양경계획정의 원칙과 절차가 다르기 때문이다.

우선, 협상 '원칙'에서 한국은 '등거리 원칙'을 기본 입장으로 하여 '중간선' 적용을 주장하는 반면, 중국은 '형평의 원칙'과 여러 가지 '관련 사정'을 원칙으로 적용할 것을 주장하고 있다. 또 협상 '절차'의 측면에서 한국은 경계획정을 위해 잠정적인 중간선을 먼저 그은 후, 필요한 경우 세세한 부분들을 조정해 나가자는 입장이다. 그에 반해 중국은 먼저 경계획정에 영향을 미치는 요인들을 모두 고려한 후, 이들 간의 균형을 맞춰 나가고, 그런 후에야 구체적인 경계선에 합의할 수 있다는 입장이다.

그런데 최근 몇 년 사이 한·중 양국의 최고 지도자 간에 회담의 지속 또는 가속화에 대한 공감대가 형성된 것 같다. 2008년과 2012년 후진타오 주석과 이명박 대통령의 정상회담에서 "해양경계획정 문제를 조속히 해결하는 것이 양국 관계의 장기적이고 안정적인 발전을 위하여 중요한 의미가 있다는 데 동의하고 회담을 가속화"하기로 공표한 바 있다. 박근혜 대통령도 시진핑(習近平) 주석과의 2013년 정상회담에서 "해양경계획정 협상을 조속히 가동키로 합의"했다. 2014년 정상회담에서는 구체적으로 "2015년부터 가동하기로 합의"했음을 밝힌 바 있다. 2012년 이후 최근까지 연달아 양국 정상이 해양경계획정 협상과 타결의 필요성을 역설한 것이다. 합의에 이르고자 하는 양국 정상의 정치적 의지가 그 어느 때보다 큰 것으로 보인다.

한·중 정상간 합의에 따라 2015년 12월 22일 서울에서 회담이 재개되었다. 이 회담은 과거의 국장급 협의를 격상시켜 차관급으로 개최했다. 양국의 공식적인 해양경계 획정을 위한 회담은 7년 만의 재개였다. 그러나 회담에서 양국의 논리가 팽팽히 맞서면서 별다른 결론을 내지 못했고, 양국은 2016년부터 차관급 회담을 연 1회씩 양국에서 교차 개최하고 국장급 실무회의와 전문분과회의를 병행하는 데 합의했다.

2016년 4월 22일 우리 외교부의 국제법률국장과 중국 외교부의 황해

〈그림 10-4〉 '한중 해양경계 획정 제1차 공식회담' 광경

업무대사를 수석대표로 한 한중 양국 대표단은 해양경계획정 추진과 관련한 제반 사항을 폭넓게 논의하기 위해 해양경계 획정 국장급 협의를 개최했다. 한·중은 해양경계획정 2차 회의를 한국에서 개최하기로 하면서 본격적으로 해양경계 획정 협상 체제를 가동할 것으로 보인다. 이는 작년 12월 차관급으로 개최된 1차 해양경계획정 회담의 합의에 따른 것이고, 구체적인 개최 시기는 향후 협의하기로 했다.

해양경계획정 문제가 오랫동안 해결되지 못한 것은 그것이 가지는 엄중한 무게 때문이다. 경계획정에 대해 상호 합의를 하면 그것이 최종적인 경계

가 될 가능성이 높다. 또 바꿀 수 없는 영원한 경계가 될 가능성이 높다. 해양경계획정에 대한 협정은 다시는 되돌릴 수 없는 국경조약의 성격을 갖기 때문이다. 그래서 이 협상은 단순한 경제적 혹은 전략적 가치 이상으로 중요한 협상인 것이다.

한·중 해양경계획정 협상은 정치적 의지와 결단이 중요할 것으로 보인다. 2014년 5월 23일 필리핀과 인도네시아 간에 배타적 경제수역 경계협정을 체결했는데, 우리에게 시사하는 바가 적지 않다. 이 협정은 협상만 20년 동안 진행할 정도로 양국의 입장이 팽팽했다. 하지만 2011년 양국 정상회담이 전환점이 되어 3년 만에 최종합의에 이르게 되었다. 회담 당사국 정상들의 정치적 의지와 결단이 중요함을 알 수 있는 사례다.

이제 해마다 적어도 몇 차례의 한·중 해양경계획정 협상이 진행될 것이다. 국장급 실무회의, 전문분과회의, 차관급 회의 등을 지속하기로 합의했기 때문이다. 양국 대표의 건설적인 협상 방안이 모색되기를 기대할 수 있게 되었다.

이어도 10-8. 합법적으로 우리 해양영토를 확장할 수 있는 방안은?

세계 곳곳에서 육시 영도의 경계는 비교적 분명하며, 따라서 육지에서의 영토를 넓히는 일은 매우 어렵다. 그러나 해양영토는 조금 다르다. 한 나라의 해양영토는 영해의 범위에만 국한되지 않는다. 이를 벗어나서 넓게는 배타적 경제수역과 대륙붕에까지 미친다. 종종 바다를 두고 마주하는 대향국 간의 거리가 200해리가 되지 않는 경우에는 경계획정에 어려움이 생긴다. 이때는 반드시 당사국 간의 외교적 협상을 거쳐야 한다. 한국과 중국 간에는 현재까지도 해양경계획정을 위한 외교적 협상을 마무리하지 못한 상태이다. 외교협상 여부에 따라 해양영토의 확대도 가능한 상황이다.

해양영토를 확대할 수 있는 또 다른 방법으로 영해기점 관리를 통한 확장 방법이 있다. 우리 해양수산부는 2014년 대통령 업무보고에서 영해기점의 재측정을 통해 여의도 면적의 14배에 달하는 해양영토 확장 방안을 주장했다. 해양수산부는 유엔해양법협약 제7조에 근거하여 관할해역 설정의 기준점이 되는 우리의 영해기점을 재측정하고, 23개 영해기점의 간조 노출지를 정확히 측정하여 그 위에 우리 해양영토임을 알리는 영구시설물을 설치한다는 계획이다.

이를 좀 더 상세히 살펴보자. 우선, 한국은 영해기선 획정을 위해 23개의 기점을 사용하고 있다. 우리의 기점은 동해로부터 1번 기점인 경북(포항) '달만갑'(북위 36도 06분 20초 동경 129도 26분 00초)에서 시작하여 23번 기점인 서해의 인천(옹진) '소령도'(북위 36도 58분 56초 동경 125도 44분 58초)로 이

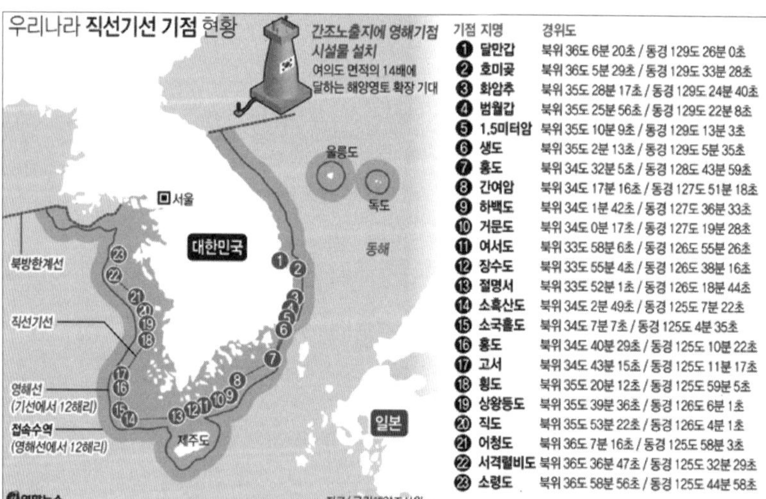

〈그림 10-5〉 한국의 직선기점 현황

어져 있다. 물론 현재도 영해기점을 알리는 표지는 23개의 영해기점 도서 해안에 설치되어 있다. 〈그림 10-5〉는 한국의 영해기선도 현황이다.

그런데 〈그림 10-6〉과 같이 기점을 알리는 표식을 동판으로 만들어 바닥에 매설했기 때문에 눈에 잘 띠지 않을 뿐만 아니라 파도와 재해 등으로 훼손 또는 매몰된 경우도 적지 않다.

〈그림 10-6〉 기존 영해기점 표식

한편, 최근 동북아의 한·중·일 3국의 해양을 둘러싼 갈등이 심화되면서 해양영도주권에 대한 국민적 인식 정립이 필요성이 커지고 있다. 점점 더 고조되는 해양갈등에 범국민적 대응 역량을 강화해 나가기 위해서는 영해기점과 영해기선 등 해양영토 획정에 대한 기초적 지식의 확산이 반드시 필요하다. 해양수산부가 발표한 영해기점 재측정과 영해기점 영구시설물 설치는 적어도 이러한 측면에서 반드시 필요한 사업이다.

이러한 사업은 유엔해양법협약의 규정에 따른 합당한 조치이다. 제7조 4항은 직선기선 설정과 관련하여 "간조노출지까지 또는 간조노출지로부터 설정할 수 없다"고 규정하고 있지만, 예외적인 경우도 적시하고 있다. 즉 "다만, 영구적으로 해면위에 있는 등대나 이와 유사한 시설이 간조노출지에 세워진 경우 또는 간조노출지 사이의 기선설정이 일반적으로 국제적인 승인을 받은 경우에는 그러하지 아니하다."

유엔해양법협약에 따르면 밀물 때는 해수면 아래 잠겨 있다가 썰물 때 드러나는 간조노출지에도 영해기점을 알리는 시설물을 세울 수 있다. 썰물 때만 해수면 위로 드러나는 암초라도 그 위에 항상 해수면보다 높은 시설을 세우면 영해기점으로 인정받을 수 있는 것이다. 따라서 기존 영해기점 표지는 50여 년 전인 1960년대 말에 설치된 것으로, 정확한 간조노출지에 설치한 것이 아니라고 해수부는 밝히고 있다. 위의 유엔해양법협약 제7조 4항을 근거로 정확한 간조노출지를 찾아 영구시설물을 설치하면 우리 해양영토가 여의도 면적의 14배 이상 확대될 것으로 추산된다는 것이 해수부의 입장이다.

해양수산부가 발표한 자료에 따르면, 직선기점 영구시설물은 〈그림

〈그림 10-7〉 직선기점 영구시설물 설치도(안)

10-7〉과 같다. 이 시설물은 영해기점 도서의 정확한 간조노출지에 등대 기능과 함께 정밀위치 측정장치, 해상기상 측정장비, 해수면 관측장비, 수온·염분 관측 장비 등을 갖춘 다기능 시설물이다. 이 사업은 2014년 4월부터 가거도와 소국흘도, 홍도, 거서, 횡도 등 5개 영해기점 도서부터 설치해 나갈 계획이다.

이어도 10-9. 민간단체의 적극적인 참여와 활동이 필요한 이유는?

오늘날을 NGO의 시대라고 할 만큼 다양한 분야에서 활동하는 수많은 NGO들이 있다. 해양영토 분쟁이 높은 관심을 끌게 되면서 이와 관련된 NGO들이 많이 결성되었다. 특히 독도와 관련된 NGO가 많다. 이에 반해 이어도와 관련된 NGO 활동을 하는 단체는 별로 없다. 이어도 관련 NGO의 결성을 촉진할 필요성이 부각되는 것도 이 때문이다.

이어도 관련 NGO가 많지 않다는 것은 양면적으로 해석할 수 있다. 하나는 이어도에 관한 연구와 사업을 통합적으로 발전시킬 수 있는 가능성이 열려 있다는 것이다. 국내의 수많은 단체들이 독도에 관심을 가지고 있지만 이들 간에 응집성은 결여되어 있는 것으로 평가되고 있다.예컨대, 멕시코의 싸빠띠스타 운동은 풀뿌리 수준의 다양한 조직구조에도 불구하고 가장 통합적인 리더십을 발휘해 온 사례이다.

한국의 민족주의 운동은 이러한 싸빠띠스타 조직에 비견될 수 있는 통일된 목소리나 대표기관이 존재하지 않는다. 이러한 조직적 리더십의 결여는 국내 및 국제무대에서 민족주의 운동이 장기적인 효과를 거두는 데 취약하다. 또 민족주의 운동의 전략적 접근도 어려워진다. 이런 측면에서 이어도 관련 NGO가 적다는 것은 향후 이어도 관련 활동의 전략적 접근이라는 측면에서 부정적인 문제만은 아닌 것으로 보인다.

그리고 다른 하나는 이어도 관련 활동의 활성화에 제약이 될 수 있다. 이어도 관련 이슈가 사회적으로 제기될 경우 이를 기반으로 관련 활동을 주도하는 단체들이 많아질 경우 훨씬 더 대중적으로 쉽고 크게 어필할 수 있을 것이다. 그리고 중국과의 이어도 문제 관련 대항적 시위나 집회 활동을 위해서도 많은 NGO의 존재는 긍정적일 수 있다. 그러나 이 역시 이어도와 관련된 통일된 목소리를 내거나 전략적으로 접근하는 데는 제약 요소로 작용할 수 있다.

현재, 이어도 문제에 관한 통일되고 정제된 목소리를 내며, 조직적 리더십을 발휘할 수 있는 대표기관으로 (사)이어도연구회를 들 수 있다. 현재까지 이어도 관련 가장 대표적인 민간단체로서 이러한 역할을 수행하기에 적합한 단체이다. 향후 이어도 문제가 이슈화될 경우 독도문제처럼 여러 단체들이 생겨날 수 있다. 이렇게 이어도 관련 단체가 파편화되고 집중성이 결여될 상황을 대비하여 대표기관을 육성할 필요가 있다.

실제로 (사)이어도 연구회는 이어도 관련 연구와 각종 홍보활동을 벌이고 있는데, 주로 일반 대중의 이어도에 대한 인식을 바로 세우고 잘 못 이해하고 있는 이어도 문제의 현실을 직시하도록 하는 활동을 하고 있다. 앞으로 이러한 시민사회 단체들의 이어도와 관련된 다양한 활동을 통해 이어도에 대한 국민적 인식 제고와 함께 이어도 문제를 바로 알고 제대로 알 수 있도록 함으로써 해양주권에 대한 인식 강화는 물론 이어도 문제가 민족주의 경향으로 흐르지 않도록 계몽하는 역할을 수행할 필요가 있다.

더 나아가면, 이어도 관련 NGO는 중국과의 배타적 경제수역 획정의 국제정치 또는 지역정치라는 소프트파워 싸움에 대처하는 소프트파워 전략 수립 기관으로 거듭날 필요가 있다. 물론 현재도 이어도 관련 연구용역이나 국내외 홍보활동을 수행하고 있으며, 이어도를 하나의 학문 분야로 끌어올리는 사업이나 이어도 관련 역사문헌이나 자료 등을 발굴하고 연구 성과를 집대성하는 역할을 하고 있다.

그러나 이러한 역할은 주로 국내 사회를 대상으로 한 사업이며, 중국에 대해 이어도에 대한 역사적 권원과 법리적·이론적 근거와 논리를 제시함으로써 중국의 주장을 제압하는 방식이다. 그러나 이 방식은 나름의 의미와 효과가 없는 것은 아니지만 그 한계도 비교적 분명하기 때문에 이러한 방식의 접근을 넘어 (사)이어도연구회는 이어도의 관할권 확보를 위한 공공외교적 관점에서 중국에 대해 소프트파워를 신장하여 유효적절하게 투사하는 중장기적 전략을 수립하는 역할을 수행해야 할 것이다.

한편, 기존의 유관 단체를 활용하여 이어도 관련 활동을 수행하는 방식이 있을 수 있다. 이러한 활동에 가장 적합한 대표적인 단체로 사이버 외교사절단 '반크'(VANK: Voluntary Agency Network of Korea)를 들 수 있다. 이 단체는 인터넷과 해외 출판물에 잘못 기록된 한국 관련 정보를 찾아내 바로잡는 네티즌 단체로, 아무런 대가없이 자발적으로 국가 홍보와 외교 활동에 참여하고 있다. 전 세계의 수많은 개인과 단체들에 이메일을 보내 한국에 대한 오해를 교정하기 위해 적극적으로 노력하고 있으며, 이는 새로운 형식의 민간외교라고 할 수 있다.

반크는 이어도와 관련된 국제적인 활동을 위해 긴밀한 연계가 필요한 단체라고 할 수 있다. 반크와의 연계사업을 통해 국제적으로 이어도를 알리는 노력이 필요할 것이다. 특히 사이버 독도사관학교 (dokdo.prkorea.com)는 반크가 운영하고 있으며, 학교수업, 홍보대사 양성, 동아리 활동, 특별 활동, 과제 참여 등 학교 또는 학생들과 연관된 다양한 활동들을 수행하고 있다. 이는 이어도 관련 홍보를 위해 벤치마킹해야 할 주요한 사례라고 할 수 있다.

NGO 활동을 촉진하기 위해서는 정부 차원에서의 지원이 필요하다. 민간단체에 대한 정부의 지원이 없을 경우 이어도와 관련된 NGO의 활동은 심각하게 위축될 수밖에 없으며, 결성도 쉽지 않을 것이다. 특히 관련 문제에 대한 자료의 발굴, 해석, 번역, 연구 등은 물론 홍보 활동도 불가능하게 될 것이고, 그럼으로써 관련 문제는 간헐적으로 언론을 통해서나 제기될 것이다. 이러한 문제를 개선하기 위해서는 정부 차원에서 NGO의 활동을 촉진할 수 있는 지원이 필요하다.

마지막으로, 이어도 관련 NGO의 결성 지원을 위해 다양한 행위 주체들이 참여할 수 있는 환경 조성과 지원이 필요할 것이다. 21세기 세계화와 정보화의 시대에 외교는 물론 정치의 주체도 다양화되고 있다. 그런 만큼 다양한 주체들이 네트워크를 통해 연결되고, 스스로 조정해 나가는 거버넌스의 시대도 접어들고 있다. 따라서 국가 혼자서 이어도 관할권 확보를 위한 전략과 방안을 마련하고 추진하는 것보다 NGO와의 협력과 네트워크를 통한 접근이 효율적일 뿐만 아니라 국가 차원에서 이어도 문제에 접근하기 쉽지 않다는 점에서 훨씬 효과적일 수 있다.

이런 측면에서 이어도 관련 활동 주체의 다양성뿐만 아니라 새로운 NGO 결성에도 일정한 함의를 제시한다. 민간 차원에서 결성된 이어도 관련 NGO는 국내에서의 이어도 관련 민간 차원의 대응뿐만 아니라 해외에서의 이어도 홍보 활동 등을 수행할 수 있으며, 이러한 조직들은 중앙 조직으로서 뿐만 아니라 제주와 같은 지방 차원에서도 다양한 활동을 수행할 수 있을 것이다.

이어도 10-10. 해양영토 문제에 대한 국민적 이해를 높여야 하는 이유는?

'섬'은 국가의 주권이나 주권적 권리 또는 관할권을 가지고 있는 해양의 진주로 일컬어지며, 국가안보적 이익의 중요성과 역할 때문에 '가라앉지 않는 항공모함'(unsinkable aircraft carrier)으로도 곧잘 표현된다. 뿐만 아니라 '섬'은 국가의 경제발전을 위한 어업자원과 석유 가스 등 각종 천연자원의 보고이기도 하다. 이처럼 '섬'이 막대한 가치를 가지게 된 것은 유엔해양법협약 체제가 등장하면서부터이다. 유엔해양법협약은 특정한 요건을 갖춘 '섬'에 대해서는 육상 영토에 비견되는 해양에서의 영토적 권리를 상당 부분 인정했기 때문이다.

그러나 모든 '섬'이 이러한 가치나 권리를 갖는 것은 아니다. 인간이 거주할 수 없고 경제생활을 영위할 수 없는 '암석' 같은 경우는 배타적 경제수역이나 대륙붕을 가질 수 없다. 그런데 문제는 '섬'과 '암석'에 대한 이러한 유엔해양법협약의 규정이 그리 명료하지 못한 편이라는 점이다. 그로 인해 연안국들은 도서의 영유권이나 특정 범위의 해양에 대한 관할권을 둘러싸고 치열한 경쟁을 벌이고 있다.

또한 각국은 유엔해양법협약 규정 하에서 최대한 자국의 배타적 경제수역 관할 범위를 확장할 수 있는 방법을 모색 추구하고 있다. 그 방법 중의 하나로 많은 국가들이 영해기점을 최대한 해안선에서 멀리 떨어진 곳으로 정하여 자국의 직접적인 관할수역을 확대하고자 하는 방법을 들 수 있다. 영해기점은 관할해역 설정을 위한 기준점이 된다. 그리고 이것을 연결한 영해기선을 근간으로 한 나라의 해양영토가 결정된다. 따라서 영해기점은 국가 주권이나 관할권이 행사되는 각종 수역 범위를 결정짓는 출발점이고 출발선이 된다.

그런데 유엔해양법협약이라는 국제법은 평상시에는 국민들의 관심 대상이 되기 어렵다. 특정 이슈를 중심으로 국가간 분쟁이 발생해야 비로소 그에 대한 관심과 이해를 견지하게 마련이다. 따라서 유엔해양법협약에 대한 이해가 깊지 않은 국민들로서는 도서나 암석의 중요성을 잘 인식하지 못하거나, 인식한다고 하더라도 피상적으로 인식하는 경우가 많다. 영해기점(base point)이나 기선(baseline)도 마찬가지로, 그 중요성을 잘 모르거나 또는 잘못 이해하는 경우가 있을 수 있다.

해양분쟁과 관련하여 최근 부각되는 두 가지의 핵심 이슈가 있다. 그 하나는 일본이 무인도인 오키노도리시마를 기점으로 배타적 경제수역을 선포하여 자국의 관할 해역을 확대하려 하는 이슈이고, 다른 하나는 중국이 이어도 수역이 포함된 배타적 경제수역 획정에 중요한 자국 영해기점을 무리하게 설정하려고 하는 이슈이다. 중국과 일본은 도서 및 암석의 자격이나 영해기점 및 기선 설정 등에 관한 해양법상 요건이 모호한 점을 빌미로 암석의 도서화를 추진하고 예외적으로 허용된 직선기선을 영해와 배타적 경제수역 설정의 기준으로 채택한 국가들이다.

특히 중·일 양국은 1996년 5월과 6월에 각각 직선기선을 획정, 공표하여 자국 국토의 전 해안에 걸쳐서 해양법상의 법적 요건을 상당히 일탈하는 직선기선을 채택하여 확장된 내수구역을 확보하고 있다. 문제는 양국이 모두 바다를 두고 한국과 마주하고 있는 대향국이기 때문에 이들의 확장된 직선기선의 획정이 한국의 해양경계획정에 영향을 줄 수 있다는 점이다.

해양분쟁과 직접 관련된 이슈의 국민적 이해는 종종 간과되는 문제이다. 그 내용적 전문성이나 그 절차적 번잡함으로 인해, 정부의 주무부서에서는 보도자료로 대신하고, 이를 보도하는 언론도 커다란 분쟁 이슈가 아닌 경우는 보도자료를 그대로 국민들에게 전달해주는 역할에 머무는 경우가 있다. 따라서 해양분쟁과 관련된 주요 이슈들은 간헐적으로 국민들에게 인지되고, 그런 과정에서 잘못된 정보를 인지하는 경우도 발생할 수 있다. 뿐만 아니라 상대국의 의도가 무엇인지 오도될 가능성도 배제할 수 없다.

오늘날 국민들의 주권의식, 특히 해양영토에 대한 주권의식의 중요성이 날로 커지고 있다. 이미 일본의 의도적인 독도 분쟁화의 과정을 통해 국민들의 영토수호를 위한 집합적 의지의 중요성은 이미 입증되었다고 해도 과언이 아닐 것이다. 그러나 문제는 독도 이외의 또 다른 문제들이 도사리고 있다는 점이다. 일본이나 중국 모두 자국 해양영토를 확장시키기 위해 무리한 논리와 근거로 자신들의 주장을 세우고 있다. 이러한 문제에 대해 국민들이 보다 분명하게 인식하고 국민적 의지를 결집할 수 있도록 관련 정보를 적확하게 제공하는 것은 우리 국민들의 해영주권의식 강화를 위한 필수적 문제라고 할 수 있다.

도서와 암석의 효과를 둘러싼 논쟁, 영해기점 및 기선의 지정 및 설정 등은 도서 영유권과 배타적 경제수역나 대륙붕 등 해양 관할권을 둘러싸고 벌어지는 오늘날 해양영토 분쟁의 중심적 이슈라고 할 수 있다. 그런 만큼 해양영토를 둘러싸고 첨예한 갈등에 직면해 있는 우리는 해양영토 분쟁의 국제법적 뿌리를 찾아서 그에 대해 올바른 국민적 이해를 도모할 필요가 있다.

이러한 문제의식의 뿌리에는 한·일 및 한·중간 해양경계획정 협상이 마무리되지 않고 향후 지속적인 협상을 통해 경세 획징을 마무리 지어야 한다는 중요한 목표 의식이 사리잡고 있다. 이러한 근원적 문제 때문에 일본과 중국이 각자 해양경계 확장을 위해 영해기점과 기선을 자국에 유리하게 설정하고, 또 무리하게 특정 도서의 영유권을 주장하거나 특정 해역의 관할권을 주장하면서 대치나 충돌에 까지 이르고 있는 것으로 보인다. 이러한 주변국의 해양이슈에 대한 부적절한 접근 이유와 근거에 대한 보다 명확한 국민적 인식은 해양 주권과 해양 국익 확보를 위해 중요한 토대가 되며,

향후 분쟁사태 발생시 그에 대한 국민적 대응력을 높이는 데도 기여할 것이다.

참고문헌

강문규(2006). 『제주문화의 수수께끼』. 제주: 도서출판 각.

강봉옥(1923). "濟州島의 民謠 五十首, 맷돌 가는 여자들의 주고받는 노래." 『개벽』, 32호, 2월호.

강석규(2010). "이어도 어장의 경제성 평가." 『이어도연구』, 창간호(이어도연구회).

고충석(2013). "이어도에 대한 중국의 민족주의적 접근과 대응 필요성: 중국의 언론보도(2006~2008) 내용 분석." 『STRATEGY 21』, 통권 제31호.

고충석(2014). "기조연설문: 해양 거버넌스와 국제동향 논의." 2014 이어도 국내 학술대회 자료집(11. 7).

고충석(2016). 『이어도 깊이읽기』. 파주: 인간사랑.

고충석·강병철(2012). "오키노도리시마 분쟁이 이어도 이슈에 주는 시사점." 『이어도연구』, 3호.

고충석·강병철(2013). 『이어도 해양분쟁과 중국 민족주의』. 서울: 한국학술정보.

고타니 데쓰오(2009). "일본의 오키노도리시마 정책." 『독도연구저널』 7호(가을호).

구민교(2011). "지속가능한 동북아시아 해양질서의 모색: 우리나라의 해양정책과 그 정책적 함의를 중심으로." 『국제지역연구』, 제20집 2호.

구민교(2012). "2010년대 한국 해양정책의 과제와 전망." EAI 국가안보패널 보고서: 2020 한국외교 10대 과제, EAI NSP Report 53.

김민수(2009). "총성 없는 '해양영토 전쟁'은 이미 시작되었다." 『독도 연구저널』, 봄호.

김민수(2013). "해수면 상승이 해양경계와 섬에 미치는 법적 쟁점 연구." 『해양정책연구』, 제28권 제2호.

김부찬(2007). "이어도 및 이어도 주변수역의 해양법적 지위." 2007년 정책토론회, 『이어도, 지금 우리에게 무엇인가』, 해양수산부, 제주특별자치도, KBS 제주방송총국, 제주MBC 후원, 1. 25.

김성진(2006). "미래 국가해양전략 국제포럼 브리핑." 해양수산부 장관 정례브리핑(9. 13.)

김성진(2013). "해양은 바다가 아닙니다." 『파이낸셜뉴스』, 5월 31일자 및 『새바다신문』, 제6호(6월 3일자).

김양규(2011). "핵심이익의 충돌과 미중관계의 미래." EAI US–China Relations Briefing No. 1(5. 4).

김영구(1998). "새로운 국제해양질서와 한국의 해양주권." 김진현 편. 『해양21세기』. 서울: 나남출판.

김영구(2004). 『한국과 바다의 국제법』. 서울: 21세기북스.

김영돈(1985). "이여도와 제주민요," 『濟硏』, 濟州道問題硏究會.

김영돈(2000), "제주민요에 드러난 이여도," 『제주민요의 이해』, 제주: 제주도.

김영돈·현용준(1980). 『한국구비문학 大系: 북제주군편』. 서울: 한국정신문화연구원.

김용환(2008). "중국의 해양경계선과 그 획정방법에 관한 국제법적 검토." 『해양정책연구』, 제23권 제1호.

김용환(2009). "오키노도리시마, 지록위마(指鹿爲馬)." 『독도연구저널』, 7호(가을호).

김은석(2012), "이어도의 존재론적 의미," (사)이어도연구회 2012이어도연구중간발표회.

김창수(2015). "샌프란시스코체제의 재강화와 미국의 동아시아정책 변화." 지식협동조합 좋은나라, 동국대 분단/탈분단연구센터, 코리아연구원 공동주최 『분단 70년, 남북관계는 어디로 가고 있나?』 자료집(4. 22, 동국대학교).
김태준(2007). "중국의 해양 영토분쟁에 대한 대응방안 연구." 『국방정책연구』, 제78호.
김태호(2008). "중국의 해양전략과 해군력 발전 추이: '반접근'(Anti–access) 전략의 추진 및 운용을 중심으로." 『Strategy 21』, 제21호.
노홍길(1991). "Socotra 암초 주변해역의 수산학적 특성." 『해양정책연구』, 제6권 제2호.
다우어, 존 W.(2014). "샌프란시스코 체제: 미–일–중 관계의 과거, 현재, 미래 〈1〉." 프레시안, 3월 18일자.
문일주(2008). "이어도기지를 활용한 한반도상륙 태풍특성조사 및 예측연구." 2008년 춘계 이어도 연구과제 발표 자료집.
문정인·부승찬(2013). 『걸프에서 동북아, 해상교통로는 안전한가?』. 서울: 오름.
박경훈(2015). "'이여도(離汝島)' 소고." 『이어도연구』, 제6호.
박배근(2009). "오키노도리시마는 섬의 지위를 가질 수 있는가?" 『독도연구저널』, 7호(2009).
박병섭(2014). "대일강화조약과 독도·제주도·쿠릴·류큐제도." 『독도연구』, 제16호.
박영준(2012). "동아시아 해양안보의 현황과 다자간 해양협력방안." 『JPI 정책포럼』, No. 2012–10.
박용안(2009). "해저지형과 해양 경계획정." 『국토의 남단 이어도』.
배진수(1998). "동북아시아 지역에서의 해양영토분쟁의 배경 및 현황." 이춘근 편. 『동아시아의 해양분쟁과 해군력 증강 현황』. 서울: 한국해양전략연구소.

백민정(2013). “이어도 안전수역 관련 국제법적 논의.” 『동북아안보정세분석』(10월 17일, 한국국방연구원).

부승찬(2015). “중국의 국가성향과 이어도의 현재적 함의: 방공식별구역(ADIZ) 선포와 남중국해 분쟁 사례를 중심으로.” 『이어도저널』, 제6호.

서정경(2010). “동아시아 지역을 둘러싼 미중관계: 중국의 해양대국화 전략을 중심으로.” 『국제정치논총』, 제50집 2호.

송상일(1985). “춘하추동.” 『제주신문』. 8월 3일자.

송상일(2008). “송상일의 세상읽기: ‘이어도’를 찾아서.” 『한라일보』, 8월 18일자.

송상일(2010). “이어도를 찾아서.” 『이어도연구』, 창간호.

송성대(2010). “지리적 팩트에 기반한 제주해민들의 이어도 픽션.” 『이어도 연구』, 창간호(이어도연구회).

송성대(2010). “한·중 간 이어도해 영유권 분쟁에 관한 지리학적 고찰.” 『대한지리학회지』, 제45권 제3호.

송성대(2015). 『두 개의 얼굴 이어도』. 제주: 이어도연구회.

송춘복·김맹진·한소헌(2010). “이어도 주변해역의 어류자원에 대한 연구.” 『이어도연구』, 창간호(이어도연구회).

신창훈(2010). “한국 주변수역에 대한 새로운 정책패러다임 형성의 필요성.” 『독도연구저널』, 10호.

심재설(2007). “해양과학의 보고, 이어도.” 강창일 국회의원 주최 2007년 정책토론회. 『이어도, 지금 우리에게 무엇인가』. 1월 25일. 제주대학교 국제교류회관.

심재설(2014). “이어도 종합해양과학기지 구축 20년사: 이어도 기지 구축의 역사로 살펴보는 과학적·정책적 가치.” 『과학과 기술』 2월호.

심재설·박광순·이동영(1996), “이어도 해양과학기지 건설방안 분석.” 『해양정책연구』, 제11권 제2호.

심재설·전인식(2004). “이어도 해양과학기지의 설치 및 운영.” 『대한토목학회지』,

제52권 제4호.
외교통상부(2012). 『중국현황 2012』.
유동원(2011). “21세기 중국 대외전략과 핵심이익 외교.” 『한중사회과학연구』, 제9권 제2호.
유승훈(2009). “독도의 경제적 가치 평가.” 『독도연구저널』, 제8권.
유진오(1966). “韓日會談이 열리기까지: 前韓國首席代表가 밝히는 十四年前의 곡절(上).” 『思想界』, 2월호.
윤명철(2002). “제주도의 해양교류와 대외항로.” 『동국사학』, 제37집.
윤명철(2002b). 『한민족의 해양활동과 동아지중해』. 서울: 학연문화사.
윤진숙(2013). “해양 영토전쟁서 이기는 길.” 『한국경제』, 5월 22일자 및 『새바다신문』, 제6호(6월 3일자).
이동률(2008). “중국 영토분쟁과 해결: 쟁점과 요인.” 이동률 외. 『중국의 영토분쟁』. 서울: 동북아역사재단.
이명찬(2012). “일·중 간 센카쿠제도 분쟁과 일본의 대응.” 『영토해양연구』, Vol. 3 (Summer).
이석우(2003). “르포: ‘전설의 섬’ 이어도 해양기지.” 『주간조선』, 1763호(7. 24).
이성규(2006). “이어도의 유래.” 『사이언스타임즈』, 9월 14일자.
이어도연구회(2011). 『이어도 바로알기』. 서울: 도서출판 선인.
이어도연구회(2016). 『이어도 깊이 읽기』. 일산: 인간사랑.
이용희(2009). “이어도 주변수역 자원 관리제도의 현황 및 개선방향.” 『경희법학』, 제44권 제3호.
이장훈(2015), “남중국해에 인공섬 만드는 중국의 꼼수,” 『주간동아』, 제977호(3. 2).
이주하(2009). “일본의 오키노도리 정책.” 『독도연구저널』, 봄호.
이지용(2015). “중국의 해양강국화 전략과 한중 해양경계획정 협상 전망.” 『이어도저널』, Vol. 8(이어도연구회).

이청준(1997). 『이어도』. 서울: 서음문화사.

이춘근(2013). "해양안보 측면에서 평가한 제주 남방해역의 중요성." 한국해양전략연구소–한국국방안보포럼(KIMS–KODEF) 공동 주최 해양안보학술회의 발표문(2월 7일).

장박진(2011). "대일평화조약 형성과정에서 일본 정부의 영토 인식과 대응 분석." 『해양영토연구』, 창간호.

전병곤(2009). "중국의 해양영토 분쟁 사례와 이어도에 관한 연구." 이어도연구회 2009년 연구보고서.

정공흔(1985). "Socotra礁의 由來에 대해여: 이여도와의 관련을 덧붙여." 『탐라문화』, 제4호(제주대 탐라문화연구소).

정민정(2012). "한·중간 이어도 문제의 해결방안." 『이슈와 논점』, 제405호(3. 13, 국회입법조사처).

정병준(2010). 『독도 1947: 전후 독도문제와 한·미·일 관계』. 서울: 돌베개.

정상연(2012). "EEZ 내 군사활동 문제를 둘러싼 갈등과 한국의 입장." 『동북아안보정세분석』, 11월 20일(한국국방연구원).

제주대학교 해양과학대학(1984). "제1차 Socotra 암초 학술조사 결과보고서." 이어도연구회. 『1984년 이어도 탐사 회고 집담회 자료집』(2012).

제주대학교 해양과학대학(1984). "제2차 Socotra 암초 학술조사 결과보고서." 이어도연구회. 『1984년 이어도 탐사 회고 집담회 자료집』(2012).

제주특별자치도인력개발원·제주발전연구원(2008). 『濟州女性史料集Ⅱ』.

조성윤(2011). "이어도에 관한 제주도 주민들의 이미지." 『탐라문화』, 39호.

조성윤(2013). "영국 배의 소코트라 암초 발견과 측량의 역사적 의미." 『이어도연구』, 4호(이어도 연구회).

조성윤(2014). "일본의 소코트라 락(Socotra Rock) 인공섬 조성 계획." 『이어도연구』, 제5집(이어도 연구회).

조성윤(2015). 『이어도 탐사와 해양과학기지』. 미간행원고.

좌혜경 편저(1995). 『제주섬의 노래』, 국학자료원.

주강현(2004). "'바다에 살어리랏다 – 주강현의 觀海記(32): 신화와 과학이 만나는 이어도." 『서울신문』, 10월 25일자.

주강현(2015). "해양강국으로 가는 길." 아시아퍼시픽해양문화연구원 주최. 『인문의 바다』 강좌 자료집(7. 10).

진성기(1959). 『신화와 전설』. 제주: 제주민속연구소.

진성기(1991). 『제주도 무가본풀이사전』. 서울: 민속원.

진성기(1992). 『제주도 전설』. 제주: 백록.

차도희(2010). "지구화 시대 한국의 해상교통로 보호방안: 해상테러와 해적을 중심으로." 『군사논단』, 제62호.

최운도·배진수(2011). "민족주의와 영토분쟁: 이론적 논의와 경험적 분석." 한국학술원, 『동아시아 민족주의와 영토분쟁: 함의와 전망』. 제13차 코리아 포럼 자료집(4. 8).

최재선(2009). "오키노도리시마에 대한 중국의 입장." 『독도연구저널』, 7호(가을호).

최재선·김민수·박문진·김자영(2009). 『배타적 경제수역(EEZ) 해양자원 개발방안 연구』. 정책연구 2009–17(기본)(해양수산개발원).

최태현(2007). "외교적 방식에 의한 영토분쟁의 해결." 『법학논총』, 제24 집 제4호(한양대 법학연구소).

최홍배(2000). "ICJ의 북해대륙붕사선에 관한 판례연구." 『해사법연구』, 제12권 제1호.

한국산악회(1977). "1951年 9월 18日~26日: 「濟州島, 波浪島 學術調査隊」 派遣." 『年報: 韓國山岳』, 第11卷.

한국산악회(1997). 『한국산악회 50년사』.

한국해양연구소(1997). 『'97 이어도 종합해양과학기지 구축사업 보고서』(12월, 해양수산부).

한국해양재단(2014). 『해양영토 바로알기』.

한용섭(2013). "동북아 영토분쟁의 군사적 의미와 시사점." 사단법인 아시아기자협회 주최. 『영토분쟁의 평화적 해결을 위한 아시아 언론의 역할』 세미나 발제문(2. 28).

해양수산부(2006). 『미래 국가해양전략 연구』(8. 28).

해양수산부(2014). "2014년 업무 추진계획: 국민과 함께 가는 행복의 길, 바다로 세계로 미래로." 대통령 업무보고자료(2014. 2. 19).

현용준(1992), "고대 한국민족의 해양타계관," 『무속신화와 문헌신화』, 서울: 집문당.

현용준(2009). 『제주도사람들의 삶』. 서울: 민속원.

Geoffrey Till(2011). 배형수 역. 『21세기 해양력』. 서울: 한국해양전략연구소.

Wong, Chun Han(2015), "중국, 남중국해 인공섬에 '갈등의 씨앗' 될 군사 시설 짓는다," 『월스트리트저널』, 18 June.

이어도, 그것이 알고 싶다

발행일 1쇄 2016년 12월 15일
지은이 이어도연구회
펴낸이 여국동

펴낸곳 도서출판 인간사랑
출판등록 1983. 1. 26. 제일-3호
주소 경기도 고양시 일산동구 백석로 108번길 60-5 2층
물류센타 경기도 고양시 일산동구 문원길 13-34(문봉동)
전화 031)901-8144(대표) | 031)907-2003(영업부)
팩스 031)905-5815
전자우편 igsr@naver.com
페이스북 http://www.facebook.com/igsrpub
블로그 http://blog.naver.com/igsr
인쇄 인성인쇄 **출력** 현대미디어 **종이** 세원지업사

ISBN 978-89-7418-355-4 93300

이 도서의 국립중앙도서관 출판시도서목록(CIP)은 서지정보유통지원시스템 홈페이지(http://seoji.nl.go.kr)와 국가자료공동목록시스템(http://www.nl.go.kr/kolisnet)에서 이용하실 수 있습니다.(CIP제어번호: CIP2016031312)